ŒUVRES
COMPLÈTES
DE CONDILLAC.

TOME XVII.

A PARIS,

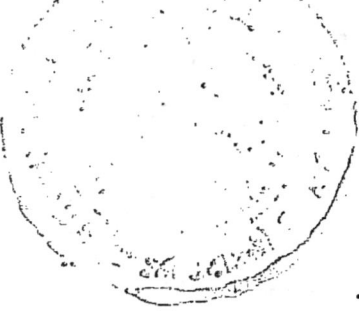

Chez
- GRATIOT, cul-de-sac Pecquay, rue des Blancs-Manteaux.
- HOUEL, rue du Bacq, N°. 940.
- GUILLAUME, rue de l'Eperon, N°. 12.
- POUGIN, rue des Pères, N°. 61.
- GIDE, place St.-Sulpice.

Et A STRASBOURG,

Chez LEVRAULT, libraire.

ŒUVRES DE CONDILLAC,

Revues, corrigées par l'Auteur, imprimées sur ses manuscrits autographes, et augmentées de LA LANGUE DES CALCULS, ouvrage posthume.

COURS D'ÉTUDES POUR L'INSTRUCTION DU PRINCE DE PARME.

HISTOIRE MODERNE.
TOME III.

A PARIS,

DE L'IMPRIMERIE DE CH. HOUEL.

AN VI. — 1798. (E. vulg.)

HISTOIRE MODERNE.

LIVRE HUITIÈME.

Des Lettres dans le moyen âge.

La prise de Constantinople par les Turcs fit en Europe une révolution dans les esprits; mais pour en juger, il faut se faire une idée des études auxquelles on s'appliquoit depuis le sixième siècle. Nous jeterons d'abord un coup-d'œil sur les Arabes qui ont été nos maîtres.

CHAPITRE PREMIER.

Comment les Arabes ont cultivé les sciences.

<small>Ignorance des Arabes vers les temps de Mahomet.</small> QUOIQUE les Arabes ou Sarrazins fussent pour la plupart Nomades ou Scenites, comme on les nommoit encore parce qu'ils campoient sous des tentes, l'Arabie a eu de bonne heure des villes où les habitans s'adonnoient particulièrement au commerce, sans renoncer néanmoins tout-à-fait au brigandage. Ces peuples étoient encore barbares, vers les temps que Mahomet parut. Ils se piquoient d'une éloquence qui devoit être bien grossière; et ils avoient des poëtes pour conserver le souvenir des événemens et pour célébrer les hommes qui méritoient leur estime : mais à peine commençoient-ils à connoître l'écriture. On ne savoit pas lire à la Mecque, patrie de Mahomet; et ce faux prophète, aussi ignorant que ses

concitoyens, ne puisa une partie de sa doctrine, dans l'ancien et le nouveau testament, qu'avec les secours des Juifs et des Chrétiens réfugiés en Arabie. Il y en avoit sur-tout beaucoup à Médine.

La religion des Arabes étoit l'idolâtrie : bien peu avoient embrassé le Judaïsme ou le Christianisme. Ils croyoient à l'astrologie judiciaire, parce qu'ils n'avoient qu'une connoissance superficielle du ciel, et qu'ils rendoient un culte aux astres. Sans lumières par eux-mêmes, ils en tiroient peu des chrétiens qui vivoient parmi eux ; parce que c'étoient des hérétiques qui n'avoient plus de commerce avec les Grecs, alors le seul peuple instruit. En un mot, ils étoient dans une ignorance tout-à-fait favorable aux vues de Mahomet, et il ne tint pas à cet imposteur de les y laisser croupir. Il proscrivit les sciences, supposant qu'il avoit mis dans l'alcoran tout ce qu'il est utile de savoir, et que ce qu'il n'y avoit pas mis est inutile ou condamnable.

C'est vers la fin du huitième siècle que les Arabes commencèrent à sortir de la barbarie, lorsque les Abbassides, qui suc- *Ils cherchent à s'instruire sous les Abbassides.*

cédèrent aux Ommiades, encouragèrent les arts et les sciences. Soit par goût, soit par politique, ces khalifes s'écartèrent en cela de l'esprit de Mahomet. Des médecins chrétiens, qu'ils appelèrent, et qui eurent des succès, purent contribuer à leur inspirer le desir de s'instruire ; et il se peut encore que les Abbassides aient cru devoir adoucir les mœurs féroces des Arabes.

Le khalife Mamoun attire les savans, fait des collections de livres et fait traduire les plus estimés.

Il s'agissoit de ramener les lettres, que les khalifes avoient bannies de leurs états, et qui tomboient en décadence à Constantinople même, depuis long-temps leur unique asyle. Dans cette vue les Abbassides firent faire une recherche des livres écrits dans les langues savantes ; ils attirèrent des hommes instruits dans tous les genres, et ils firent traduire en Arabe les écrivains dont on leur loua les ouvrages. Des Chrétiens qui avoient été chargés de la traduction des auteurs Grecs, commencèrent entre autres par des écrits d'Aristote et de Gallien. C'est pourquoi les Arabes adoptèrent le péripatétisme, et cultivèrent la médecine, l'unique science jusqu'alors prisée parmi eux. Le khalife Mamoun, qui régnoit au commencement du neuvième siècle, leur inspira du goût pour les mathématiques, auxquels il s'appliqua lui-même avec passion et avec succès. Il ne négligea rien pour attirer à sa cour Léon, le plus grand mathématicien qu'il y eut à Constantinople. Il envoya des ambassadeurs avec des présens à l'empereur Théophile, avec qui il étoit en guerre : il lui offrit des sommes considérables, et une paix perpétuelle, s'il vouloit permettre à Léon de venir à Bagdad : enfin il s'excusa de n'aller pas lui-même lui demander ce philosophe. Toutes ces démarches furent inutiles : plus heureux dans la suite, il obtint des successeurs de Théophile les livres philosophiques, que les Grecs avoient conservés, et il les fit traduire.

A l'exemple de Mamoun, plusieurs autres khalifes entretinrent par leur protection et augmentèrent même l'amour des sciences. Elles se répandirent dans tout l'état Musulman. Il y eut en Asie, en Afrique et en Espagne des écoles où l'on enseignoit la médecine, l'astronomie, les

Les Arabes ont des écoles.

mathématiques, et ce qu'on nommoit alors philosophie: l'amour de l'étude se conserva même en Orient jusqu'au quatorzième siècle, que Tamerlan, le fléau des arts, dévasta l'Asie.

Cependant les connoissances des Arabes ne pouvoient être que bien imparfaites : plusieurs raisons le prouvent.

<small>Ils lisent les anciens dans de mauvaises traductions.</small>

Ils commencèrent malheureusement dans des temps qui n'étoient pas favorables aux lettres; car, pour sortir de la barbarie, ils furent obligés d'aller chercher les sciences chez les Grecs, qui étoient eux-mêmes devenus barbares. On traduisoit, à la vérité, les anciens écrivains : mais, dans l'ignorance où l'on étoit des matières qu'ils avoient traitées, il n'étoit pas possible de trouver des traducteurs intelligens, et les fautes se multiplioient d'autant plus, qu'au lieu de les traduire d'après le texte original, on les traduisoit souvent d'après des versions syriaques ou hébraïques. Il falloit que les traductions des Arabes fussent bien imparfaites, puisqu'on a de la peine à reconnoître Euclide dans celles qu'ils ont données des élémens de ce géomètre; cet écrivain cependant étoit un des plus faciles à traduire.

Aristote est le seul philosophe dont les Arabes crurent adopter les opinions. Ils ne l'entendirent pas. Comment, tout-à-fait neufs dans la philosophie, auroient-ils pu comprendre la métaphysique et la physique d'un esprit subtil, qui ne cherche souvent qu'à s'envelopper? Ils sentirent donc qu'ils avoient besoin d'être guidés; et ils consultèrent les commentaires que les philosophes d'Alexandrie avoient donnés sur les ouvrages d'Aristote.

<small>Ils adoptent Aristote sans pouvoir l'entendre.</small>

Aristote n'étoit plus reconnoissable dans ces commentaires: car les subtilités du sincrétisme ou de l'éclétisme l'avoient tout-à-fait défiguré: mais ces subtilités mêmes étoient analogues à l'esprit des Arabes, à qui les allégories ne pouvoient manquer de plaire, puisqu'ils vivoient dans des climats chauds, et qu'ils avoient toujours cultivé la poésie. Ils subtilisèrent donc, ils disputèrent, et ils formèrent jusqu'à soixante-dix sectes, qui se flattoient chacune d'avoir saisi la pensée d'Aristote.

<small>Ils croient l'entendre, et ils forment soixante-dix sectes différentes.</small>

Tant d'opinions différentes ne pouvoient

<small>A force de subtilités, ils con-</small>

allient leur péripatétisme avec l'alcoran.

pas s'accorder avec l'alcoran : cependant il étoit sévèrement défendu de s'écarter en rien de la doctrine enseignée dans ce livre. Ici, les subtilités servirent merveilleusement les Arabes. Il leur fut aussi facile de prouver qu'ils ne s'écartoient pas de Mahomet, qu'il leur étoit facile de prouver qu'ils suivoient Aristote; le caractère de leur esprit, leur religion et les sources où ils avoient puisé, tout concouroit à les rendre subtils, et, par conséquent, mauvais philosophes.

Ils s'appliquent à la dialectique,

La dialectique des péripatéticiens est tout-à-la-fois la méthode la plus ingénieuse, la plus inutile et la plus vicieuse : car, au lieu de porter sur les idées, elle s'arrête au mécanisme des propositions, et elle paroît montrer l'art de raisonner, lorsqu'elle n'apprend que l'art d'abuser du raisonnement. Les Arabes, à qui elle étoit tous les jours plus nécessaire, en firent le principal objet de leur étude. Alors elle fut hérissée de nouvelles subtilités. Elle prit un langage tout extraordinaire, et elle devint tout-à-fait barbare.

À la médecine, à la géométrie et à l'astronomie.

Les Arabes réussirent mieux dans la médecine, dans la géométrie et dans l'astronomie. Cependant ils n'ont fait faire aucun progrès à ces sciences ; parce qu'au lieu de chercher la vérité dans l'étude de la nature, ils la demandoient aux Grecs, dont ils n'entendoient pas toujours les réponses. Ils paroissoient supposer que les Grecs avoient tout connu, comme les Grecs avoient autrefois supposé que les Égyptiens savoient tout. Ils ne s'appliquoient donc qu'à saisir la pensée des maîtres qu'ils avoient choisis ; et s'ils les suivoient avec confiance, ils ne les atteignoient pas toujours.

Je ne sais si nous avons beaucoup d'obligation aux Arabes. Il est vrai qu'ils ont conservé une lueur de connoissances dans des siècles où d'épaisses ténèbres se répandoient par-tout. Leurs ouvrages nous ont donc été utiles à quelques égards : mais leur méthode et leurs opinions ont mis des entraves à l'esprit humain ; et j'ai bien peur qu'aujourd'hui les maîtres qui enseignent dans nos écoles, ne soient Arabes encore par quelques endroits. Que nous reste-t-il en effet, lorsque nous finissons nos

Ils ont nui aux progrès de l'esprit humain.

études? Des futilités qu'on nous a données pour des connoissances, une ignorance profonde des moyens de s'instruire, et du dégoût pour tout ce qui demande de l'application.

CHAPITRE II.

De l'état des Lettres chez les Grecs, depuis le sixième siècle jusqu'au quinzième.

L'IGNORANCE faisoit des progrès d'une génération à l'autre, jusqu'au sixième siècle; elle couvrit tout-à-coup les ruines de l'empire d'occident, et menaça celui d'orient de toutes parts. Quelles barrières lui pouvoient opposer les Grecs, entourés de barbares, mêlés même avec eux, gouvernés par des princes ignorans, et toujours déchirés par des guerres étrangères ou civiles. Aussi bientôt les Arabes ouvrent de nouvelles provinces à l'ignorance: elle se répand de plus en plus; et les lettres fuient à Constantinople, où elles ne trouvent qu'un asyle peu sûr.

Progrès de l'ignorance dans les sixième et septième siècles.

Vers ce temps la ruine entière de l'idolâtrie entraîna la ruine des différentes sectes des philosophes payens. Le platonisme d'Alexandrie, d'où elles tiroient leur

De toutes les sectes d'Alexandrie, le platonisme conserve seul quelques sectateurs.

origine, tomba avec elles, et ne put plus se relever, parce qu'il étoit devenu odieux aux Chrétiens, qui le regardoient avec raison comme la source de bien des hérésies. Il n'en restoit des traces que dans quelques pères de l'église qu'on lisoit peu. Origène seulement conservoit encore des sectateurs au platonisme, qui l'avoit jeté lui-même dans plusieurs erreurs. Les moines s'attachèrent sur-tout à sa doctrine, parce qu'elle étoit plus conforme à l'austérité qu'ils avoient embrassée, et qu'elle paroissoit les mettre dans le chemin de la *vision intuitive*. Leur simplicité fut encore trompée par un ouvrage platonicien, qu'on attribuoit faussement à Denis l'Aréopagite: de sorte que, tout concourant à les égarer, ils imaginèrent une théologie mystique, qui apprenoit à s'élever jusqu'à Dieu par des extases. Vous voyez que c'étoit là une bien vieille folie ; elle durera néanmoins encore ; elle reparoîtra même dans notre siècle. Nous avons bien de la peine à quitter nos erreurs.

La dialectique d'Aristote est adoptée par les catholiques.

A mesure qu'on se dégoûtoit de Platon, on devenoit partisan d'Aristote ; car il semble que les hommes veuillent s'obstiner à voir par les yeux des autres. Les hérétiques s'étoient les premiers servis de la dialectique contre les orthodoxes : ceux-ci crurent donc rendre un grand service à la vérité, s'ils faisoient usage des mêmes armes. Ils étudièrent en conséquence la dialectique : ils la regardèrent bientôt comme le rempart de la religion ; et ils firent prendre insensiblement à la théologie une forme toute nouvelle. Cette méthode avoit déjà été employée dans plusieurs questions séparément, lorsque S. Jean Damascène, qui a vécu jusqu'au milieu du huitième siècle, fit un traité complet de théologie péripatéticienne.

Il n'est pas douteux qu'on ne doive employer l'art de raisonner, pour établir la vérité de la révélation, et pour dissiper les sophismes des hérétiques. Mais il ne falloit pas chercher cet art dans une dialectique subtile, qui multiplie les questions sans en résoudre aucune; et c'est cependant là que les Grecs devoient naturellement le chercher. De tout temps, faits pour disputer sur les mots, ils ne pouvoient manquer de

Abus de cette méthode.

goûter de plus en plus une méthode qui ouvroit une libre carrière aux disputes. Ce fut la ruine des lettres : car, à mesure que l'art de raisonner sur les mots devint plus à la mode, on négligea aussi davantage l'étude des choses. Rien ne fut approfondi : on ne parut continuer de s'appliquer aux sciences, que pour parler de tout sans rien savoir. Les esprits, tous les jours plus subtils, et, par conséquent, tous les jours moins justes, ne se firent plus que des idées confuses, et ne s'occupèrent que de questions frivoles.

Ruine des lettres chez les Grecs dans le huitième siècle. Cependant la barbarie dissipa jusqu'aux lueurs que la dialectique avoit paru conserver ; et les Grecs furent tout-à-fait enveloppés de ténèbres : c'est ce qu'on apperçoit dès le commencement du huitième siècle. Il est vrai que S. Jean Damascène avoit pour son temps des connoissances assez étendues et dans bien des genres : mais il est le seul et le dernier. D'ailleurs cet exemple ne prouve pas qu'il y eût encore des lumières dans l'empire grec : car Saint Jean s'étoit formé parmi les Sarrazins, qui cultivoient alors les sciences. Il étoit né à Damas, d'un père qui étoit conseiller d'état du khalife. Il lui succéda même dans cette charge; et après avoir joui d'une grande considération dans cette cour, il obtint la permission de se retirer, pour ne vaquer plus qu'à l'étude et à la piété.

C'est Léon l'Isaurien qui acheva la ruine des lettres, déjà bien avancée par les troubles domestiques qu'il accrut, et par les guerres continuelles des Sarrazins. Cet empereur ennemi des sciences, comme des images, ne cessa de persécuter les Chrétiens, les savans, ou ceux qui paroissoient l'être. *Léon l'Isaurien y contribue.*

La barbarie subsista jusques vers le milieu du neuvième siècle, que Bardas, associé de Michel à l'empire, tenta de rétablir les lettres. Photius est une preuve que Constantinople avoit alors des hommes instruits : mais c'est sur-tout dans le dixième siècle que les sciences firent le plus de progrès; elles durent leurs succès à Constantin Porphyrogenète, et depuis elles se maintinrent avec plus ou moins d'éclat jusqu'à la prise de Constantinople. Cependant elles se ressentirent toujours des plaies que la barbarie leur avoit faites. *Dans le neuvième et dans le dixième siècles, les sciences font quelques progrès parmi les Grecs.*

CHAPITRE III.

De l'état des Lettres en occident, depuis le sixième siècle jusqu'à Charlemagne.

<small>Ruine des écoles en occident.</small> Dans les sixième et septième siècles, tout concourut à répandre les ténèbres en occident. Athènes, où les lettres avoient continué de fleurir, et où les Latins, à l'exemple des Romains, alloient faire leurs études, devint elle-même barbare; parce que Justinien, voulant porter les derniers coups à l'idolâtrie, acheva de ruiner les écoles, où les sciences étoient enseignées par des professeurs payens. Il est vrai que l'école d'Alexandrie subsistoit, et que des chrétiens en occupoient même les chaires : mais les Latins étoient peu dans l'usage d'y aller, et d'ailleurs elle fut détruite dans le septième siècle.

<small>Impuissance où étoient les peuples de cultiver les lettres.</small> Alors il n'y eut plus d'écoles célèbres, et quand il y en auroit eu, elles auroient au

moins été inutiles à ceux qui s'en trouvoient éloignés : car les brigands, qui infestoient tous les chemins, ne permettoient pas d'entreprendre de longs voyages. L'impuissance d'aller chercher des connoissances hors de chez soi, éteignit donc insensiblement jusqu'au desir d'en acquérir, on n'eut plus de commerce avec les Grecs; on oublia leur langue; le latin, qui s'altéroit continuellement, devint même d'un foible secours pour entendre les écrivains anciens; et la lecture ne put pas suppléer au défaut des écoles. Comment franchir tant de barrières, que la barbarie avoit élevées entre elles et les lettres? Sous des maîtres qui méprisoient toutes les sciences, les peuples pouvoient-ils former le projet de les cultiver? ils avoient des besoins plus pressans.

Non seulement le goût des lettres fut éteint; il s'établit encore un préjugé qui les rendoit odieuses, et qui paroissoit les proscrire à jamais.

Depuis long-temps les astrologues se disoient philosophes, et on les regardoit comme tels; ils prenoient et on leur don- *On croyoit l'astrologie judiciaire.*

noit le nom de mathématiciens ; parce qu'on croyoit mathématiciens tous ceux qui paroissoient observer le ciel, et qui traçoient mystérieusement des cercles, des triangles ou d'autres figures. Le peuple et les grands consultoient ces imposteurs par crainte ou par espérance : car en général on n'avoit point de doute sur la certitude de leur art : la confiance étoit même si grande, que quelquefois on ne balançoit pas à prendre les armes, lorsqu'ils avoient prédit la mort de l'empereur, et promis l'empire à quelqu'ambitieux.

Les troubles, qu'ils étoient capables d'occasionner, les ont souvent fait chasser de Rome ; mais parce qu'ils pouvoient continuer de faire encore des prédictions, la flatterie voulut enfin leur contester au moins le pouvoir de connoître le destin des empereurs. On leur accorda donc que tous les particuliers sont soumis à l'influence des astres, et on soutint qu'il n'en est pas de même de l'empereur. La raison en est singulière : c'est, disoit-on, que puisqu'il est le maître du monde, Dieu seul doit régler son destin. Cependant cette opinion, qui tâchoit de s'établir vers le quatrième siècle, n'ôtoit pas toute inquiétude ; car on étoit naturellement porté à croire, que les phénomènes remarquables dans les régions célestes, menacent toujours la tête de quelque grand de la terre. Les astrologues continuèrent donc à passer pour des hommes aussi dangereux qu'habiles.

Ils étoient encore plus odieux aux chrétiens, qui, croyant à l'astrologie comme les autres, la condamnoient avec encore plus de fondement, puisque cette superstition entretient une curiosité contraire à l'esprit du christianisme, qu'elle tend à des cérémonies païennes et qu'elle fait souvent usage de moyens criminels. Mais parce que les astrologues se nommoient philosophes et mathématiciens, on eut en horreur tous les philosophes dans le sixième et dans le septième siècles, où l'on ne jugeoit des choses que par les noms ; et le zèle se porta jusqu'à proscrire toutes les études profanes.

Mais parce que les chrétiens avoient les astrologues en horreur, il proscrivirent toutes les sciences.

On en voit la preuve dans S. Grégoire, grand pontife d'ailleurs, et qui dans ces temps de ténèbres a gouverné l'église par ses vertus et l'a éclairée par ses ouvrages. Il

Le pape saint Grégoire croyoit les études profanes contraires à la religion.

croyoit les études profanes si contraires à la religion, que, selon lui, il ne convenoit pas à un laïque pieux d'enseigner les humanités. Il blâme vivement, dans une lettre, un évêque d'avoir enseigné la grammaire à quelques jeunes gens, parce que c'est louer Jupiter avec la même bouche qui chante les louanges de Jésus-Christ; parce que c'est prononcer des blasphêmes. Conformément à cette façon de penser, il met peu d'ordre lui-même dans les matières qu'il traite, quoiqu'il y répande d'excellentes choses; il se fait des idées vagues : il ne sait pas se faire des principes et s'y tenir : il tombe dans des contradictions; et il néglige son style au point qu'il dédaigne de corriger les fautes qui lui échappent. Bien loin de vouloir donner plus de soin à ses ouvrages, il évitoit, au contraire, à dessein tout ce qui sent l'art, jusques-là qu'il se permettoit des solécismes. Dans une lettre, qui sert de préface à ses *morales*, il déclare que, se bornant à dire des choses utiles, il néglige l'ordre et le style; qu'il se met peu en peine du régime des prépositions, des cas, des noms; et qu'il croit tout-à-fait indigne d'un chrétien, d'assujettir les paroles de l'écriture aux régles de la grammaire. En suivant littéralement de pareils principes, un chrétien écriroit pour n'être pas entendu.

On dit que pour forcer les chrétiens à n'étudier que les choses de la religion, Saint-Grégoire avoit brûlé les restes de la bibliothèque que les empereurs avoient faite dans le temple d'Apollon Palatin. Ce fait revoqué en doute, parce qu'il paroît n'avoir été rapporté que sur une tradition incertaine, est cependant assez conforme à ce que je viens de remarquer sur ce pontife. C'est au moins une preuve que vers le temps de son pontificat, cette bibliothèque a été entièrement ruinée; ce qui n'a pu se faire sans porter un nouveau dommage aux lettres.

Ruine de la bibliothèque du temple d'Apollon Palatin.

Il falloit que le préjugé contre les sciences eût prodigieusement prévalu, pour entraîner un esprit tel que Grégoire. Cependant il devoit s'accroître encore par l'autorité d'un pontife aussi saint, et dont les ouvrages étoient reçus avec applaudissement dans toute la chrétienté. Il n'étoit donc pas naturel qu'on tentât de sortir d'une ignorance à laquelle on étoit accoutumé, qui étoit si

L'autorité de saint Grégoire a dû être funeste aux lettres.

grande qu'on s'y trouvoit à son aise, et que les hommes les plus saints croyoient devoir entretenir pour conserver la piété.

<small>Il n'y avoit plus que des compilateurs et des copistes ignorans.</small>

S'il y avoit encore des hommes qui conservassent quelques restes de curiosité, de quels secours pouvoient-ils s'aider dans ces temps où il n'y avoit ni bibliothèque, ni école, et où l'on méprisoit toutes les sciences, depuis la grammaire jusqu'à la philosophie? Ils ne pouvoient qu'aller à tâtons dans les ténèbres; lire sans choix ce que le hasard leur offroit; prendre çà et là des idées imparfaites, vagues, confuses, fausses, et accumuler un tas de connoissances pires que l'ignorance d'où ils croyoient sortir. Aussi les temps que nous parcourons, n'ont guère produit que des compilateurs et des copistes.

<small>Les écrivains ecclésiastiques n'étoient pas plus éclairés.</small>

Mais peut-être l'église a-t-elle eu de grands écrivains, puisqu'on recommandoit au moins l'étude de la religion. L'ignorance des lettres ne le permettoit pas. C'est pourquoi ceux qui eurent alors les plus grands succès, sont infiniment au-dessous des pères du quatrième et cinquième siècles. On ne s'occupoit en général que des questions inutiles : on expliquoit les mystères, par les principes de la dialectique. Ce qui étoit frivole, ce qui étoit merveilleux, ce qui étoit impossible à connoître, voilà les objets qui réveilloient la curiosité. De-là naissoient tout-à-la-fois des disputes opiniâtres, et une crédulité excessive. On voyoit des miracles par-tout : les visions et les apparitions étoient communes ; et, pour multiplier encore plus les prodiges, on portoit la vénération pour les saints et pour les reliques bien au-delà des justes bornes. Enfin, on paroissoit négliger l'essentiel de la religion, et faire son principal de quelques cérémonies fort indifférentes.

Ces désordres, qu'on remarque déjà dans le sixième siècle, s'accrurent pendant le septième, et dans le suivant ils parvinrent à leur comble. Il semble qu'alors il suffisoit à un ecclésiastique de savoir chanter au lutrin pour être considéré comme un homme savant. Le chant de l'église étoit au moins la principale science ; et il y eut à ce sujet une grande dispute entre les Romains, à qui S. Grégoire en avoit enseigné un nouveau, et les Français qui s'obstinoient à ne

L'ignorance est à son comble dans le huitième siècle.

pas quitter l'ancien, ils se traitoient réciproquement d'ignorans; *stulti*, *rustici*, *indocti*, *bruta*, *animalia*. On voit par-là que ceux qui savoient chanter, croyoient n'avoir plus rien à apprendre. Telle étoit en occident la barbarie, précisément lorsqu'elle venoit de subjuguer l'orient; on a de la peine à comprendre comment les lettres pourront renaître.

CHAPITRE IV.

De l'état des Lettres en occident, depuis Charlemagne jusqu'à la fin du onzième siècle.

C'est un grand prodige qu'un génie tel que Charlemagne, dans le huitième siècle. Il est une preuve que les grands hommes s'élèvent tout seuls ; et c'est pourquoi, Monseigneur, je ne saurois trop vous répéter que, si vous ne concourez au moins à vous élever vous-mêmes, tous nos soins seront perdus.

Les grands hommes se forment tout seuls.

Le bruit des armes ne se faisoit plus entendre qu'aux extrémités du vaste empire de Charlemagne, et les Français, qui respiroient sous la protection des lois qu'ils apprenoient à se donner eux-mêmes, commençoient à sentir le besoin d'acquérir des lumières; mais d'où les tirer ces lumières ? Charlemagne, qui ambitionnoit de redonner la vie aux lettres, ne savoit pas encore signer son nom. Elevé, comme tous ceux qu'on destinoit à la guerre, il avoit été

Ignorance de Charlemagne.

condamné à la même ignorance. Les ecclésiastiques étoient presque alors les seuls qui sussent lire et écrire.

<small>Il apprend à écrire.</small>

Ce prince, qui sentit le besoin de s'instruire, ouvrit les yeux de ses sujets sur leur ignorance, et leur donna l'exemple de l'étude. Il est beau de voir ce législateur, ne dédaignant pas de se remettre en quelque sorte à l'enfance, exercer à former des lettres cette même main qui avoit vaincu tant de nations. Il avoit sans doute acquis assez de gloire, pour ne pas rougir de son ignorance : mais les grandes ames s'apperçoivent moins des talens qu'elles ont que de ceux qui leur manquent, et elles ne se lassent jamais d'en acquérir. Charlemagne ne quittoit point ses tablettes; il les portoit par-tout avec lui, il les avoit sous le chevet de son lit ; et il employoit à contracter l'habitude d'écrire, tous les momens qu'il pouvoit dérober aux affaires. Il eût encore voulu s'instruire dans les sciences, et les secours lui manquoient: il ne trouva un précepteur que vers l'année 794, c'est-à-dire, environ vingt-cinq ans après être monté sur le trône.

Le hasard avoit fait que les moines, Alcuin son précepteur. envoyés par S. Grégoire en Angleterre, n'étoient pas tout-à-fait ignorans. Ils y avoient porté, je ne dis pas les sciences, mais quelques débris sauvés de leurs ruines; et, depuis le sixième siècle, ces débris s'étoient conservés dans cette île. Le huitième produisit Flaccus-Albinus-Alcuinus, diacre de l'église d'Yorck, qui acquit une grande réputation. Il savoit et il enseignoit, dit-on, le latin, le grec, l'hébreu, la rhétorique, la dialectique, les mathématiques, l'astronomie et la théologie; de sorte que les écrivains du moyen âge ne craignent point de le comparer aux hommes les plus éclairés de l'antiquité. Mais leur peu de lumières nous doit faire beaucoup retrancher des éloges qu'ils lui donnent; et c'est assez de croire qu'Alcuin savoit quelque chose de tant de langues et de tant de sciences, et qu'il étoit savant pour son siècle.

Ce qu'il y a de plus glorieux pour lui c'est d'avoir été le précepteur de Charlemagne, qui se l'attacha en 794, et d'avoir concouru, avec cette illustre élève, à faire renaître le goût des lettres parmi les Français. Le roi apprit avec ce maître, la rhétorique, la dialectique et l'astronomie. Il sut bientôt le latin, au point de le parler aussi facilement que sa propre langue, et il entendit le grec. On a de la peine à comprendre, qu'au milieu des soins d'un vaste empire, ce prince ait pu vaquer à toutes ces études. Monseigneur, tandis que les momens échappent aux ames lâches, sans qu'elles s'en apperçoivent; les ames actives les saisissent tous, et en trouvent beaucoup dans le jour.

La manière dont Charlemagne a gouverné, vous a fait voir ce qu'il est devenu par sa seule réflexion. Nous aurons bientôt lieu de juger, que les connoissances qu'il crut acquérir avec Alcuin étoient, dans leur genre, bien inférieures à celles qu'il acquit par lui-même dans l'art de gouverner.

Soin de Charlemagne pour relever les anciennes écoles.

Lorsqu'il voulut rétablir les études, tout fut à créer de nouveau; car les écoles qui, jusqu'alors, avoient été dans les cathédrales et dans les monastères, parce que les ecclésiastiques apprenoient seuls quelque chose, étoient tout-à-fait tombées, par les raisons que j'ai dites.

Les lettres profanes en étoient bannies, l'écriture sainte n'y étoit pas entendue, et la théologie y étoit ignorée, ou du moins on n'avoit sur tout cela que des connoissances fort imparfaites. Charlemagne se plaint lui-même de l'ignorance grossière des évêques et des abbés, et il en jugeoit par les lettres qu'il en recevoit. Il ne négligea donc rien pour réveiller le zèle des prélats ; il leur représenta leurs devoirs ; il leur peignit vivement les maux qu'entraîne la barbarie ; il les encouragea par son exemple ; et il les aida par toutes sortes de moyens, attirant dans les écoles les hommes qui avoient quelque réputation de science, leur donnant des appointemens considérables, et leur accordant sur-tout de la considération. L'Angleterre et l'Irlande étoient alors les pays qui fournissoient le plus de professeurs.

Il ne se contenta pas de relever les anciennes écoles ; il en fonda de nouvelles à Paris, et dans beaucoup d'autres endroits des Gaules et de la Germanie ; mais la principale fut celle qu'il fit tenir dans son palais

Il en fonde de nouvelles.

même, où l'on enseignoit sous ses yeux les langues, la grammaire, la rhétorique, la dialectique, tout ce qu'on nommoit philosophie et théologie. Ainsi son palais étoit tout-à-la-fois l'école des exercices militaires, des sciences, de l'art de gouverner; et ce roi étoit, sans comparaison, pour les choses qu'il pouvoit montrer, le professeur le plus habile. Mais, si nous voulons juger des maîtres, avec qui ce prince croyoit pouvoir s'instruire lui-même, il faudra considérer les sources où ils alloient puiser. Nous regretterons que Charlemagne ne soit pas né dans des temps plus heureux.

<small>Mais on n'étoit pas capable de remonter aux meilleures sources.</small>

Il eût été à souhaiter qu'on eût pu remarquer l'origine des arts et des sciences chez les Grecs et chez les Romains; qu'on eût été capable d'en suivre les progrès, et qu'on se fût mis en état de lire les meilleurs écrivains de l'antiquité. Pour remonter aussi haut, il auroit fallu avoir des connoissances de bien des genres; et on ne savoit pas seulement les élémens des sciences. On ignoroit les livres qu'il falloit lire, ou même on ne les avoit pas. La barbarie, semblable à un torrent, avoit entraîné tout ce qui étoit solide, et avoit seulement déposé de côté et d'autre ce que la légèreté avoit fait surnager.

On lut donc au hasard ce qu'on trouvoit, et malheureusement au lieu d'élémens et de traités complets, on ne trouvoit en général que des lambeaux épars dans différens écrivains, qui, sans principes, ne pouvoient qu'égarer le lecteur. On suivoit au hasard de nouveaux guides.

Capella, espèce de philosophe et de philologue, né en Afrique dans le cinquième siècle, fut un des principaux guides dans ces temps ténébreux. Il avoit écrit en latin sur les arts et sur les sciences, pour en faire l'éloge, et pour en donner les préceptes. On trouvoit dans son ouvrage de la grammaire, de la rhétorique, de la dialectique, de la géométrie, de la musique, de l'astronomie, et sur-tout beaucoup d'obscurité.

On avoit aussi, sur tous ces arts, un livre de Cassiodore, sénateur romain, qui avoit écrit dans le sixième siècle, c'est-à-dire, dans un temps où ils étoient déjà fort ignorés. Ces deux auteurs étoient cependant les plus élémentaires de tous ceux qu'on lisoit alors.

Il est vrai qu'on en connoissoit de beaucoup meilleurs, tels que Boëce, Macrobe, etc. Mais ces écrivains ne pouvoient pas être étudiés comme auteurs classiques : car ou ils n'avoient traité des arts et des sciences que par occasion, ou ils avoient écrit de manière à n'être entendus que par des lecteurs qui y sont fort versés.

<small>Un des meilleurs eût été S. Augustin.</small>

De tous les écrivains, qu'on lisoit alors, celui qui pouvoit fournir le plus de lumières, est sans doute S. Augustin, le plus beau génie du quatrième et du cinquième siècles. D'une intelligence, d'une mémoire et d'une imagination singulière, il avoit acquis, par une grande lecture, des connoissances dans tous les genres; et, comme avant de se convertir il avoit cherché la vérité dans les principales sectes, il connoissoit sur-tout les opinions des différens philosophes. Mais on n'en savoit pas assez dans le moyen âge pour le lire avec fruit; et, faute d'avoir le talent de l'imiter dans ses excellentes qualités on l'imita dans ses défauts.

C'est dans les Platoniciens d'Alexandrie que S. Augustin puisa sa philosophie; il en adopta sur-tout la dialectique. Son esprit curieux et son imagination vive ne lui permirent pas d'être toujours en garde contre les vices de cette méthode ; et il fut quelquefois trop subtil. Il a plus raisonné sur les mystères que personne n'avoit fait avant lui. Il agita beaucoup de questions auxquelles on n'avoit jamais pensé ; enfin il avança quantité de sentimens nouveaux qui n'étoient que probables. Il est vrai que la prudence modère la fougue de son esprit, et qu'il s'attache toujours à la doctrine de l'église : mais ceux qui l'étudièrent dans le moyen âge, prirent sa dialectique pour guide, sans imiter sa prudence. Ils raisonnèrent donc, ils subtilisèrent, ils disputèrent. Un ouvrage, faussement attribué à ce saint père, concourut encore à les jeter dans l'erreur. C'étoit une dialectique plus mauvaise, s'il est possible, que celle des Platoniciens ; car elle portoit sur les principes du Portique. Enfin une autre source d'égarement, ce fut Victorinus, Platonicien du quatrième siècle, dont on avoit les ouvrages, et que S. Augustin avoit beaucoup loué.

Rien dans ces siècles ne pouvoit donc

Les nouvelles écoles étoient

seconder les efforts de Charlemagne. Puisque les lettres étoient si fort tombées, qu'en général ont eût été honteux de paroître instruit, et qu'on méprisoit ceux qui cherchoient à s'instruire, comment les écoles, qu'on multiplioit, auroient-elles détruit un préjugé que l'ignorance générale défendoit avec orgueil ? Les maîtres, qui sans méthodes, barbotoient, si j'ose dire, dans de mauvaises sources, ou puisoient sans discernement dans les bonnes, devoient aliéner les meilleurs esprits, et n'apprendre aux autres qu'un jargon qui, pire que l'ignorance, étoit un nouvel obstacle au progrès des arts.

Ils se piquoient d'enseigner les arts libéraux, c'est-à-dire, les arts dignes d'un homme libre; et comme cette notion est vague, les philosophes ne se sont point accordés sur le nombre des arts libéraux. Platon, qui ne juge l'ame libre qu'autant qu'elle se sépare du corps pour s'élever aux vérités éternelles, croit que sa métaphysique est le seul art libéral; et le stoïcien n'en connoît pas d'autre que cette sagesse par laquelle il s'imagine être impassible, et

[marginalia: trop mauvaises pour dissiper l'ignorance.]

[marginalia: On ne s'y faisoit que des idées vagues des choses qu'on croyoit enseigner.]

qui fait dire de lui : *Si fractus illabatur orbis, impavidum ferient ruinæ.* Au contraire, Philon, étendant l'acception de ce mot, met parmi les arts libéraux tous ceux qui préparent à la sagesse, depuis la grammaire jusqu'à la philosophie. S. Augustin se fait à-peu-près les mêmes notions, distinguant les arts en deux classes, l'une de ceux qui servent à l'usage de la vie, et l'autre de ceux qui conduisent à la connoissance des choses. Enfin Cassiodore adopte cette distinction, conservant aux premiers le nom d'arts, et donnant aux autres celui de discipline ou de science. De toutes ces idées mal déterminées, et dont la différence est tout-à-fait arbitraire, il naîtra de grandes disputes et on sera plusieurs siècles sans savoir si la logique, par exemple, est un art ou une science.

Ce fut d'après S. Augustin et Cassiodore que, dans le moyen âge, on arrêta le plan des études. On en fit deux cours: dans l'un, nommé *trivium*, on enseigna la grammaire, la rhétorique et la dialectique; et dans l'autre, nommé *quadrivium*, on enseigna la musique, l'arithmétique et l'astronomie.

Cours d'étude.

Point de livres classiques.

Mais on ne se faisoit de tous ces arts que des idées fort imparfaites; car on n'avoit de livres classiques que la mauvaise dialectique faussement attribuée à S. Augustin; les écrits de Capella et Cassiodore, qui avoient plutôt fait de mauvaises compilations que des traités; et ceux de Victorin, de Boëce et d'autres éclectiques, où l'on trouvoit épars confusément des lambeaux de platonisme, de stoïcisme et de péripatétisme. Si Platon, Aristote et Zénon connoissoient trop peu l'art de raisonner, jugez comment on raisonnoit dans ces siècles où l'on connoissoit si mal ces philosophes, et où l'on s'imaginoit les avoir pour guides.

Il ne sortoit des écoles peu fréquentées, que de mauvais chantres et de méchans dialecticiens.

Charlemagne, qui étudia tout ce qu'on enseignoit dans le *trivium* et dans le *quadrivium*, s'appliqua sur-tout à l'astronomie; sans doute parce que parmi de mauvais raisonnemens, il trouvoit au moins des observations propres à satisfaire un esprit aussi bon que le sien. Son exemple ne fut pas suivi. Les laïques n'allèrent pas chercher dans des cathédrales ou dans des monastères, des connoissances qu'ils méprisoient; et les ecclésiastiques, après avoir à peine achevé le *trivium*, ne commencèrent le second cours que pour l'abandonner aussitôt. Peu curieux d'apprendre l'arithmétique, la géométrie et l'astronomie, ils se croyoient assez habiles, lorsqu'ils savoient chanter à l'église ; c'est à quoi l'on se bornoit d'ordinaire, et il ne sortoit des écoles que des chantres médiocres et de mauvais dialecticiens.

Charlemagne, qui dans d'autres temps auroit fait fleurir les lettres, put donc à peine faire rougir quelques Français de leur ignorance. Vous pouvez par-là juger de ce que devinrent les études sous ses successeurs. Louis le Débonnaire et Charles le Chauve, tentèrent à la vérité de soutenir les écoles ; mais que pouvoit la protection de ces princes, qui se rendoient tous les jours plus méprisables ? Si vous vous rappelez que, pendant leur règne, le peuple tomboit en servitude, que les grands ne songeoient qu'à s'arroger de nouveaux droits, et que le clergé, devenu maître du gouvernement, commençoit à juger les souverains, vous concevrez que, parmi tant de troubles, le besoin de s'instruire étoit celui qu'on de-

<small>Dans le neuvième siècle, les écoles tombent encore. Pourquoi ?</small>

voit le moins sentir. N'étoit-il pas naturel que les ecclésiastiques, abandonnant les écoles, ne s'occupassent plus que des moyens d'étendre leur autorité et de défendre leurs biens temporels contre les usurpations des seigneurs laïques ? Il falloit que la barbarie fût bien grande au neuvième siècle, puisqu'on recommandoit aux évêques de ne pas élever un homme au sacerdoce, qu'auparavant ils ne se fussent assurés s'il savoit bien lire l'évangile, et s'il pouvoit au moins l'entendre littéralement. Cependant les conciles exhortèrent souvent les princes à veiller sur les écoles. On en rétablit quelques-unes, on en fonda même de nouvelles, et on fit venir des professeurs de Grèce, d'Irlande et des autres lieux, où les études n'étoient pas tout-à-fait tombées.

La manie de la dialectique y multiplie les disputes et les erreurs.

Ces soins firent renaître le goût des lettres, et on en recueillit les fruits vers le milieu de ce siècle : mais ce fut avec les abus que produisent les mauvaises études, lorsqu'on prend pour science ce qui n'est qu'un jargon. Tout le mal vient de cette méchante dialectique dont j'ai parlé, et qui, devenant tous les jours plus à la mode, éleva des disputes, et jeta dans des erreurs. Un moine, nommé Jean Scot Érigène, se rendit sur-tout célèbre en ce genre. La connoissance du grec lui avoit ouvert une nouvelle source de philosophie dans les livres des platoniciens. Sa dialectique, devenue par-là plus subtile, le faisoit regarder comme la lumière de son siècle; et sur sa réputation, Charles le Chauve l'avoit appelé en France. Pouvoit-il ne pas s'attacher à une méthode qui lui valoit de si grands succès ? Il l'appliqua donc comme les autres à la théologie, où les questions commençoient à se multiplier avec les subtilités, et il tomba bientôt dans des hérésies sur la grace et sur la prédestination, en voulant combattre celles d'un autre moine, nommé Gotescalque.

Louis le Débonnaire avoit reçu de Michel le Bègue, empereur de Constantinople, un ouvrage faussement attribué à Denis l'Aréopagite. Comme on étoit, en France, dans l'erreur de croire que ce saint étoit ce Denis même qui avoit été l'apôtre des Gaules, Charles le Chauve, qui desiroit de connoître son ouvrage, chargea Jean

Le platonisme s'y introduit avec toutes ses absurdités.

Scot de le traduire : sa curiosité ne fit qu'introduire en France le platonisme d'Alexandrie, et l'introduisit sous un nom qui devoit accréditer l'erreur.

En effet, Jean Scot, adoptant les opinions du faux Denis, mêla sans discernement les dogmes du christianisme avec les principes des platoniciens, et se fit un système, dans lequel il renouvela ces émanations, qui avoient passé d'orient en Égypte, d'Égypte dans la Grèce, et qui jusqu'alors n'avoient pas encore pénétré en occident. Ce que j'ai dit sur ces philosophes, sortis de l'école d'Alexandrie, me dispense d'entrer dans des détails sur les erreurs de ce nouveau platonicien ; car il importe peu de savoir quelle forme il a fait rendre à ce système absurde.

<small>Sur la fin du neuvième siècle, Alfred protège les lettres en Angleterre.</small>

Tel étoit le sort des lettres en France, sur la fin du neuvième siècle, lorsqu'Alfred le Grand les protégeoit en Angleterre, fondant, comme Charlemagne, des écoles, s'instruisant comme lui, et composant même des ouvrages. Mais à peine commençoient-elles à fleurir, qu'elles furent moissonnées par les Danois, qui firent des incursions fréquentes dans cette île.

Dans le dixième siècle, elles furent protégées en Allemagne par les Othons, et ce fut avec peu de succès; les ténèbres s'accrurent encore. Aussi les circonstances ne pouvoient pas être moins favorables aux lettres, puisque les vices qui n'avoient jamais été ni plus généraux ni plus répandus, produisoient de toutes parts des désordres dans la chrétienté.

Malgré la protection des Othons, le dixième siècle est le plus ignorant, comme le plus corrompu;

Les mœurs scandaleuses des ecclésiastiques devinrent encore funestes aux lettres. On s'imagina qu'ils étoient vicieux, parce qu'ils étoient savans; et les laïques, qui n'étoient pas moins corrompus, ne se lassoient point de crier que la science n'est bonne qu'à corrompre les mœurs. Cependant il étoit si difficile de se corrompre par cette voie, que Gerbert, depuis pape sous le nom de Sylvestre II, fut obligé d'aller en Espagne chercher des connoissances dans les écoles des Arabes: mais quand il revint en France, on le prit pour un magicien. Il enseigna néanmoins dans l'église de Rheims, et il eut parmi ses disciples, Robert, fils de Hugues Capet, qui ne fit pas de grands progrès. Il trouva de meilleures disposi-

Et on proscrit les sciences, parce qu'on pense qu'elles corrompent les mœurs.

tions dans Othon III, dont il fut ensuite le précepteur.

Dans le onzième, l'abus des indulgences, et les prétentions du Sacerdoce entretiennent l'ignorance qui leur est favorable.

Les ténèbres continuèrent dans le siècle suivant. De nouvelles superstitions naquirent de la barbarie, et on crut que les calamités annonçoient la fin du monde. Ce n'étoit donc plus la peine d'acquérir des connoissances : on ne sentoit que le besoin des indulgences, et les croisades en offrirent. Quand il seroit encore resté quelques traces de lettres, n'auroient-elles pas été effacées dans cette commotion générale, que le fanatisme fit en Europe ?

Pendant ce siècle, elles ne furent protégées par aucun prince, et les querelles du sacerdoce et de l'empire troublèrent toute l'Allemagne, le seul pays où elles avoient eu des protecteurs dans le siècle précédent. Elles n'avoient donc plus d'asyle nulle part : l'ignorance insolente de Grégoire VII, et l'ignorance stupide des peuples, vous ont fait voir à quel point de barbarie l'Europe étoit réduite.

Cependant les abus qu'on veut défendre font cultiver la dialectique.

Cependant, comme les prétentions du clergé avoient au moins besoin d'être appuyées quelquefois sur de mauvais raisonnemens, la dialectique ne fut pas abandonnée; elle fut même fort cultivée sur la fin de ce siècle; et elle devint, comme les esprits, toujours plus ténébreuse. Il arriva encore que, parce que les ecclésiastiques ne savoient que chanter au lutrin, on prit pour philosophe consommé, tout homme qui chantoit comme eux. On faisoit même un si grand cas de ce qu'on prenoit pour de la musique, que la flatterie ne put pas mieux louer Robert, roi de France, qu'en disant qu'il chantoit fort bien l'office avec les clercs. C'est dans ce siècle que le moine Guide Arétin, devint célèbre, pour avoir exprimé la gamme par ces mots, *ut*, *ré*, *mi*, *fa*, *sol*, *la*; cependant il eût été aussi commode de continuer à se servir des premières lettres de l'alphabet, que S. Grégoire avoit employées à cet usage.

Vous voyez combien on étoit ignorant dans les siècles que je viens de mettre sous vos yeux. On fera encore long-temps de vains efforts pour s'instruire, parce qu'on sera long-temps avant de savoir comment il faut étudier, et même ce qu'il faut apprendre.

CHAPITRE V.

Des Lettres en occident pendant le douzième et le treizième siècles.

<small>Les théologiens abusent de la dialectique.</small>

Les subtilités de la dialectique n'avoient pas encore été mêlées dans la théologie, autant qu'elles le furent vers la fin du onzième siècle. On agita sur-tout diverses questions sur les mystères, parce que la curiosité ignorante, ne sachant pas discerner ce qu'on peut connoître, se porte naturellement à ce qui ne peut pas être connu. Nous avons vu que dans l'origine de la philosophie, on vouloit expliquer la formation de l'univers.

Comme les philosophes étoient tombés dans des erreurs, les théologiens tombèrent dans des hérésies. La principale est celle de Bérenger qui nia la présence réelle. Dialecticien célèbre, il disputa dans dix conciles, qui le condamnèrent; et il en fallut un onzième, pour lui arracher une rétractation, qu'on n'assure pas avoir été sincère.

De pareilles disputes donnoient de la célébrité, et l'amour de la célébrité décide souvent du choix des études et des opinions. L'art de disputer fut donc la passion de tous ceux qui voulurent se rendre célèbres. Les écoles devinrent pour les dialecticiens, ce qu'étoient les tournois pour les chevaliers, c'est-à-dire, des théâtres où il étoit glorieux de combattre et de vaincre; et on voyoit les dialecticiens se montrer d'école en école, disputant sur des choses qu'ils n'entendoient pas, comme alors les chevaliers se montroient de tournois en tournois, combattant souvent pour des beautés qu'ils n'avoient jamais vues. C'est ainsi qu'Abélard se fit une grande réputation, et tint ensuite une école, où l'on accouroit d'Italie, d'Allemagne, d'Angleterre, de toutes parts.

Cet abus leur donne de la célébrité,

Les richesses d'un pareil professeur, croissoient avec le nombre de ses disciples; et sa réputation croissant encore, il pouvoit enfin prétendre aux premières dignités de l'église: car l'art de disputer subtilement, étoit alors regardé comme le meilleur titre. Ainsi, la célébrité, l'avarice et l'ambition,

Et les conduit aux honneurs.

tout entretenoit cette manie. Les écoles se multiplièrent: la dialectique parut l'unique science: on crut qu'elle suffisoit pour résoudre toutes les questions de philosophie: la théologie n'eut plus rien de caché: en un mot, cet art frivole fut seul étudié; et un dialecticien, se voyant considéré comme philosophe et théologien, se crut savant dans tous les genres.

<small>Les uns croient suivre Aristote;</small> On commence à remarquer, dans le douzième siècle, que le nom d'Aristote est déjà d'un grand poids en occident. Je dis le nom; car, si les dialecticiens se piquoient de raisonner d'après ses principes, ils les connoissoient cependant encore bien peu, puisqu'ils ignoroient le grec, et qu'ils n'avoient de ce philosophe que quelques écrits traduits par Boëce et par Victorin.

<small>Les autres Saint Augustin.</small> Il y eut alors deux sortes de dialecticiens; les uns, qui continuoient de préférer Saint Augustin, dont ils croyoient avoir la dialectique; les autres, qui donnoient la préférence au philosophe grec, qu'ils connoissoient à peine. Cependant tous puisoient au besoin dans l'une et l'autre source; mais c'étoit avec si peu de discernement, que

lorsqu'ils se faisoient une méthode, qui n'étoit ni celle d'Aristote, ni celle de Saint Augustin, ils ne la reconnoissoient pas néanmoins pour leur ouvrage propre, et ils en faisoient honneur au guide qu'ils croyoient avoir choisi. D'ailleurs, ils ne négligeoient pas d'appuyer leurs assertions sur l'autorité de quelques pères, qu'ils lisoient mal. Ils ramassoient des passages de toutes parts; ils faisoient des compilations mal raisonnées, et leurs ouvrages n'étoient qu'un mélange confus de théologie et de philosophie, où le théologique et le philosophique ne pouvoient pas se discerner, et où souvent on ne trouvoit ni l'un ni l'autre.

Alors les questions se multiplièrent pour se multiplier toujours de plus en plus; car différentes solutions données par des dialecticiens qui ne s'accordoient pas, faisoient naître de nouvelles questions qui, étant encore résolues différemment, donnoient naissance à d'autres. On ne prévoyoit point de terme à ces curieuses subtilités; aussi y eut-il dans ce siècle quantité d'hérésies. La plus singulière est celle d'un gentilhomme Breton, nommé Eon, qui, ayant

Il en naît des questions et des disputes sans fin.

entendu chanter dans l'église, *per eum qui venturus est judicare vivos et mortuos*, assura que c'étoit lui qui devoit juger les vivans et les morts. Ce fou eut des fous pour disciples, et traîna le peuple après lui. Il est vrai que son extravagance ne fut pas produite en lui par la dialectique : mais si ces temps n'avoient pas été aussi féconds en opinions nouvelles, Eon vraisemblablement n'eût pas été fou. Revenons aux dialecticiens.

<small>Les essences de Platon.</small> Selon Platon, les idées universelles sont des essences qui existent réellement hors des choses : il les place dans l'entendement divin, comme autant d'êtres, comme autant de divinités ; et, si nous voulons connoître les corps, ce ne sont pas les corps qu'il faut observer, ce sont ces essences ; il faut trouver le moyen de nous élever jusqu'à elles.

<small>Les formes d'Aristote.</small> Aristote trouva ridicule de mettre hors des corps les essences mêmes qui les modifient et les déterminent à être ce qu'ils sont. Il les plaça donc dans la matière ; et, rejetant le mot d'idée, il les appela formes. Ainsi, selon lui, il y a des formes univer-

selles, qui, de toute éternité, cachées dans chaque corps, font qu'ils sont ce qu'ils sont.

Zénon à son tour se moqua d'Aristote, comme Aristote s'étoit moqué de Platon. Il dit que ces universaux-là, soit qu'on leur donne le nom de forme ou celui d'idées, n'existent que dans notre entendement, et que ce ne sont que des noms donnés aux notions que nous formons, suivant les différentes manières dont nous concevons les choses.

Opinion de Zénon, qui rejette ces essences et ces formes.

Enfin les platoniciens d'Alexandrie, qui se piquoient toujours de tout concilier, et qui ne concilioient jamais rien, tentèrent inutilement d'accorder Platon, Aristote, Zénon; les idées ou formes universelles partagèrent les philosophes pendant plusieurs siècles. Vous concevez que cette grande question, qui avait disparu avec la philosophie, devait reparoître avec elle.

Les platoniciens vouloient concilier ces trois philosophes.

Les dialecticiens du onzième siècle suivoient l'opinion d'Aristote sans défiance, lorsque Roscelin s'arma contre eux de tous les argumens des stoïciens; et laissa sa doctrine à son disciple Abélard, qui la défendit

Sectes des réalistes et des nominaux.

vivement au commencement du douzième. De part et d'autre, on aimoit trop la dispute pour chercher même inutilement, comme les platoniciens, des moyens de conciliation. On disputa donc, et il se forma deux sectes, connues sous les noms de réalistes et de nominaux. Les jeunes gens se firent nominaux, parce que c'étoit l'opinion nouvelle; et les vieux restèrent réalistes, parce qu'ils l'avoient été jusqu'alors. Ceux-ci crièrent, sur-tout, qu'on détruisoit toute science : en effet, on leur enlevoit la leur, puisqu'ils ne connoissoient que les formes universelles, et qu'on les anéantissoit.

Quelquefois questions plus frivoles excitent les disputes les plus vives.

La chaleur avec laquelle on défend ses opinions, ne vient pas toujours de l'importance des questions; au contraire, les disputes les plus frivoles sont aussi les plus vives, toutes les fois qu'elles attirent l'attention du public, et que chaque parti met toute sa gloire à vaincre. Si même on s'occupe d'objets importans, ce n'est pas toujours parce qu'ils le sont en effet, c'est souvent parce que les disputes s'y multiplient davantage. Alors l'importance de l'objet donne du poids aux questions les plus frivoles; et on s'échauffe d'autant plus de part et d'autre, qu'on se reproche réciproquement des erreurs plus dangereuses.

Il étoit donc naturel que les dialecticiens cherchassent à subtiliser sur les dogmes; qu'ils fissent tous leurs efforts pour les concevoir d'une manière nouvelle, et qu'ils voulussent au moins n'en pas parler avec le langage de tout le monde. De-là devoient naître, non seulement des hérésies, mais encore des opinions qui, quoiqu'orthodoxes en elles-mêmes, étoient jugées hérétiques dans les termes. *On en subtilise davantage, et il en naît des erreurs.*

Si le zèle poursuivoit les hérétiques, la jalousie, qui prenoit le masque du zèle, pouvoit-elle ne pas saisir tout prétexte de persécuter les hommes célèbres? Les intrigues se joignirent donc aux subtilités, et tous les dialecticiens s'armèrent contre ces nouveaux Icares, dont ils ne pouvoient pas suivre le vol audacieux. Ils tournèrent sur-tout leurs traits contre Abélard, trop fait malheureusement pour être célèbre et envié. *La célébrité que donnent les disputes, suscite des ennemis aux dialecticiens.*

Une ame avide de gloire se hâte de prendre son essor. Quelquefois elle se sent *Caractère d'Abélard.*

comme gênée par la réflexion; et ne suivant plus que son instinct, elle s'élance, et ne voit que le terme où elle est ambitieuse d'arriver. Elle peut causer et de grands maux et de grands biens; et elle diffère en cela des ames communes, qui ne sont pas seulement capables d'une grande folie.

Telle étoit l'ame d'Abélard. Tout ce qui pouvoit nourrir une sensibilité vive, avoit des droits tyranniques sur elle. Elle ne put donc se refuser à la gloire, qui se montra sous le fantôme de la dialectique: elle ne put pas non plus se refuser à l'amour, qui, s'offrant sous les traits d'Héloïse, se fit un jeu de la dialectique même; et vous prévoyez que l'une et l'autre lui furent funestes. Mais laissons ses amours.

<small>On lui reproche des erreurs.</small> Abélard eût répandu la lumière dans un siècle éclairé, et il s'égara dans les ténèbres de son siècle. Parce que la dialectique s'ouvroit une vaste carrière dans la théologie, il voulut être théologien, et il devint hérétique; ses envieux du moins furent intéressés à le trouver tel. On se hâta de tirer de ses ouvrages plusieurs propositions. Il en désavoua, qu'en effet on n'y trouve

pas : il en expliqua d'autres; et en général on ne peut guère l'accuser, que de s'être exprimé d'une manière toute nouvelle; reproche que méritent tous les écrivains de son temps : mais il avoit beaucoup d'ennemis, il en avoit de puissans : il falloit donc que toutes les propositions qu'on lui attribuoit, fussent également hérétiques : on suscita sur-tout saint Bernard contre lui.

La piété, qui est d'autant plus solide, qu'elle fuit davantage tout éclat, paroissoit, dans ce siècle corrompu, être forcée par le zèle même à chercher la gloire de la célébrité. Un homme, d'une ame pieuse et courageuse, entraîné par les circonstances sur la scène du monde, pouvoit-il ne pas s'élever ouvertement contre les vices? et si ses talens, autant que sa piété, lui faisoient un nom, pouvoit-il voir d'un œil indifférent son nom rendu célèbre? Tel étoit S. Bernard : il aimoit la gloire, il ne s'en doutoit pas, parce qu'il ne voyoit dans la gloire même que les succès de sa piété et de son zèle : mais je crois que si elle n'eût pas à son insu parlé à son cœur, il ne se seroit

Saint Bernard cherche la célébrité à son insu.

pas aveuglé sur l'abus et l'injustice des croisades!

<small>Son zèle n'est pas assez éclairé.</small>

On ne peut trop le louer de ses soins à rétablir la discipline dans les ordres religieux, et de son courage à donner aux papes même des conseils contre les abus qui s'introduisoient dans la cour de Rome. Un autre éloge encore qu'on ne peut lui refuser, et qui est bien singulier pour son siècle, c'est qu'il a du moins entrevu les vices de la dialectique, et qu'il a méprisé cet art frivole, jusqu'à se vanter de n'y rien comprendre. Je conviendrai cependant que ce n'étoit pas assez de le mépriser, et qu'il eût fallu l'étudier pour se mettre en état de le rendre méprisable aux autres. Socrate méprisa les sophistes, mais il les étudia; c'est pourquoi il les combattit avec avantage.

<small>Il devient l'instrument dont on se sert pour perdre Abélard.</small>

Il est vrai que S. Bernard, ayant dédaigné de s'instruire de la philosophie de son temps, n'ignoroit que des choses qui ne méritoient pas d'être sues : cependant il arriva que, n'en pouvant juger par lui-même, il fut contraint de s'en rapporter au jugement des autres. Alors son zèle ne fut plus qu'un instrument dont les ennemis d'Abélard se servirent; et lorsqu'il crut combattre les dialecticiens, il se trouva n'être parmi eux qu'un chef de parti. Il ne fut pas sans doute insensible à la gloire de défendre la religion contre l'homme le plus célèbre, qu'on accusoit d'innover. L'amour de la gloire est commun à tous les grands hommes et s'il se déguise à leurs yeux, il se décèle aux yeux des autres.

Vous pouvez juger quelle fut l'animosité des deux partis, dont les chefs étoient d'une égale réputation. Ce n'est pas mon dessein de m'arrêter sur des détails de cette espèce : il me suffit de dire qu'Abélard succomba, et que la jalousie et la haine se montrèrent sensiblement dans la condamnation qu'on porta contre lui.

Pierre, surnommé Lombard, parce qu'il étoit de Novare en Lombardie, étoit venu finir ses études à Paris, alors l'école la plus célèbre. Il fit de grands progrès sous Abélard, fut ensuite professeur lui-même, et enfin évêque de Paris. Philippe, fils de Louis le Gros, et frère de Louis le Jeune, qui avoit été nommé à cet évêché, se fit

Pierre Lombard.

un honneur de le céder à un homme du mérite de Pierre Lombard. Il n'en falloit pas moins pour élever cet étranger à cette dignité. Car la préférence que Pierre avoit donnée à la dialectique d'Aristote, déplaisoit beaucoup aux théologiens de Paris, qui en général étoient partisans de celle de S. Augustin.

Son livre des sentences est plein de subtilités.

Il adopta la méthode d'Abélard son maître : mais, beaucoup plus réservé, il ne donna pas dans les mêmes écarts. Son livre des sentences, c'est le titre qu'on donnoit à ses ouvrages de théologie, paroît avoir été fait pour résoudre toutes les questions qu'on agitoit alors. Il se servit de la dialectique d'Aristote, et il se fit sur-tout une loi de confirmer ses sentimens par les décisions mêmes des pères de l'église : cependant ce n'étoit pas sans beaucoup de subtilité qu'il leur faisoit résoudre des questions, auxquelles souvent ils n'avoient jamais pensé. Il subtilise, par exemple, long-temps pour savoir si Jésus-Christ, en tant qu'homme, est une chose; et après avoir apporté beaucoup de raisons pour et contre, il se déclare enfin pour la négative.

cette assertion fut condamnée par le pape Alexandre III.

L'école de Paris rejeta aussi quelques-unes de ses opinions. Néanmoins cet ouvrage du maître des sentences, c'est ainsi qu'on nomma depuis Pierre Lombard, eut les plus grands succès. Ce fut bientôt le principal livre classique, et on ne pouvoit pas être théologien, sans l'avoir étudié. Mais quoiqu'il eût la réputation d'être clair, tous ceux qui l'étudièrent, n'y trouvèrent pas les mêmes choses. Les commentateurs se multiplièrent donc pour l'expliquer. Alors cet ouvrage devint réellement obscur, et donna lieu à de nouvelles questions et à de nouvelles subtilités.

Il est reçu comme principal livre classique.

On le commente, et il devient plus obscur.

C'est ainsi que la méthode qu'on suivoit, brouilloit toutes les idées, et jetoit dans bien des erreurs, dont je ne parle pas, lorsqu'au commencement du treizième siècle, la métaphysique et la physique d'Aristote, furent apportées de Constantinople à Paris, et traduites en latin. Ces ouvrages, qui n'étoient pas propres à répandre la lumière, trouvèrent les esprits peu disposés à les recevoir. Un concile, tenu à Paris en

On condamne en France les ouvrages d'Aristote.

1209, en défendit la lecture, sous peine d'excommunication, et les condamna au feu. Quelques années après, le légat du pape confirma cette condamnation, en permettant néanmoins d'enseigner la dialectique d'Aristote.

Et on les permet par-tout ailleurs.

C'étoit assez mal remédier aux abus dont on se plaignoit, que de laisser subsister la dialectique qui en étoit la source, et de condamner la métaphysique et la physique, qui n'avoient fait encore aucun mal. Mais on jugeoit à l'aveugle de ces choses; et, parce qu'on n'avoit rien de bon en philosophie, on ne savoit trop ce qu'on devoit permettre ni ce qu'on devoit défendre. Dans le vrai, ce qui faisoit principalement des ennemis à Aristote, c'est la célébrité des dialecticiens, qui avoient pris sa philosophie pour guide. La raison en est sensible: car dans les temps même qu'on brûloit ses ouvrages en France, il étoit permis de les lire par-tout où ses sectateurs n'avoient pas à lutter contre un parti jaloux et puissant: c'est-à-dire, en Angleterre, en Allemagne, en Italie même. De pareilles défenses sembloient donc promettre plus de célébrité à ceux qui désobéissoient : étoit-il d'ailleurs naturel de compter que les dialecticiens renonçassent à des subtilités qui faisoient toute leur science, et à la place desquelles ils n'avoient rien à remettre ?

Frédéric II, qui régnoit en Allemagne, hâta sur-tout la fortune d'Aristote. Les connoissances qu'il avoit acquises, lui faisant desirer d'en acquérir encore, il ambitionna de contribuer aux progrès des lettres, et il leur accorda une protection singulière. Il releva les anciennes écoles, il en fonda de nouvelles; enfin, il fit chercher et traduire tous les livres où l'on crut trouver quelqu'instruction.

{La protection que Frédéric II donne aux lettres met en réputation les commentateurs arabes.}

Depuis Gerbert, quelques personnes avoient encore été chercher les sciences chez les Arabes, et on avoit même traduit quelques-uns de leurs livres de médecine, de physique et de mathématique. Cependant la philosophie arabe étoit peu connue parmi les Chrétiens, du moins ne s'enseignoit-elle pas dans les écoles. Frédéric la fit connoître par des traductions, et la fit enseigner en Allemagne et en Italie.

La dialectique d'Aristote, déjà mauvaise

en elle-même, plus mauvaise dans les sources où on l'avoit puisée jusqu'alors, fut donc enfin étudiée dans les commentateurs arabes, où elle étoit devenue pire encore. Ce que j'ai dit peut vous faire juger des lumières que de pareils maîtres pouvoient répandre.

<small>Enthousiasme de ces commentateurs pour Aristote.</small>

Le plus célèbre de ces commentateurs, Averroès, regardoit Aristote comme un génie que Dieu avoit donné, afin que les hommes sussent tout ce qui peut être su; il en faisoit même presqu'un Dieu, qui avoit tout connu, qui n'avoit pu se tromper, et dont la doctrine étoit la suprême vérité. Mais il applaudissoit à des choses qu'il n'entendoit pas; car ceux qui ont eu la patience de lire tous ses commentaires, y trouvent autant d'ignorance et de bévues que d'enthousiasme. Voilà cependant l'auteur classique qu'on étudia davantage. On idolâtra, pour ainsi dire, avec lui sur l'autel qu'il avoit élevé au philosophe grec, et on lui rendit à lui-même à-peu-près un culte semblable; il est vrai qu'il partagea ce culte avec Avicenne, autre commentateur, tout aussi dépourvu de connoissances et de jugement.

L'enthousiasme, qui saisit les esprits, *Effet de cet en-*
mit le comble à l'aveuglement, lorsqu'Aris- *thousiasme.*
tote, moins entendu que jamais, fut regardé
comme l'unique organe de la vérité. On ne
chercha plus ce qu'il falloit penser, mais ce
qu'avoit pensé ce philosophe; son autorité
étoit une démonstration, et on ne la respectoit pas moins en théologie qu'en philosophie.

Cependant, obscur par lui-même, et
plus obscur par les soins de ses commentateurs, il laissoit rarement saisir sa pensée,
et il se contredisoit souvent. On conclut
donc que, lorsqu'il ne s'expliquoit pas assez,
on ne pouvoit rien savoir; et que, lorsqu'il
affirmoit le pour et le contre, on ne pouvoit
rien assurer. En vain on subtilisa, en vain
on fit des questions sans nombre, on se
trouvoit toujours plus loin de savoir quelque chose. Il fallut donc douter, et un nouveau pyrrhonisme s'établit d'après Aristote
même.

Le péripatétisme des Arabes fut répandu *Albert le Grand*
en Allemagne par Albert, de l'ordre des *passe pour magi-*
frères prêcheurs, surnommé le Grand, à *cien;*
cause de l'étendue de ses connoissances; il

fut même appelé à Paris, où, malgré les défenses, il enseigna la philosophie d'Aristote; et d'où, quelque temps après, il transporta son école à Cologne.

Assez sage néanmoins pour ne pas se borner aux subtilités de la dialectique et de la métaphysique, il s'appliqua aux mathématiques et aux mécaniques ; et il paroît être un des premiers qui aient étudié l'histoire naturelle. Il acquit dans tous ces genres des connoissances qui le firent passer pour magicien ; et cette réputation lui étant restée, ceux qui d'après lui ont voulu étudier la magie, en ont cherché les principes dans des ouvrages qu'on lui attribue faussement. On dit qu'il employa trente ans à faire une tête qui parloit, et que S. Thomas d'Aquin, son disciple, dans la frayeur qu'il en eut, la cassa d'un coup de bâton.

Ainsi que Roger Bacon. Il y avoit alors en Angleterre un autre magicien; c'est Roger Bacon. Il avoit étudié avec tant de succès la géométrie, l'astronomie, l'optique, la chimie, les mathématiques, les mécaniques, etc., qu'il a prévu la possibilité de quantité de choses, qui paroissoient de son temps des mystères impénétrables, et dont plusieurs ont été découvertes depuis. La sagacité d'Albert et de Bacon fait regretter qu'ils ne soient pas venus dans de meilleurs temps.

Il y eut encore dans le treizième siècle trois hommes célèbres. Le premier est S. Bonaventure, de l'ordre des frères mineurs, né en Toscane, et surnommé le docteur séraphique. Il préféra la théologie mystique, qu'il traita avec plus de piété que de curiosité, et d'où il écarta les questions étrangères. Il évita donc les subtilités des dialecticiens ; mais il ne put pas éviter les notions vagues qui servent de principes à la théologie mystique.

S. Bonaventure surnommé le docteur séraphique.

Le second est S. Thomas, surnommé le docteur angélique, de l'ordre des frères prêcheurs. Issu de la maison des comtes d'Aquin, il descendoit des rois de Sicile et d'Arragon. Il étudia sous Albert le Grand à Cologne, prit à Paris le bonnet de docteur avec S. Bonaventure, et revint en Italie où il enseigna dans plusieurs universités. C'est ainsi qu'on nommoit les écoles, et celle de Paris étoit alors la plus célèbre.

Saint Thomas d'Aquin, docteur angélique.

<small>Il acheva de faire prévaloir le péripatétisme.</small>

S. Thomas a écrit sur la philosophie et sur la théologie, en se conformant aux principes et à la méthode du nouveau péripatétisme. On croit qu'il auroit été capable de faire de meilleurs ouvrages, si le préjugé général lui avoit permis de préférer son jugement à celui de l'Aristote Arabe; mais son siècle l'auroit vraisemblablement beaucoup moins applaudi. Ses grands succès ne firent donc que nourrir un préjugé contraire au progrès de l'esprit humain; et ils achevèrent la fortune d'Aristote. Les ennemis les plus déclarés du péripatétisme n'osèrent plus condamner un philosophe, pour qui S. Thomas montroit une entière déférence. Aristote prévalut donc par-tout, même dans l'université de Paris, d'où, jusqu'alors, on avoit toujours tenté de l'exclure.

<small>Jean Duns Scot, surnommé à juste titre le docteur subtil.</small>

Jean Duns Scot, le troisième de ces hommes célèbres dont j'avois à parler, a surpassé tous les péripatéticiens en subtilités, et a mérité le surnom de docteur subtil, qu'on lui donne communément. Comme il s'est fait des principes différens de ceux de S. Thomas; et que les frères mineurs, dont il étoit, ont adopté sa doctrine, pendant que les frères prêcheurs ont continué de suivre celle du docteur angélique; il s'est formé dans l'église deux sectes, qui subsistent encore, qui sont connues sous le nom de thomistes et de scotistes, et dont il vous est très-permis de ne savoir que les noms. Ces deux docteurs, au reste, firent presqu'oublier tous ceux qui les avoient précédés.

Si vous considérez quel étoit l'objet des études dans le douzième et le treizième siècles, la méthode avec laquelle on les faisoit; la prévention aveugle où l'on étoit pour Aristote, et pour ses commentateurs, et la jalousie de ces prétendus philosophes, qui faisoient consister toute la science dans des subtilités, vous comprendrez, que plus on faisoit d'efforts, plus on s'éloignoit du vrai chemin des connoissances, et vous plaindrez Frédéric II, qui, voulant hâter les progrès de l'esprit humain, n'a fait que les retarder. Cependant sa protection n'a pas été tout-à-fait inutile. Peut-être étoit-il nécessaire de s'égarer dans mille détours obscurs et tortueux, pour trouver enfin une

Les écoles et les docteurs les plus renommés ne faisoient que retarder les progrès de l'esprit.

route plus sûre et mieux éclairée. Comme l'anarchie n'amène un gouvernement sage, que lorsque les désordres, parvenus à leur comble, soulèvent enfin tous les citoyens; de même il falloit mettre le comble aux absurdités, afin de préparer à la vraie philosophie, en soulevant enfin le bon sens.

CHAPITRE VI.

Des Lettres en occident dans les quatorzième et quinzième siècles.

LES ordres religieux sont des républiques où l'esprit du premier législateur ne se conserve pas long-temps : les fondateurs survivent, comme Solon, au gouvernement qu'ils ont établi. Ce sont les circonstances qui font d'abord prendre à ces différens ordres une nouvelle façon de penser ; et ils la prennent conformément aux conjonctures qui concourent à leurs premiers succès. Alors préférant le monde, et les avantages qu'il offre aux vues bornées d'un solitaire qui les destinoit à la retraite, ils se font un système de conduite pour conserver la considération et les richesses qu'ils ont acquises, et pour en acquérir encore. C'est ainsi que le caractère des Romains, formé d'après les circonstances, établit peu-à-peu un plan de gouvernement, qui pré-

<small>Comment les circonstances ont fait oublier aux moines l'esprit de leur première institution.</small>

paroit à la conquête du monde. Cette comparaison est si noble, qu'il ne faut pas l'abandonner si tôt.

Comment sans projets d'ambition ils deviennent ambitieux.

Romulus certainement ne projetoit pas de conquérir l'Afrique, l'Espagne, les Gaules, la Grèce et l'Asie : le Latium seul devoit lui paroître une conquête difficile, et il ne songeoit guère qu'à se défendre sur le mont Palatin. Mais l'ambition vint avec les succès; et les Romains, toujours entraînés d'une guerre dans une autre, s'accoutumèrent à regarder tous les peuples voisins, comme autant de peuples ennemis, ou même comme des sujets rebelles. En un mot, ils crurent avoir des droits sur toutes les nations.

Il en est de même des moines. Il seroit absurde de penser qu'ils se sont établis dans la vue de gouverner un jour le monde, et que dès le commencement ils ont eu un plan fait de le troubler, pour s'en rendre maîtres. Mais tout corps a un esprit républicain, une espèce de patriotisme, qui porte chaque membre à se dévouer pour l'intérêt commun, et ce patriotisme est d'autant plus fort, qu'on y attache plus de considération, et qu'il en paroît réjaillir plus de gloire sur chaque membre. Lorsque le zèle est à un certain point, un corps n'a plus d'autre règle que son avantage ; il juge de la justice de ses entreprises par l'utilité qu'il en retire. Il ne se borne donc pas à se défendre dans ses limites ; il tend au contraire continuellement au-delà, et il saisit toutes les circonstances favorables.

Les moines pouvoient-ils donc se refuser à l'ambition, lorsque l'ignorance et la superstition venoient mettre à leurs pieds les richesses et les dignités ? Il falloit bien qu'ils s'accoutumassent à croire que ces choses étoient à eux, puisqu'on les leur donnoit. Or, dès qu'une fois ils pensent ainsi, ils croiront bientôt avoir des droits sur ce qu'on ne leur donne pas, et quiconque osera contester leurs prétentions, sera déclaré rebelle. Si Sparte, je continue toujours de relever les petites choses par de grandes comparaisons, si Sparte, dis-je, malgré les sages précautions de Lycurgue, est enfin devenue ambitieuse, qui nous assurera que les capucins n'auront pas un jour l'ambition de gouverner le monde ?

Faites naître les circonstances, et l'ambition naîtra. Vous avez vu les prétentions du clergé et celles des papes : vous avez vu que les avantages temporels des ministres de l'église étoient la suprême loi ; et que quiconque ne se soumettoit pas, étoit traité comme ennemi de la religion même. Or ce sont les ecclésiastiques religieux, plus que les séculiers, qui ont été l'ame de ces entreprises étonnantes. Cependant rien n'est plus contraire à l'esprit de l'église : tant il est vrai que les corps sont toujours faits pour oublier les principes de leur première institution.

<small>Ils entretiennent l'ignorance parce qu'ils sont ignorans, et parce qu'il est dangereux pour eux qu'on s'éclaire.</small>

Il est de l'intérêt des moines d'entretenir l'ignorance, qui est le principal appui de leur autorité. Ils l'entretiendront par conséquent. Je ne veux pas dire qu'ils forment le projet de s'opposer aux lumières qui pourroient se répandre. Ils sont trop ignorans pour cela, et ils ne prévoient pas encore, qu'il puisse venir de quelque part d'autres lumières que les leurs : au contraire ils croient savoir tout ce qui peut être su. Mais si l'aurore commence, ils entreverront le danger qui les menace, et ils craindront le jour. Alors, sentant le besoin des ténèbres, ils tenteront tout pour couvrir le ciel de nouveaux nuages.

Or cette aurore a commencé vers le milieu du quatorzième siècle; et cependant le soleil étoit encore bien loin de paroître : une nuit de plusieurs siècles lui avoit fait oublier son cours. De si foibles rayons ne pouvoient donc pas percer dans les sombres réduits des écoles. Elles leur étoient d'ailleurs fermées; car les yeux ne pouvoient pas soutenir cette lumière étrangère. En effet les études non seulement continuèrent d'être aussi mauvaises qu'auparavant, elles furent pires encore ; et si de bons esprits osèrent proposer une réforme, la haine arma contr'eux tous les péripatéticiens.

C'est que le péripatétisme étoit devenu l'esprit des ordres religieux, qui l'enseignoient. Ils lui devoient toute leur considération, toute leur célébrité ; ils n'étoient plus rien, si cette hydre venoit à tomber sous les coups d'un Hercule : ils devoient donc le défendre avec un patriotisme fanatique. *D'ailleurs ils devoient leur célébrité aux futilités qu'ils enseignoient.*

En instituant tous les ordres mendians, *Comment le péripatétisme é-*

S. Dominique et S. François n'avoient pas sans doute prétendu fonder des sectes de péripatéticiens : mais ces moines se saisirent habilement des écoles ; et devenus disciples d'Aristote, ou plutôt d'Averroès, ils se rendirent les maîtres des universités, dès le treizième siècle où ils avoient commencé.

toit devenu la secte dominante.

Ce sont eux qui firent enfin prévaloir Aristote. Il est vrai que dans la faculté de théologie de Paris, il y avoit encore, au commencement du quatorzième siècle, des docteurs qui blâmoient S. Thomas d'avoir appuyé les dogmes sur l'autorité de ce philosophe, et d'avoir fait un mélange du péripatétisme et de la doctrine chrétienne : mais la canonisation de S. Thomas, qui se fit alors, fournit de nouvelles armes aux frères prêcheurs. En effet, devoit-on craindre de suivre l'exemple d'un saint, et pouvoit-on blâmer la méthode qu'il avoit adoptée ? Cet argument étoit fort dans un temps où l'on ne savoit pas que les saints du premier siècle de l'église avoient tous rejeté Aristote.

Rome ordonne l'étude des J.

La cour de Rome, entraînée elle-même

par l'autorité du saint qu'elle avoit cano- vres d'Aristote dont elle avoit défendu la lecture.
nisé, et par les sollicitations des frères
mendians, cessa de défendre la lecture des
ouvrages de ce philosophe: elle fit plus,
elle en recommanda l'étude. Le légat chargé
de réformer l'université de Paris, vers le
milieu du quinzième siècle, enjoignit d'enseigner la dialectique, la métaphysique, la
physique et la morale de ce philosophe, et
défendit de recevoir aux grades ceux qui
n'en seroient pas suffisamment instruits. Il
est assez singulier que, dans des écoles où
il n'y avoit guère que des clercs, ou des
hommes qui se destinoient à l'église, on ait
regardé comme un préliminaire nécessaire
à la théologie, les idées vagues d'Aristote,
commentées par Averroès. Si l'on croyoit
que c'étoit là la vraie source de la théologie, il n'y avoit donc point eu de théologiens jusqu'alors.

Mais une chose qui ne paroît pas moins
singulière, et qui est cependant bien dans
le caractère de l'esprit humain, c'est que la
lecture de cette mauvaise philosophie, qui
a été proscrite dans le treizième siècle, sans
qu'on sût trop pourquoi, a été ordonnée

dans le quinzième, où il y avoit de bons esprits qui s'élevoient avec connoissance contre Aristote et contre Averroès.

Chacun le commente, et il se forme plusieurs sectes de péripatétisme.

Dès que tous les professeurs furent obligés d'enseigner Aristote, chacun crut aussi pouvoir s'arroger le droit de le commenter à sa manière. De-là naquirent quantité de sectes péripatéticiennes, et vous pouvez vous imaginer ce que devinrent la philosophie et la théologie. Les subtilités des frères mineurs dans leur différend avec Jean XXII, qui les condamna, suffisent pour vous faire juger les philosophes et les théologiens du quinzième siècle.

Occam, qui avoit écrit pour Philippe le Bel et pour Louis de Bavière, renouvelle la secte des nominaux.

Occam, un de ces frères mineurs, philosophe et théologien, se signala dans cette dispute. Ennemi déclaré de la cour de Rome, il avoit déjà écrit pour Philippe le Bel; il écrivit encore pour Louis de Bavière, et on remarque qu'il ne défendit les droits de l'empire que par des sophismes et des subtilités; manière de raisonner dans laquelle il étoit supérieur à tous les péripatéticiens de son temps.

Quoiqu'il fût sorti de l'école des scotistes, qui étoient réalistes ainsi que les thomistes, il renouvela la secte des nominaux, alors presqu'éteinte; et il entraîna dans son opinion tous les frères mineurs, qui l'avoient pris pour chef contre Jean XXII. Alors cette secte fit de grands progrès en Allemagne, où Louis de Bavière protégea tous les moines, avec qui il avoit un ennemi commun dans le pape.

Les nominaux, toujours odieux aux thomistes et aux scotistes, qui les accusoient de détruire toute science, devinrent donc encore odieux au saint siége, contre qui Occam et ses sectateurs s'étoient soulevés. Cette haine excita contre eux une longue persécution, qui éclata sur-tout lorsque les papes eurent recouvré leur autorité en Allemagne. Alors la guerre fut ouverte entre les réalistes et les nominaux; ils disputèrent, ils répandirent du sang, ils se chassèrent réciproquement des universités, et ils attirèrent enfin l'attention des souverains, qui crurent devoir employer l'autorité pour les réduire au silence. Louis, fils et successeur de Charles VII, proscrivit les livres des nominaux, et chassa des écoles de France tous ceux de cette secte. Cependant ces mi-

Les nominaux sont persécutés.

sérables disputes ne cessèrent pas. Elles continuent même encore dans la poussière des écoles, et elles continueront tant qu'il y aura des thomistes et des scotistes; heureusement elles n'occupent plus le monde. Au reste, il ne faut pas s'étonner si les nominaux ont été condamnés, ils avoient trop d'ennemis pour vaincre, et ils soutenoient une bonne thèse par les plus pitoyables raisons.

<small>Les meilleurs esprits s'élevoient inutilement contre les écoles.</small>

Vous voyez combien la république des lettres étoit troublée, et que ces troubles répandoient encore par-tout de nouveaux désordres; en vain les bons esprits, car il y en avoit alors, recommandoient d'étudier les langues, les pères de l'église, la tradition, l'histoire ecclésiastique et civile : ils ne pouvoient pas réformer les universités, où les frères mendians dominoient. Il étoit commode à ces moines de n'avoir besoin que d'un livre, et de supposer qu'on trouvoit toutes les sciences dans S. Thomas ou dans Scot.

<small>Quelques-uns commencent à faire de meilleures études.</small>

Les écoles publiques devinrent donc toujours plus mauvaises dans le quatorzième et le quinzième siècles; mais heureusement les différends entre le sacerdoce et l'empire, et les hérésies de Wiclef et de Jean Hus ouvrirent enfin les yeux sur la nécessité de faire de meilleures études. On apprit le grec, l'hébreu et le latin, qu'on savoit mal. On fouilla dans la tradition, on lut les pères, on voulut savoir l'histoire, en un mot, on connut que l'antiquité méritoit d'être étudiée. Gerson est sans contredit celui qui se distingua le plus dans le petit nombre de ceux qui tentèrent d'acquérir des connoissances utiles ; et c'est lui qui a commencé à dissiper les ténèbres dont on avoit enveloppé la théologie.

L'éloquence et la poésie furent encore cultivées dans ces deux siècles ; le goût se formoit, et préparoit à mieux raisonner. Mais c'est à l'Italie qu'on doit ces commencemens, et nous en parlerons bientôt. *On commence à cultiver l'éloquence et la poésie.*

Il importe peu, Monseigneur, que vous connoissiez à fond les questions, les erreurs, les hérésies, les subtilités et les mauvaises études du moyen âge. Cependant je ne devois pas vous laisser tout-à-fait ignorer ces choses. Il faut connoître les vices de l'esprit humain, si vous voulez remonter aux prin- *Il importe de connoître les erreurs et leurs causes.*

cipes de bien des maux; et si vous voulez remédier à ces vices, il faut encore en connoître les causes. C'est ce que j'ai tâché de vous développer.

<small>Comment les opinions les plus absurdes se soutiennent pendant des siècles.</small> Vous avez vu les hommes, pendant plusieurs siècles, ne faire des efforts que pour s'égarer de plus en plus, aller échouer les uns après les autres contre les mêmes écueils, en chercher de nouveaux sur une mer plus inconnue, et se précipiter de dangers en dangers sans les prévoir. L'expérience ne peut les éclairer, parce qu'ils sont incapables de réfléchir; ils suivent opiniâtrément une route tracée par les naufrages, sans jeter la sonde, sans revenir sur leurs pas; ils craindroient trop de découvrir leurs égaremens, et ils les découvriroient, qu'ils n'en conviendroient pas.

C'est que les opinions les plus absurdes doivent durer lorsqu'elles intéressent un parti. Il falloit que les peuples, les grands et les rois dans leur ignorance, fussent les victimes de ces clercs et de ces moines, qu'ils regardoient avec stupidité comme savans. Il falloit que tous les citoyens fissent de mauvaises études, parce que les frères prêcheurs et les frères mineurs en avoient fait de mauvaises. Ces moines pouvoient-ils permettre qu'on acquît des connoissances qui devoient mettre leur ignorance dans tout son jour ?

Ces philosophes, ces théologiens, ces sophistes, je ne sais quel nom leur donner, vouloient gouverner le monde par leurs opinions, et quelquefois ils le gouvernoient en effet. Ils intéressoient la religion et l'état à leurs disputes, aussi frivoles que subtiles. Les questions les plus méprisables en elles-mêmes, devenoient importantes par l'attention que l'église et le gouvernement daignoient y donner; et on voit seulement que chacun se piquoit de connoître la vérité, et que personne ne la cherchoit sincèrement. Toute l'ambition étoit de vaincre dans la dispute, et d'abuser de la crédulité des peuples.

Et gouvernent le monde.

Les malheurs de tant de siècles, Monseigneur, doivent vous apprendre combien il est important de juger des choses par ce qu'elles sont en elles-mêmes : c'est sur-tout le devoir d'un souverain de démêler la vérité au milieu de cette confusion que for-

C'est une leçon pour les princes.

ment les passions des hommes, et les intérêts des différens partis. Il doit plus qu'aucun autre la respecter; mais il doit plus qu'aucun autre mépriser tout ce qui lui est étranger. Il faut qu'il connoisse les abus, et qu'il en voie la source, s'il veut pouvoir les corriger sans commettre d'imprudence. Cette étude demande bien des soins de sa part; mais s'il sait étudier l'histoire, il trouvera de grandes leçons dans tous les siècles, et sur-tout dans les plus barbares.

CHAPITRE VII.

De la scholastique, et, par occasion, de la manière d'enseigner les arts et les sciences.

Du mot *école*, on a fait celui de *scholastique* pour désigner le cours des études, et la méthode qu'on suivoit dans les écoles. Il faut donc se faire, suivant les temps, des idées différentes de la scholastique.

<small>Les changemens qu'a essuyés la scholastique, font qu'on a de la peine à s'en faire une idée.</small>

Lorsque les hommes se sont familiarisés avec un mot, ils croient, en général, qu'il est naturellement et essentiellement fait pour être le signe de l'idée qu'ils sont dans l'habitude d'y attacher ; et ils s'imaginent que cette idée constitue l'essence de la chose qu'ils expriment par ce mot. De là sont nées de tout temps bien des questions sur lesquelles quelquefois on a fait des volumes, et qu'on auroit résolues facilement si on avoit pu s'entendre. Il ne faudroit pour cela que renoncer à ces vaines essences, que nous voulons toujours saisir, et nous souvenir qu'un mot ne signifie que ce que nous avons voulu lui faire signifier.

On a été curieux de rechercher l'origine de la scholastique; et, parce qu'on n'a pas déterminé ce qu'on entend par ce mot, cette origine a paru se cacher, comme la source du Nil. On a cru la découvrir dans Saint Thomas, dans Pierre Lombard, dans Abélard, dans Roscelin, dans d'autres dialecticiens dont je n'ai pas parlé; enfin on est remonté à S. Jean Damascène, et même jusqu'à S. Augustin.

Quelqu'un qui auroit vu la Seine au Havre, sans savoir d'où elle vient, auroit de la peine à la reconnoître à Rouen, encore plus à Paris, et bien plus encore à Chanceaux en Bourgogne. Il la verroit, et il demanderoit où elle est. Il en est de même de la scholastique. Quand on n'en a pas étudié le cours, et qu'on ne la voit qu'à son embouchure, on ne sait plus où la retrouver. On ne voit pas que c'est un filet d'eau, qui a eu sa source dans Aristote; et qui, après des accroissemens et des décroissemens alternatifs, s'est caché pendant quelque temps, pour reparoître ensuite, croître de nouveau, devenir tous les jours plus trouble, et inonder enfin tout l'occident. Ce fleuve est comme tous les fleuves: non-seulement, il est différent de lui-même, d'une partie de son cours à l'autre; mais encore dans chaque partie, ses eaux ne sont pas deux instans les mêmes.

Si donc on entend par la scholastique tout ce cours que je viens de tracer, on la reconnoîtra facilement par-tout; mais, si on vouloit, par exemple, ne s'en faire d'idée que d'après la lecture de S. Thomas; ce n'est que dans S. Thomas qu'on la trouvera telle qu'elle est dans S. Thomas; comme ce n'est qu'au Havre qu'on trouvera la Seine telle qu'elle est à son embouchure. Pour moi j'entends par scholastique, ce mélange confus de philosophie et de théologie, qui s'est achevé dans le treizième siècle, et qui avoit déjà commencé auparavant. Considérons actuellement le plan des études dans le moyen âge: en voyant combien on étudioit mal, nous apprendrons, peut-être, comment nous devons étudier nous-mêmes.

La grammaire, la rhétorique, la logique, *Le trivium et quadrivium* la musique, l'arithmétique, la géométrie et l'astronomie; voilà, dans leur ordre, les choses qu'on croyoit enseigner dans les deux cours qu'on nommoit *trivium* et *quadrivium*. Le péripatétisme des Arabes introduisit une autre division dans le treizième siècle; et on enseigna la grammaire, la logique, la métaphysique, la physique, la morale, la politique, le droit et la théologie.

Il est inutile de nous arrêter sur ce qu'on enseignoit dans le *trivium* et le *quadrivium*; car il étoit bien rare de trouver un homme qui eût achevé ces deux cours; d'ailleurs toutes les écoles tombèrent à un tel point que, dans le dixième siècle, Gerbert fut obligé d'aller chercher des connoissances en Espagne. Commençons donc au treizième.

Environ depuis le milieu du douzième siècle, on écrivoit en France dans la langue vulgaire, qu'on nommoit alors *Roman*; et, à l'exemple des Français, les Espagnols et les Italiens écrivirent aussi dans leur langue. C'est la chevalerie qui introduisit cet usage: comme on voulut chanter les faits d'armes et les aventures amoureuses des chevaliers, il fallut bien écrire en roman, puisque ces héros n'entendoient pas le latin. On abandonna donc par nécessité ces petites choses aux langues vulgaires; mais on ne leur permit pas encore de s'essayer sur les sciences. Seulement on commence à trouver quelques mauvais historiens.

Or, dans ces temps-là, on n'avoit point d'idée de ce que nous nommons construction : le singulier n'étoit pas distingué du pluriel; l'orthographe n'avoit rien de fixe; on défiguroit continuellement les noms; en un mot, on écrivoit sans règles. Mais sans goût étant règles,

Comment des hommes, qui parloient leur langue avec aussi peu de jugement, auroient-ils pu comprendre qu'il y a une manière de bien parler latin, la seule langue qu'ils se piquoient d'apprendre. Aussi le parloient-ils avec des constructions barbares, et avec des mots pris dans un sens étranger, ou même avec des termes vulgaires, auxquels on donnoit une terminaison latine. C'étoit du Français, de l'Espagnol, de l'Anglais, de l'Allemand et de l'Italien latinisés. Il arrivoit de-là que les Par conséquent on ne pouvoit parler que fort mal latin.

savans non-seulement n'entendoient pas les écrivains anciens, mais encore ils ne s'entendoient pas les uns les autres. Toute la grammaire se bornoit aux conjugaisons, aux déclinaisons et à quelques règles qu'on n'expliquoit point ; encore les écrivoit-on en latin, peur faciliter l'intelligence de la langue à ceux qui ne la savoient pas.

La grammaire, la rhétorique et la poésie gâtoient le jugement.

Avec aussi peu de jugement, on devoit être sans goût. Qu'étoit-ce donc que la rhétorique ? l'art de ne parler pas naturellement, des métaphores étudiées, des figures gigantesques et des lieux communs, prodigués sans discernement. La poésie, s'il en faut parler, tout aussi barbare que la prose, étoit encore plus plate.

On en étoit plus incapable d'apprendre l'art de raisonner.

La logique, la dialectique, ou l'art de raisonner, de quelque manière qu'on l'appelle, n'est que l'art d'aller des connoissances qu'on a, à celles qu'on n'a pas, du connu à l'inconnu : elle suppose donc un esprit qui a déjà acquis quelques connoissances, et qui s'est fait des idées exactes des choses communes au moins. S'il n'a que des notions vagues et confuses, on ne saura par où le prendre, pour le conduire à des connoissances précises et distinctes. Car enfin pour apprendre à raisonner, il faut avoir déjà fait de bons raisonnemens; parce qu'on ne peut savoir comment on doit se conduire pour en faire de bons encore, qu'autant qu'on peut remarquer comment on s'est déjà conduit.

Cependant la grammaire et la rhétorique n'avoient fait que gâter le jugement. Le mal étoit d'autant plus grand, qu'on ne s'en doutoit pas; et on l'auroit connu, qu'on n'y auroit pas su remédier. Il falloit donc que la logique l'accrût encore. Le professeur, qui ne trouvoit dans ses écoliers que des idées confuses, et qui n'en avoit pas d'autres lui-même, ne pouvoit partir que de ces idées, pour les mener encore à de plus confuses. Il n'imaginoit pas de faire des recherches sur l'origine et sur les progrés de nos connoissances. Il ne sentoit pas le besoin d'observer et d'analyser les opérations de l'entendement ; et l'esprit humain, qu'il se flattoit de diriger dans la découverte de la vérité, étoit, entre ses mains, un instrument qu'il ne connoissoit pas.

On ne savoit comment se conduire pour acquérir des connoissances, ni même par où commencer.

Les scholastiques se trouvoient dans le même cas où seroit un homme qui entreprendroit de donner les règles de la navigation, et qui cependant n'auroit aucune connoissance ni des différentes parties d'un vaisseau, ni de leur usage, ni du ciel, ni des mers sur lesquelles il oseroit naviger. Ils ignoroient tout-à-fait la manœuvre des parties de l'entendement humain, et ils ne connoissoient pas davantage les sciences dans lesquelles ils vouloient se hasarder.

<small>Ne pouvant donc raisonner sur des idées, on raisonna sur des mots, et on fit des syllogismes.</small>

Dans l'impuissance, par conséquent, de chercher l'art de raisonner dans les idées mêmes, en considérant comment elles se déterminent, comment elles naissent les unes des autres, et comment elles se combinent de mille manières pour en produire de nouvelles, ils s'arrêtèrent au seul mécanisme du raisonnement. Ils remarquèrent qu'une proposition contient trois termes, que des deux premiers on peut tirer une conclusion, et ils firent des syllogismes.

Celui qui faisoit le plus de syllogismes sur un sujet, étoit le plus habile, et il étoit censé avoir raison, parce qu'il parloit le dernier. Or cet art est facile : il suffit de ne déterminer ni l'état de la question, ni la signification des mots; et les scholastiques auroient été bien embarrassés de faire autrement. Ils trouvoient donc toujours, dans des notions vagues et dans des termes équivoques, de quoi tirer continuellement de nouvelles conclusions, et de quoi soutenir toutes les thèses qu'ils pouvoient avancer. Par ce moyen ils multiplioient les disputes, et ils n'en terminoient jamais aucune; parce que celui qui soutenoit une proposition, et celui qui l'attaquoit, ne faisoient l'un est l'autre que des sophismes; et qu'ils étoient tous deux incapables de s'en appercevoir. C'est ainsi qu'ils raisonnèrent d'après la logique d'Aristote, que les Arabes avoient commentée sans jugement, et qu'ils défigurèrent encore eux-mêmes.

Cette logique cependant devint la principale étude. On négligea la grammaire et la rhétorique, afin de l'apprendre plus promptement. A peine en avoit-on goûté les délices, qu'on ne se lassoit plus de l'apprendre. On la rendoit tous les jours plus volumineuse, on avoit du regret à la quitter ; et souvent les scholastiques s'y fixoient pour toute leur vie.

<small>La métaphysique tout aussi absurde fut remplie d'abstractions mal faites, qu'on prenoit pour des essences.</small>

Mais ceux qui passoient à la métaphysique, se sentoient presqu'ausitôt saisis d'une soif ardente ; et, dans leur ivresse, sans être désaltérés, ils s'écrioient qu'elle est la science des sciences !

Cette science des sciences considéroit l'être, la substance, la matière, le corps en général et les esprits : elle ne considéroit ces objets que d'une manière abstraite, et cependant on croyoit trouver dans ces abstractions l'essence même des choses.

Vous savez qu'une notion abstraite n'est que l'idée que nous nous formons, lorsque nous pensons à une ou plusieurs qualités, sans penser à celles avec lesquelles elles sont réunies dans un même sujet. On peut donc en faire plusieurs sur une même chose, sur la matière, par exemple. C'est aussi ce que faisoient les scholastiques ; et, comme chacun préféroit ses abstractions, chacun concevoit la matière différemment, et tous croyoient en saisir la nature. Ils la subtilisoient plus ou moins : quelques-uns même la spiritualisoient, ce qui les jetoit dans des erreurs monstrueuses.

Il faut observer avec bien de la sagacité, pour déterminer avec précision les idées abstraites ; car nous ne sommes que trop portés à généraliser au-delà des bornes. Or, les scholastiques, au lieu d'observer, généralisoient au gré de leur imagination. La métaphysique ne leur offroit donc plus que des fantômes.

Tout ce qu'on pouvoit raisonnablement conclure de ces abstractions, c'est que chacun d'eux concevoit à sa manière la matière et le corps en général. Aucun certainement n'en étoit plus près de saisir la nature des choses ; mais ces métaphysiciens ne vouloient pas avoir fait des efforts inutiles. Ils s'imaginèrent donc voir dans ces abstractions ce qui n'y étoit pas. Ils les réalisèrent ; et, avec ces êtres fantastiques, ils crurent rendre raison de tout. Cette extravagance mit le comble aux absurdités.

La physique n'avoit plus rien de caché pour ceux qui s'étoient familiarisés avec les abstractions. La nature se dévoiloit à leurs regards ; ils n'avoient pas besoin de

Cette métaphysique prenoit le nom de physique, et rendoit raison de tout, parce qu'on ne savoit pas raisonner.

l'observer ; il ne leur falloit que des mots, ou des hypothèses absurdes, et ils n'en manquoient jamais. Des formalités, des eccéités, des quiddités, des qualités occultes, des formes qui descendoient des astres, ou que des intelligences célestes envoyoient pour informer les corps, etc.; c'est avec un langage de cette espèce qu'on expliquoit les phénomènes, et c'étoit même là ce qui servoit de principes à la médecine. Il semble que la scholastique eût tout-à-la-fois conspiré contre les esprits et contre les corps.

Après ces détails, il n'est pas nécessaire d'examiner comment on traitoit la théologie. Vous voyez bien que toute la scholastique n'étoit dans le vrai qu'une dialectique, qui s'étoit fait un jargon pour disputer toujours, sans jamais rien dire.

Les meilleurs esprits obéissoient à ce torrent d'absurdités, ou même le faisoient croître.

On voit cependant parmi les scholastiques des hommes qui, dans d'autres temps, auroient eu de la sagacité et du génie ; mais, comme les meilleures terres, lorsqu'elles ne sont pas cultivées, sont celles qui produisent le plus d'herbes inutiles, les meilleurs esprits sans culture sont aussi ceux qui disent le plus d'absurdités. Albert le Grand, par exemple, qui avoit été assez sage pour observer quelquefois, adoptoit le jargon des autres, lorsqu'il vouloit expliquer les phénomènes, et il enchérissoit encore sur eux. Les scholastiques avoient si peu de jugement que, malgré le culte qu'ils rendoient à Aristote, ils n'imaginèrent jamais d'étudier sa rhétorique, sa poétique et son histoire naturelle ; ce sont cependant les meilleurs ouvrages de ce philosophe. On croiroit qu'ils craignoient de s'instruire.

La morale, la politique et le droit, n'étoient pas mieux traités que les autres parties de la philosophie. *La morale et la politique n'étoient pas mieux traitées.*

C'est dans la volonté de Dieu qu'il faut chercher la règle de nos actions, et cette volonté se manifeste par la lumière naturelle et par la révélation. *Vraie source des principes de la morale.*

Par la lumière naturelle ; car, lorsque nous considérons que les hommes sont nés pour la société, nous découvrons bientôt ce qu'ils se doivent les uns aux autres ; parce que chacun voit dans ses besoins ce qu'il est en droit d'exiger de ceux avec qui il s'associe, comme il voit dans leurs besoins ce qu'il est dans l'obligation de faire pour eux. Par-là, comme notre constitution physique est le principe de nos besoins, elle est aussi le fondement du contrat social, par lequel nous nous promettons naturellement des secours, pour nous procurer des avantages réciproques; et, renonçant à une liberté sans bornes, nous cédons chacun quelque chose afin qu'on nous cède. Si nous remontons ensuite au premier principe de toutes choses, nous découvrons encore qu'il nous ordonne lui-même les devoirs que la société exige, puisqu'il est l'auteur de notre constitution, et que c'est lui qui nous a donné et nos besoins et nos facultés. Alors nous nous voyons toujours en présence de celui qui dispose de tout ; nous nous pénétrons d'une respectueuse crainte; nous nous remplissons de reconnoissance pour les biens que nous avons reçus, et pour ceux que nous attendons encore ; et nous restons convaincus de l'obligation où nous sommes de lui rendre un culte. Lorsque la révélation vient au secours de ceux que la raison n'éclaire pas, elle répand une nouvelle lumière dans l'esprit des autres; et elle nous montre plus clairement la fin à laquelle nous sommes destinés.

Ce n'est pas dans ces sources que les scholastiques alloient puiser les principes de la morale : c'est dans l'Éthique qu'Aristote avoit faite pour s'accommoder à l'esprit d'une cour telle que celle de Philippe. Certainement, ils auraient pu en tirer de bonnes choses : mais ils n'oublioient pas leur diaclectique; et ils raisonnoient sans savoir seulement ce que ce philosophe entendoit par vertu. On demandoit si la morale est pratique ou spéculative, si c'est un art ou une science. On disputoit en général sur la fin, les moyens, les actes, les habitudes, les actions libres et volontaires. On supposoit des cas extraordinaires, ou même impossibles, et on parloit à peine des plus communs. En un mot, on agitoit beaucoup de questions, et on donnoit peu de préceptes.

Les scholastiques la cherchoient dans Aristote qu'ils n'entendoient pas, et multiplioient les questions sans les résoudre.

Les disputes répandirent bientôt des doutes sur la morale, comme sur les autres sciences. On ne vit plus que des probabilités, et on jugea de l'opinion la plus probable, par le nombre des syllogismes car

Il n'y eut plus que des probabilités en morale.

alors on prouvoit, en accumulant les raisons, et non pas en les choisissant.

Abus qui en naîtront. De-là nous verrons naître dans la suite une morale monstrueuse. On établira pour principe, qu'on pourra suivre sans risque une opinion probable : on arrêtera qu'une opinion est probable lorsqu'elle est soutenue par un auteur grave : la scholastique fournira de pareils auteurs, pour et contre, dans tous les cas : et on conclura qu'on peut tout se permettre en sûreté de conscience. Voilà les abymes horribles, où se perdent des esprits qui s'égarent. On n'en étoit pas encore là dans le moyen âge : mais vous pouvez juger ce que c'étoit que la morale, si vous vous rappelez qu'avec de l'argent on faisait faire sa pénitence par un autre, et qu'on croyoit se racheter de tous ses crimes, en mourant dans un froc, en faisant un pélerinage, ou en fondant un monastère. On voit bien dans quel esprit les scholastiques, qui étoient clercs, écrivoient sur la morale.

Quelle devoit être l'objet de la politique. La politique peut être considérée par rapport au gouvernement intérieur de l'état, et par rapport aux puissances voisines.

Dans le premier cas, son principal objet est certainement la police, la discipline et les mœurs : dans le second, c'est de tendre à établir entre les nations des devoirs réciproques, comme il y en a entre les citoyens d'une même république ; en sorte que tous les peuples fussent portés à se regarder comme ne formant qu'une même société. Voilà, dis-je, le but auquel elle devroit tendre, quoiqu'elle ne puisse pas se flatter d'y atteindre : mais il ne faudroit pas chercher cette politique dans le moyen âge, puisqu'on ne la trouveroit pas encore dans le siècle où nous vivons.

Quelle étoit donc la politique de ces temps ? Jugez-en par les désordres, dont je vous ai donné une légère idée. La haine qui divisoit tous les corps, la force qui régloit tout, la foi des sermens violée, les guerres entreprises contre toute justice, la tyrannie des princes, qui appauvrissoient leurs sujets, pour s'appauvrir bientôt eux-mêmes, les révoltes fréquentes des peuples, les prétentions des grands et du clergé, les entreprises des papes et les croisades : tout cela prouve assez qu'alors la

<small>On étoit incapable de le connoître.</small>

vraie politique n'étoit point du tout connue.

Les scholastiques cherchent la politique dans Aristote. Les scholastiques la cherchèrent donc dans Aristote, c'est-à-dire, dans un ouvrage que ce philosophe avoit fait, en considérant l'état de la Grèce. Or, la situation de l'Europe étoit toute différente. Il auroit donc fallu bien de la sagacité, pour appliquer avec discernement au moyen âge, ce qu'Aristote avoit appliqué lui-même aux Grecs.

Ils subtilisent en défendant mal les meilleurs droits. Les scholastiques n'avoient pas cette sagacité-là. Ils subtilisèrent donc sur la politique, comme sur tout le reste, et chacun se fit un devoir de soutenir les opinions les plus favorables au parti qu'il avoit embrassé. Ainsi leur dialectique ne contribua qu'à rendre la politique encore plus ténébreuse. Voilà pourquoi on a mal raisonné, lorsqu'on a voulu établir les droits respectifs des souverains et des peuples, lorsqu'on a voulu défendre ceux de l'empire contre les entreprises du sacerdoce, et lorsqu'on a voulu enlever au clergé les justices dont il s'étoit saisi.

Ils se faisoient de fausses idées du droit civil et canonique. D'après ces considérations, vous prévoyez que le droit civil et le droit canonique ne pouvoient pas être traités avec plus de succès. C'étoient les ecclésiastiques séculiers, qui s'appliquoient plus particulièrement à cette étude : car les moines s'étoient réservés ce qu'on appeloit alors philosophie et théologie.

Il auroit fallu bien du jugement et bien de l'impartialité, pour se faire des idées saines du droit dans ces temps de troubles, où l'usage avoit force de loi, et où les exemples variant continuellement, établissoient par conséquent des droits contraires. Or les ecclésiastiques pouvoient-ils avoir ce jugement et cette impartialité ? Ils raisonnèrent donc en scholastiques, et leurs différens intérêts brouillèrent tout.

C'eût été à la philosophie à rechercher les vrais principes du droit civil, ou à choisir au moins ce qu'il y avoit de plus raisonnable dans les coutumes; mais dans ces siècles d'ignorance, ce travail étoit trop fort même pour les plus grands esprits.

Le droit canonique offroit de moindres difficultés : car on l'auroit aisément reconnu, si on eût consulté l'écriture, la tradition, les décrets des conciles, les lois des empereurs, les capitulaires de Charlemagne, etc. Mais ce n'étoit pas l'intérêt du

Où ils puisoient les principes du dernier.

clergé de l'aller chercher dans ces sources, et on avoit perdu l'habitude d'y remonter. On se contentoit des fausses décrétales, du décret de Gratien, et de quelques autres compilations des bulles des papes, également favorables aux prétentions des ecclésiastiques. On adoptoit aveuglément tous ces écrits ; on croyoit y trouver toute la jurisprudence : on les commentoit : on s'éloignoit de plus en plus des maximes de l'antiquité : le droit varioit arbitrairement, suivant les intérêts des jurisconsultes ; et on n'étudioit que l'art d'éluder toutes les lois. Les efforts de quelques conciles pour déraciner ces abus, font voir jusqu'à quels excès ils avoient été portés.

Combien ils raisonnoient mal d'après l'écriture.

Si les canonistes lisoient l'écriture, ce n'étoit guère que pour y trouver des passages, qui, mal entendus, venoient à l'appui des opinions nouvelles. Dans cette vue, ils abandonnèrent le sens littéral, et ils firent un grand usage des allégories. Ils imaginèrent, par exemple, que les deux glaives des apôtres, désignent les deux puissances, et ils en conclurent que les rois tiennent de l'église toute leur autorité. Ils dirent aussi que le grand luminaire, qui éclaire par sa propre lumière, est le sacerdoce ; et que le petit luminaire, qui n'a qu'une lumière empruntée, est l'empire; et ils tirèrent encore la même conséquence. Voilà les grands principes sur lesquels on a fondé, depuis Grégoire VII, toutes les prétentions extraordinaires du saint siége.

Il suffisoit de répondre, comme le remarque l'abbé Fleuri, que les deux luminaires ne sont que le soleil et la lune, et que les deux glaives ne sont que deux glaives : on n'en savoit pas assez pour faire une réponse aussi simple. Non-seulement les docteurs insistoient sur ces allégories :
« Mais ce qui est plus surprenant, ajoute
» le même écrivain, les princes mêmes,
» et ceux qui les défendoient contre les
» papes, ne les rejetoient pas. C'étoit l'effet
» de l'ignorance crasse des laïques, qui les
» rendoit esclaves des clercs pour tout ce
» qui regardoit les lettres et la doctrine.
» Or, ces clercs avoient tous étudié aux
» mêmes écoles, et puisé la même doc-
» trine dans les mêmes livres : aussi avez-
» vous vu que les défenseurs de l'empereur

» Henri IV, contre le pape Grégoire VII,
» se retranchoient à dire qu'il ne pouvoit
» être excommunié, convenant, que s'il
» l'eût été, il devoit perdre l'empire. Fré-
» déric II se soumettoit au jugement du
» concile universel, et convenoit que s'il
» étoit convaincu des crimes qu'on lui
» imputoit, particulièrement d'hérésie, il
» méritoit d'être déposé. Le conseil de S.
» Louis n'en savoit pas davantage, et aban-
» donnoit Frédéric, au cas qu'il fût cou-
» pable : voilà jusqu'où vont les effets des
» mauvaises études ».

Combien il étoit difficile qu'on fît de meilleures études.

Cependant il étoit difficile qu'on en fît de meilleures. Il auroit fallu que des docteurs auxquels on donnoit les surnoms d'irréfragable, d'illuminé, de subtil, de grand, de résolu, de solemnel, d'universel, etc., que les docteurs, dis-je, éblouis de leurs grands titres et de leur grande réputation, eussent reconnu qu'ils ne savoient rien, et eussent eu l'humilité de recommencer dès la grammaire. Il auroit fallu qu'on eût renoncé à une science qui conduisoit aux honneurs, aux dignités, aux richesses, et avec laquelle on se faisoit des droits de toutes ses prétentions. Pouvoit-on compter sur des sacrifices de cette espèce ?

Les évêques les mieux intentionnés, élevés dans les mêmes écoles, n'en savoient pas assez pour remédier à ces maux. Peu capables de les voir dans toute leur étendue, ils n'étoient choqués que des excès les plus frappans : c'est pourquoi, lorsqu'ils font des réglemens, ils s'arrêtent sur de petits détails, et ne vont jamais au principe du mal.

<small>Les esprits les mieux intentionnés étoient trop ignorans pour les réformer.</small>

Les légats, qui étoient chargés de mettre la réforme dans les universités, étoient également ignorans, et peut-être moins bien intentionnés. Ils proscrivoient ou ils approuvoient au hasard, sans savoir ce qu'ils devoient défendre ou permettre. Seulement ils avoient attention qu'on n'enseignât rien que de conforme aux intérêts de la cour de Rome, et ils faisoient jurer de défendre le pape contre tous. Cette inspection, que le saint siége s'arrogeoit sur les écoles, et le serment qu'on étoit obligé de prêter, ôtoient toute liberté de penser, et paroissoient devoir perpétuer à jamais l'ignorance.

<small>La cour de Rome, qui s'étoit arrogé l'inspection sur les universités, ne vouloit point de réforme.</small>

Pour bien étudier, il auroit fallu commencer par où les scholastiques finissoient.

J'ai dit au commencement de ce chapitre, que les études du moyen âge nous apprendroient peut-être à bien étudier nous-mêmes : voyons donc comment les scholastiques pourroient nous donner des leçons.

Je vois d'abord qu'ils m'indiquent l'ordre que nous devons suivre : car il n'y a qu'à prendre à rebours celui qu'ils ont suivi, c'est-à-dire, commencer par la physique et finir par la grammaire.

Observer avant de se faire des principes généraux.

Je vois en second lieu, qu'il n'y a que deux manières d'étudier une science ; l'une, qui se borne à se faire des idées abstraites et des principes généraux ; l'autre, qui consiste à bien observer. Or les abstractions n'ont pas réussi aux scholastiques. Bornons-nous donc à faire des observations.

Étudier d'abord la physique.

Tout tombe sous les sens en physique, quelle que soit la partie dont on veuille faire l'étude. Il nous sera donc facile de contracter l'habitude d'observer ; et, si nous mettons de l'ordre dans nos observations, nous acquerrons un certain nombre de connoissances, que nous pourrons toujours retrouver au besoin.

Puis la métaphysique.

C'est déjà beaucoup que de savoir observer les corps; car cela nous prépare à nous observer nous-mêmes. Essayons donc de découvrir ce que faisoit notre esprit, lorsqu'en physique nous acquérions des connoissances. N'appercevons-nous pas aussitôt l'origine et la génération des idées ? ne faisons-nous pas l'analyse des opérations de l'entendement ? nous voilà donc métaphysiciens; car la bonne métaphysique n'est que cela.

Vous conviendrez que, connoissant les opérations de l'esprit, et qu'ayant contracté l'habitude de les bien conduire, il ne sera pas difficile de découvrir les règles du raisonnement. Nous serons donc encore logiciens.

Ensuite l'art de raisonner;

Mais si nous connoissons le système de nos idées, celui des opérations de notre ame, et l'art de raisonner, il ne tiendra qu'à nous de connoître aussitôt le système des langues, de savoir l'art de parler, et de faire, si nous voulons, une bonne grammaire et une bonne rhétorique ; voilà pourtant ce que les scholastiques nous apprennent.

Enfin, l'art de parler.

Ils ne savoient pas parler, ils ne savoient pas raisonner ; et ils ont voulu commencer

En effet, il faut bien parler et bien raisonner, avant d'en agir.

par apprendre les règles de l'art de parler et l'art de raisonner : cela ne leur a pas réussi. Nous devons donc commencer par bien raisonner, et puis nous en apprendrons les règles. En effet les Grecs avoient déjà de bons poètes, de bons orateurs, de bons écrivains dans tous les genres; et ils n'avoient encore ni grammaire, ni rhétorique, ni poétique, ni logique. Il n'est donc pas dans l'ordre de la nature de commencer notre instruction par l'étude de ces sortes de livres; commençons plutôt par des livres bien écrits et bien raisonnés.

Il ne faut pas entreprendre de forcer la nature à entrer dans la route où notre imagination voudroit l'engager. Ce n'est pas à elle à nous obéir; c'est à nous à la suivre dans le chemin qu'elle nous trace. Elle a guidé les Grecs; les Européens ont cru la guider. En voilà assez pour notre instruction; car, si après ces deux exemples, nous choisissions une mauvaise méthode, ce seroit bien notre faute. Il me semble que les Grecs font voir que rien n'est si simple que d'apprendre bien des choses; et que les Européens font voir, au contraire, que rien n'est si laborieux que de les apprendre mal. Je ne crois pas, Monseigneur, que vous aimiez le travail inutile. Soyez donc pour ce qui est simple.

Les scholastiques se sont appliqués à traiter séparement tous les arts et toutes les sciences ; je remarque encore que cela ne leur a pas réussi. Nous ne devons donc pas nous attacher à toutes ces divisions.

<small>Les scholastiques divisoient trop les objets de nos connoissances.</small>

Les Grecs viennent une seconde fois pour confirmer ma pensée : les Grecs, dis-je, qui nous ont beaucoup instruits, et qui nous auroient instruits davantage, si nous avions mieux su les étudier.

<small>En Grèce, on cultivoit à-la-fois tous les arts et toutes les sciences.</small>

En effet vous pouvez vous rappeler qu'en Grèce, un savant cultivoit à-la-fois tous les arts et toutes les sciences connues. Son esprit se fortifioit donc de tous les secours que ces arts et ces sciences se donnent mutuellement, et ils faisoient de grands progrès.

J'ai fait voir ailleurs que les Grecs durent à cette conduite leur supériorité sur les Romains : pourquoi donc nous obstiner à étudier les sciences les unes après les autres ? Jugeons de la république des lettres par les républiques anciennes. Jamais celles-ci ne

<small>Les étudier tout-à-fait séparément, c'est nuire au progrès de l'esprit.</small>

furent plus fécondes en sujets, capables de servir la patrie, que lorsque le même citoyen s'étudioit à pouvoir remplir un jour également tous les emplois; mais, lorsqu'on eut des capitaines qui ne savoient pas le métier de magistrat, et des magistrats qui ne savoient pas le métier de capitaine, les bons capitaines et les bons magistrats devinrent tous les jours plus rares. La nature nous montre donc, par mille exemples, qu'il y a des choses qu'il ne faut pas étudier séparement. En effet un grammairien ne sera jamais que médiocre ou mauvais, s'il n'est que grammairien. Il en est de même d'un rhéteur, de même d'un logicien, etc. Nous serons donc nous-mêmes mal instruits dans ces arts, tant que nous les étudierons séparément.

Voilà pourquoi nous n'avons que de mauvais livres élémentaires.

Pourquoi donc nos grammaires, nos rhétoriques, nos logiques et nos traités élémentaires sont-ils tous ou mauvais, ou du moins imparfaits? C'est qu'on s'opiniâtre à séparer des choses qui, par leur nature, étant faites pour s'éclairer mutuellement, demanderoient au contraire d'être mêlées jusqu'à un certain point. Cet abus est tel, que celui qui sait un livre élémentaire, sait quelquefois à peine au-delà de son livre.

Mais, direz-vous, il faut bien traiter les sciences séparément, car autrement on finiroit par tout confondre. Sans doute ; et les Grecs eux-mêmes les ont traitées ainsi ; mais ils ont commencé par étudier ensemble tout ce qu'ils pouvoient apprendre de chacune en même temps ; et ils n'ont songé à les séparer, que lorsque la multitude des connoissances ne permettoit plus de suivre cette méthode. Voilà comment ils ont travaillé à leur propre éducation. Ce secret s'est perdu avec eux ; parce qu'au lieu de chercher par quels moyens ils avoient commencé à s'instruire, nous avons étudié dans les ouvrages qu'ils avoient faits, lorsqu'ils étoient déjà instruits.

Il faut donc, non seulement changer tout l'ordre dans lequel les scholastiques ont traité les sciences : il faut encore abandonner les divisions qu'ils en ont faites ; et il est démontré que nous n'aurons un bon cours d'éducation, que lorsque nous saurons mêler ensemble les études, qui ne veulent pas être séparées.

> Il y a donc des études qu'on ne doit pas séparer, quoiqu'elles paroissent avoir des objets différens.

Mais on s'est obstiné à diviser sans fin.

Jusqu'ici cependant on a suivi servilement l'ordre et les divisions des scholastiques : on a même encore plus divisé qu'eux; et on paroît craindre que les arts et les sciences ne s'éclairent mutuellement. Voilà ce qui a donné naissance à des ontologies, des psychologies, des cosmologies, etc.

De sorte qu'on ne trouve nulle part les choses qu'il faut étudier en même temps.

C'est dans l'histoire des peuples qu'on devroit trouver au moins des commencemens de connoissances sur les gouvernemens, sur les lois, sur le droit public, sur la guerre, sur la police, sur le commerce, sur les arts, sur les sciences; en un mot, sur tout ce que l'esprit humain a pu découvrir pour contribuer à l'avantage des sociétés. Cependant nos historiens ne savent communément ramasser que des faits; et si nous voulons nous instruire des gouvernemens, des lois, du droit public, etc., nous sommes obligés de lire des traités, qui se renferment chacun dans un seul de ces objets. On ne trouve donc nulle part d'ensemble : c'est pourquoi on n'acquiert que des connoissances bornées, imparfaites, et souvent fausses.

Les meilleurs esprits, subju,

Nous suivons par habitude les plans consacrés par l'usage; et quoique, depuis la renaissance des lettres, on se plaigne que les études sont mauvaises, personne ne sait encore remonter à la source du mal. C'est que les meilleurs esprits ont de la peine à se défaire de tous leurs préjugés. Ils s'engagent avec tout le monde dans les chemins battus. Parce qu'ils s'applanissent un peu dans quelques endroits, ils se flattent qu'il ne reste plus rien à faire: et ils ne s'apperçoivent pas qu'il falloit se frayer une nouvelle route. Je répète donc que, tant qu'on voudra traiter séparément et dans cet ordre, la grammaire, la rhétorique, la logique, la métaphysique, on ne fera que des efforts inutiles. C'est une chose bien singulière, que dans le dix-huitième siècle, où des hommes de génie se sont appliqués aux sciences avec d'aussi grands succès, on soit encore à chercher la meilleure méthode de les enseigner. Pourquoi ceux qui les ont apprises, ou même créées, ne découvrent-ils pas comment ils se sont instruits eux-mêmes? Nous sommes encore plus scholastiques que nous ne pensons.

gnés par les préjugés, ne remontent pa à la source de cet abus.

LIVRE DEUXIÈME.

De l'Italie.

AVANT de reprendre la suite de l'histoire générale, il faut encore nous arrêter sur l'Italie, et la considérer par rapport au gouvernement et par rapport aux lettres.

CHAPITRE PREMIER.

Des principales causes des troubles de l'Italie.

DEPUIS la chûte de l'empire d'occident, nulle part les troubles n'ont été plus grands qu'en Italie. Vous pouvez déjà le comprendre, quoique je n'aie parlé de cette province, qu'autant que son histoire s'est trouvée liée à celle des autres états de l'Europe. En effet le gouvernement féodal y devint encore plus vicieux qu'ailleurs; puisque la suzeraineté y fut toujours un sujet de guerre. Si les peuples pouvoient être forcés à reconnoître l'autorité des empereurs, ils ne se soumettoient jamais : ils conservoient, au contraire, l'espérance de secouer le joug; et le désordre de l'Allemagne leur en fournissoit souvent l'occasion.

L'Italie plus troublée qu'aucune autre province.

Les Romains sur-tout vouloient être libres : mais ils n'avoient point de mœurs.

L'amour de la liberté y causoit des désordres.

Cependant les mœurs seules peuvent assurer la liberté d'une république. Ils devoient donc passer alternativement de la servitude à la licence.

Les mêmes vices régnoient parmi les autres peuples. Dès qu'ils n'étoient plus forcés d'obéir à un tyran, ils se croyoient libres : ils s'imaginoient n'avoir plus qu'à se gouverner eux-mêmes, et ils en étoient incapables.

L'ambition des papes en causoit de plus grands. Les papes, qui ne vouloient point de la liberté des peuples, paroissoient n'agir que pour entretenir la licence. Trop foibles pour usurper eux-mêmes la souveraineté, ils imaginèrent de la donner comme en dépôt; se flattant qu'on ne l'accepteroit que pour leur en faire part. Ils y furent toujours trompés, et cependant ils suivirent toujours la même politique, sans se lasser d'élever et d'abattre alternativement, pour amonceler sans cesse ruines sur ruines. Ils causoient, par cette conduite, des maux d'autant plus grands, qu'ils n'étoient nulle part moins respectés qu'en Italie. Assez puissans pour exciter les troubles, il n'étoit plus en leur pouvoir de ramener l'ordre; et cette misérable province, déchirée par ses habitans, devenoit encore un théâtre de guerre pour les étrangers.

Pour connoître la première origine des malheurs de l'Italie, il faut remonter jusqu'aux Lombards. *Les Lombards abolissent la royauté, et créent trente ducs.*

Cleph, successeur d'Alboin, ayant été assassiné, les Lombards, à qui les cruautés de ce prince avoient rendu la royauté odieuse, créèrent en 576 trente ducs pour gouverner chacun une de leurs villes. Divisés sous tant de chefs, ils furent trop foibles pour continuer leurs conquêtes.

Cet interrègne duroit depuis dix ans, lorsque Childebert, roi d'Austrasie, passa les Alpes à la sollicitation de Maurice, empereur d'orient. Les Lombards, connoissant alors le besoin de se réunir sous un seul chef, rétablirent la royauté, et mirent sur le trône Autharis, fils de Cleph. *Ils établissent des rois, qui règnent parmi les troubles.* Mais la disposition des esprits n'étoit plus aussi favorable à la monarchie; car les ducs, qui regrettoient leur indépendance, portoient facilement à la révolte un peuple qui avoit perdu l'habitude d'obéir. Les discordes mirent donc les Lombards dans l'impuissance d'achever la conquête de l'Italie. S'ils s'étendirent jusqu'à Bénévent; Rome, Ravenne, Crémone, Mantoue, Padoue, Parme, Bologne et d'autres villes, se défendirent long-temps contre leurs efforts; ou même ne furent jamais subjuguées (1).

<small>Longin avoit créé des ducs.</small> Quelque temps auparavant, Longin avoit déjà établi des ducs dans les principales villes, que les empereurs conservoient encore en Italie. Son dessein étoit que ces gouverneurs fussent toujours subordonnés à l'exarque de Ravenne : mais ils ne pou-

---

(1) Je remarquerai ici avec combien peu de fondement on attribue aux Lombards l'origine du gouvernement féodal. Avant le règne d'Autharis, leurs trente ducs n'étoient certainement pas des vassaux, puisqu'ils ne dépendoient de personne ; et depuis ce sont trente princes qui ont formé une association, et qui ont choisi un chef. Il n'y a rien là de semblable aux bénéfices donnés par les Carlovingiens. L'établissement du gouvernement féodal en Italie, est donc postérieur aux Lombards.

Pepin, fils de Charlemagne et roi d'Italie, fit des comtes et des marquis, mais les comtés et les marquisats n'étoient pas encore des fiefs, même en France. Il me paroît que ce gouvernement, qui a pu s'introduire en Italie sous Charles le Chauve ou sous Charles le Gros, a dû y avoir moins de consistance que par-tout ailleurs.

voient l'être, qu'autant que Constantinople seroit en état d'envoyer des secours à l'exarque. La foiblesse de l'empire leur fournissoit donc l'occasion de se faire tôt ou tard indépendans. On voit même déjà les Romains s'unir à Longin, moins comme sujets que comme alliés; et traiter en leur nom avec les Lombards, comme Longin au nom de l'empereur.

Voilà les divisions qui commencent en Italie, pour ne plus finir; et cette province n'aura des temps de calme que lorsqu'elle sera la proie des étrangers. Vous regardez peut-être Narsès, qui la livra aux Lombards, comme l'unique cause d'une révolution, qui a eu des suites aussi funestes. Que pensez-vous donc de Justin II, qui eut l'injustice et l'imprudence d'ôter ce gouvernement à ce grand général pour le donner à Longin? Que pensez-vous de Sophie, qui, plus imprudente, l'insulta en le menaçant de le faire filer avec les femmes du palais? Considérez donc, Monseigneur, les malheurs d'Italie, et souvenez-vous qu'un prince doit respecter les grands hommes qui l'ont servi.

Première cause des troubles de l'Italie.

Ces commencemens de division furent aussi les commencemens de la puissance des papes. Comme ils avoient la considération qu'inspire la sainteté de leur caractère, et que plusieurs jusqu'alors avoient méritée par leurs vertus et leurs lumières, ils paroissoient avoir seuls assez d'autorité pour concilier tous les partis et ramener la paix. C'est par leur médiation que les Romains ménageoient leurs intérêts avec l'empereur ou avec le roi de Lombardie; et ils se flattoient de rétablir la république, sous la protection d'un pontife, dont ils ne prévoyoient pas l'ambition.

La puissance des papes commence les troubles.

Charlemagne, en donnant un riche patrimoine à l'église de Rome, ajouta une nouvelle considération à celle des papes; considération qui devoit s'accroître à mesure que les siècles se corromproient davantage.

Pepin et Charlemagne accroissent cette puissance.

Le couronnement de Pepin et l'empire donné à Charlemagne, devoient un jour soumettre au chef de l'église jusqu'au temporel des souverains. Car si auparavant on ne pouvoit être élevé sur le saint siége qu'avec l'agrément de l'empereur, il paroissoit alors qu'on ne pouvoit être élevé à l'empire qu'avec l'agrément du pape. On en étoit si convaincu, que les rois d'Allemagne n'osoient prendre le titre d'empereur qu'après avoir été couronnés à Rome. Si vous voulez donc trouver les principales causes de la grandeur des papes, cherchez-les sur-tout dans les aveux exprès ou tacites des princes, trop ignorans pour connoître leurs droits.

Si Louis le Débonnaire et ses fils ont accru par leur foiblesse la puissance du clergé, celle des papes ne pouvoit manquer de s'accroître. Les progrès en ont même été rapides : Lothaire, roi de Lorraine, en est la preuve.

Elle s'accroît encore par la foiblesse de leurs successeurs.

L'Italie souffrit sur-tout des révolutions, qui suivirent la déposition de Charles le Gros. Bérenger, duc de Frioul, Gui, duc de Spolète leurs fils, et d'autres princes, se l'enlevèrent tour-à-tour. La guerre fut longue et cruelle, parce que les différentes factions ne savoient ni se réunir, ni persister chacune dans leurs premières démarches; et comme les intérêts changeoient de mille manières, la fortune varioit continuellement.

Après la déposition de Charles le Gros, les troubles sont plus grands que jamais.

Et les papes sont continuellement entraînés d'un parti dans un autre

Le patrimoine de S. Pierre n'étoit pas respecté par des tyrans, qui régloient leurs droits sur leurs forces. Les papes n'attendoient point de secours des princes étrangers, parce qu'aucun n'étoit encore assez affermi pour porter ses armes au-dehors; ils n'avoient d'autorité en Italie qu'autant qu'ils savoient ménager quelqu'une des puissances qui y dominoient, et les révolutions fréquentes les mettoient dans la nécessité de changer continuellement de vue et de conduite. Enfin, le schisme de Sergius et de Formose affoiblissoit encore le saint siége : car, l'un et l'autre de ces concurrens ne pouvant fortifier son parti, qu'autant qu'il étoit reconnu par un plus grand nombre de souverains, les papes avoient besoin des princes, qui jusqu'alors avoient eu besoin des papes. Ce n'étoit donc par le moment de former de nouvelles entreprises : c'étoit assez de se maintenir. Pour mettre le comble à tant de désordres, il arriva que l'Italie fut encore exposée, d'un côté, aux incursions des Sarrazins, et de l'autre, à celle des Hongrois.

Othon I fait respecter sa puiss.

Tels furent les troubles qui désolèrent

l'Italie depuis 888 jusqu'en 962, qu'Othon Ier., appelé par Jean XII, fut couronné à Rome. Cependant ni le pape, ni les Romains, ne vouloient de maître. Ils se repentirent donc bientôt d'avoir imploré contre Berenger II, le secours d'un prince qui avoit des droits sur eux. En effet leur conduite avoit été bien imprudente. S'imaginoient-ils qu'Othon ne viendroit que pour les autoriser à se gouverner dans une entière indépendance, avec leur sénat, leurs consuls et leur préfet ? Il ne suffisoit pas d'avoir établi une apparence de république : il falloit affermir le gouvernement, et savoir se défendre sans secours étrangers.

<small>sance, et la laisse à ses successeurs.</small>

Mais parce que les Romains ne pouvoient ni obéir, ni se gouverner, Jean XII eut à peine couronné Othon, qu'il voulut donner l'empire à Adelbert, fils de Berenger II : il ne fit qu'occasionner inutilement de nouveaux troubles. Othon, plus maître en Italie que Charlemagne, laissa toute sa puissance à ses successeurs.

Cependant les troubles renaissoient de toutes parts, aussitôt que l'empereur, oc-

<small>Cependant le calme n'étoit jamais que passager.</small>

cupé en Allemagne, paroissoit moins redoutable. Rome oublioit alors qu'elle avoit un maître ; le peuple et le pape devenoient ennemis, et les dissentions ne cessoient plus. C'est aux pieds du saint siége qu'on voyoit sans frayeur les foudres, qui faisoient trembler toute l'Europe.

Le reste de l'Italie n'étoit pas moins troublé par l'inquiétude des seigneurs, qui s'en partageoient toutes les provinces; et les Normands vinrent enfin pour augmenter les désordres. L'empereur pouvait, par sa présence, appaiser les flots de cette mer : mais ce n'étoit qu'un calme passager, et la tempête recommençoit avec plus de violence.

Le clergé élevé par les Othons, devient ennemi des empereurs.

Les empereurs de la maison de Saxe avoient été puissans : mais en croyant s'attacher le clergé par des bienfaits, ils élevèrent et nourrirent de nouveaux ennemis dans le sein de l'empire. Les prélats ne songèrent plus qu'à se rendre indépendans : ils furent soutenus dans leurs entreprises par les seigneurs laïques, dont l'intérêt étoit de se concilier une puissance qu'on avoit élevée contr'eux, et si les effets de cette mauvaise politique des Othons ne parurent pas d'abord sous les premiers empereurs de la maison de Franconie, ils éclatèrent enfin sous Henri IV.

Cependant les Normands, qui s'affermissoient au midi de l'Italie, n'avoient d'autre intérêt que de repousser au-delà des Alpes les empereurs dont la puissance s'affoiblissoit en Allemagne. Or, de pareilles circonstances devoient flatter les Italiens de pouvoir se soustraire aux Allemands. Elles devoient donc allumer un nouvel incendie.

Dans ces circonstances, les empereurs ont de nouveaux ennemis dans les Normands qui s'établissent en Italie.

Le plus hardi dans ces conjectures, fut sans doute Grégoire VII. Cependant il avoit bien des raisons pour se promettre un heureux succès. Les Normands lui offroient des secours et un asyle en cas de revers : la princesse Mathilde, qui entroit dans toutes ses vues, possédoit Ferrare, Modène, Mantoue, Vérone, Plaisance, Parme, Spolète, Ancone, Pise, Lucques, et presque toute la Toscane : le clergé de Rome et d'Italie étoit irrité contre les empereurs, parce que Henri III avoit élevé plusieurs Allemands sur le saint siége :

Circonstances favorables à l'ambition de Grégoire VII.

enfin, Grégoire pouvoit compter sur les divisions de l'Allemagne, et encore plus sur l'ignorance de son siècle.

L'audace de ce pape fait une révolution dans les esprits.

L'audace de ce pontife et de ses successeurs, remua toute l'Europe, particulièrement l'Italie et l'Allemagne. Il se fit une révolution dans les esprits comme dans les états; les droits des têtes couronnées parurent équivoques, et on se crut autorisé par principe de religion à des révoltes, auxquelles les vices de ces temps barbares ne portoient déjà que trop.

Combien alors il étoit difficile aux deux Frédérics de défendre les droits de l'empire.

Il falloit des princes tels que les deux Frédérics, pour défendre avec quelque gloire les droits de l'empire, dans ces siècles où l'ignorance et la superstition des peuples faisoient une nécessité de respecter jusqu'aux excommunications injustes du saint siége, où il se trouvoit des souverains assez aveugles pour accepter une couronne offerte par les papes; et où les vassaux de l'empire, toujours impatiens de secouer le joug, avoient fort accru leur puissance. Non seulement les prélats s'étoient rendus indépendans; mais les duchés et les comtés étoient encore devenus héréditaires; les premiers, sous les Saxons, et les seconds, sous les princes de Franconie.

Cependant Frédéric Ier. releva quelque peu son autorité en protégeant les villes qui voulurent se soustraire aux ducs et aux évêques : en formant, au milieu même des duchés, quantité de principautés dont il étoit le suzerain immédiat. Mais ces villes et ces nouveaux seigneurs changèrent d'intérêts à mesure que les troubles changeoient les circonstances, et les successeurs de Frédéric en tirèrent peu de secours.

L'Allemagne et l'Italie étant donc divisées entre une multitude de princes indépendans, ou qui cherchoient à le devenir; les querelles du sacerdoce et de l'empire, si favorables à l'ambition de ces tyrans, achevèrent de mettre le comble aux désordres, sous les princes de la maison de Souabe. Les villes d'Italie formoient des ligues sous la protection des papes, ou sous celle des empereurs; et elles se faisoient des guerres d'autant plus cruelles, qu'il n'y en avoit point où les deux factions ne fussent armées l'une contre l'autre : car les

Les factions Guelfes et Gibelines augmentent les désordres.

Guelfes et les Gibelins étoient répandus et mêlés dans chacune.

Après Conrad IV, temps d'anarchie favorable aux usurpations.

Après la mort de Conrad IV, fils de Frédéric II, l'empire tomba dans une véritable anarchie. N'y ayant plus de puissance capable de faire respecter les lois, les princes entreprirent de se rendre justice par les armes, ou plutôt de faire valoir leurs prétentions comme des droits; et tandis que la petite noblesse infestoit les chemins, au point qu'on ne pouvoit aller sans escorte d'une ville à l'autre; la noblesse plus puissante, s'appropria les biens de la couronne, et acheva de s'arroger tous les priviléges de la souveraineté. Cette anarchie continua jusqu'à Rodolphe de Hasbourg, que les électeurs préférèrent, parce qu'ils le jugèrent trop foible pour revendiquer leurs usurpations.

Il se forme des confédérations, et des villes pensent à se gouverner.

C'est pendant cette anarchie que plusieurs villes d'Allemagne, et des princes mêmes, formèrent des ligues pour veiller à leur sûreté, se voyant forcés à s'armer contre les brigands. Ils ne se fit pas de moindres changemens en Italie: car il s'y forma de nouvelles principautés; et plusieurs peuples qui tentoient depuis quelque temps de se gouverner eux-mêmes, crurent enfin avoir trouvé l'occasion de se rendre indépendans. Vous vous souvenez que Rodolphe abandonna l'Italie, sur laquelle il ne pouvoit faire valoir ses droits, et qu'il vendit la liberté à des villes qui, comme vous le verrez bientôt, ne l'achetèrent pas. Aucune n'étoit faite pour une pareille acquisition.

Mais quelles que soient ces républiques, nous sommes à l'époque où il faut les observer. Je n'entreprendrai pas cependant de vous faire l'histoire de toutes leurs dissentions : il me suffira de vous faire connoître l'esprit dans lequel elles se sont gouvernées.

CHAPITRE II.

Considérations générales sur ce qui fait la force ou la foiblesse d'une république.

<small>L'égalité est le fondement d'une bonne république.</small> UNE république est heureuse lorsque les citoyens obéissent aux magistrats, et que les magistrats respectent les lois. Or elle ne peut s'assurer de cette obéissance et de ce respect, qu'autant que par sa constitution elle confond l'intérêt particulier avec le bien général ; et elle ne confond l'un avec l'autre, qu'à proportion qu'elle maintient une plus grande égalité entre ses membres.

Je ne veux pas parler d'une égalité de fortune, car le cours des choses la détruiroit d'une génération à l'autre. Je n'entends pas non plus que tous les citoyens aient la même part aux honneurs ; puisque cela seroit contradictoire à l'ordre de la société, qui demande que les uns gouvernent et que les autres soient gouvernés. Mais j'entends que tous les citoyens, également protégés par les lois, soient également assurés de ce qu'ils ont chacun en propre, et qu'ils aient également la liberté d'en jouir et d'en disposer. De-là il résulte qu'aucun ne pourra nuire, et qu'on ne pourra nuire à aucun.

Cette égalité seroit tout-à-fait détruite, si des privilèges donnoient à quelques-uns le droit exclusif de s'occuper d'un commerce; si des impôts arbitraires ne permettoient pas aux citoyens de savoir ce que le fisc voudra bien leur laisser; si les publicains étoient autorisés à vexer impunément les peuples; si l'intrigue, faisant un trafic des emplois, vendoit le droit de s'enrichir par toute sorte de moyens : en un mot, si le gouvernement enhardissoit l'avidité à tout oser : ce seroit alors le temps des fortunes rapides, et d'une inégalité destructive.

Inégalité odieuse et destructive.

A mesure donc que cette inégalité s'introduira, il y aura plus de citoyens intéressés à désobéir aux magistrats, et plus de magistrats intéressés à se mettre au-dessus des lois. Alors il n'est pas possible que chacun trouve le même avantage dans le bien de tous. Ce vice de la république en altérera insensiblement la constitution, et la ruinera tout-à-fait, lorsque ceux qui se font un intérêt à part, seront devenus les plus puissans. Si elle paroit plus riche et plus florissante que jamais, cet éclat ne sera qu'une fausse apparence, c'est-à-dire, qu'il y aura des citoyens opulens, et que la république elle-même sera foible et misérable. En effet les ressources ne manquent pas aux peuples pauvres, parce que chez un peuple pauvre aucun citoyen ne l'est : c'est aux peuples riches qu'elles manquent ; parce que les richesses étant absorbées par un petit nombre de familles, le peuple, qu'on dit riche, est pauvre en effet : les plus beaux temps d'une république ne sont donc pas ceux où elle paroît plus florissante.

Il y a une pauvreté qui contribue à la prospérité des états.

Je ne prétends pas que la pauvreté fasse la prospérité des états, puisque toutes les nations de l'Europe ont été pauvres et malheureuses ; et que presque toujours sans ressource, elles ne se sont souvent relevées que par des efforts qui leur préparoient de nouvelles calamités.

Quelle est donc cette pauvreté si salutaire ? Vous voyez, Monseigneur, que ce mot est vague comme beaucoup d'autres, et a besoin d'être expliqué. Mais si vous comparez les beaux temps de la Grèce et de Rome avec les siècles désastreux que je viens de tracer, vous vous l'expliquerez à vous-même beaucoup mieux qu'avec le secours des définitions que je vous donnerois. Je vous y invite, et en attendant, j'essayerai de fixer vos idées.

Si toutes les richesses de l'Europe étoient également partagées entre tous les hommes qui l'habitent, aucun peuple ne paroîtroit opulent, parce qu'il n'y auroit en effet ni pauvre, ni riche. C'est donc de l'inégalité des partages que naissent la misère et l'opulence, et nous sommes moins riches par les richesses que nous avons, que par celles qui manquent aux autres.

L'opulence est ruineuse, lorsqu'elle est le fruit de l'avidité.

Mais dans la supposition où les partages sont égaux, imaginons deux républiques également puissantes ; et supposons que dans l'une, les citoyens n'ambitionnent que la gloire de servir l'état, tandis que dans l'autre, chacun desire à l'envi de s'enrichir. La première conservera toujours la même puissance, parce qu'elle continuera de n'avoir ni pauvres ni riches; la seconde, au contraire, s'affoiblira, parce qu'elle ne pourra pas retirer les mêmes services de tous ses citoyens: car les pauvres ne pourront pas la servir, et les riches ne le voudront pas, ou ne le voudront que pour eux. Elle ne sera donc servie que par des hommes qui seront mercenaires, ou par nécessité ou par avarice. Qu'une guerre s'élève, entre ces deux républiques, vous prévoyez l'événement.

Elle produit le luxe,

Cependant l'inégalité des richesses amène le luxe, qui, traînant à sa suite tous les vices, achève de ruiner la société. Voilà encore un mot dont on se fait des idées trop vagues, et qui demande une explication.

Qui consiste moins dans l'usage des riches ses,

Il y a eu bien des siècles où une chemise de toile étoit un luxe. Aujourd'hui la soie en est moins un, que du temps des premiers empereurs romains; et les étoffes d'or elles-mêmes se porteroient sans luxe, si elles étoient aussi communes que le drap le plus grossier. Les riches les abandonneroient même alors aux pauvres, parce que cerfainement elles ne sont pas les plus commodes.

Ce n'est donc pas uniquement dans l'usage des choses qu'il faut chercher le luxe, puisqu'alors c'est un Protée qu'on ne peut saisir. En quoi consiste donc le luxe ? Dans un travers de l'imagination, qui nous fait trouver notre bonheur à jouir des choses, dont les autres sont privés. Je dis *travers* : car on n'est pas mieux vêtu avec un drap d'or qu'avec un drap de laine : on ne fait pas meilleure chère avec des mets rares qu'avec des mets communs ; et celui qui ne peut aller qu'en carrosse, n'est pas plus heureux que celui qui s'est fait une habitude d'aller à pied.

Que dans un travers de l'imagination.

Dès que le luxe consiste dans ce vice de l'imagination, c'est une conséquence qu'il mette les choses commodes au-dessus des choses nécessaires, et les choses frivoles au-dessus des choses solides ; et vous concevez les maux qu'il doit produire. Autant il donne de superflu aux riches qui se ruinent, autant il ôte de nécessaire au reste des citoyens. Si dans les grandes villes, il paie un salaire aux artisans, il n'est pas

Maux que produit le luxe.

vrai qu'il les fasse vivre; puisqu'il ruine les campagnes, qui seules font vivre et le riche et l'artisan. Il tend donc à causer une ruine générale. Bientôt il n'y aura plus que des pauvres, des riches mal-aisés, et des fortunes scandaleuses, qui se font rapidement, et qui passent avec la même rapidité. Dans cette situation, de quelle utilité les pauvres seront-ils à l'état ? et de quelle utilité seront les riches eux-mêmes, amollis, sujets à mille infirmités, dégoûtés des fatigues, se faisant un besoin du superflu qui leur manque, exigeant d'avance le prix des services qu'ils ne rendront pas, et se plaignant toujours de n'avoir pas été récompensés ? Je veux qu'ils se fassent encore un point d'honneur de servir la patrie : mais leur point d'honneur s'affoiblira de jour en jour, et cependant leur avidité sera une source de désordres.

Une république n'est donc pas heureuse et puissante, précisément parce qu'elle est pauvre : mais elle l'est à proportion que sa pauvreté entretient l'égalité parmi les citoyens ; et que ne souffrant pas qu'il s'élève des familles opulentes, elle exclut le luxe, c'est-à-dire, le desir de jouir de ce dont les autres manquent, et, par conséquent, la manie de chercher des jouissances dans des frivolités, que les riches seuls peuvent se procurer.

Faudroit-il donc détruire tout-à-fait le luxe, et faire de nouveaux partages? Non sans doute, on le tenteroit inutilement; un pareil projet seroit même sans fruit, et produiroit de nouveaux malheurs. Mais ne nous pressons pas de chercher ce qu'il conviendroit de faire : observons, et ne faisons pas des systêmes sur ce que nous n'avons pas encore suffisamment étudié. Si les circonstances produisent enfin de bons gouvernemens, elles nous épargneront la peine d'en imaginer : ou, si changeant continuellement l'état des choses, elles ne font que substituer des vices à des vices, elles nous apprendront au moins ce qu'il ne faut pas faire; et nous pourrons connoître le meilleur gouvernement, lorsque nous aurons connu tous les mauvais gouvernemens possibles.

C'est en observant les mauvais gouvernemens qu'on en peut imaginer de meilleurs.

L'ambition produit des vices ou des vertus, suivant qu'elle change d'objet. Ame

L'ambition peut être utile ou nuisible à l'état.

de la république, il est des circonstances où elle la soutient par les dissentions qu'elle fait naître ; comme il en est d'autres où elle n'engendre que des dissentions funestes. Il n'est donc pas à desirer que les dissentions de toute espèce soient absolument étouffées : il s'agit seulement de régler l'ambition qui les cause.

Ambition utile. L'ambition est toujours bien réglée, lorsqu'elle ne se porte qu'aux honneurs que la république dispense. Car alors on préfère la patrie à tout, et on regarde les premières magistratures comme le plus haut degré de la fortune. Les contendans formeront, à la vérité, des partis : mais ils acquerront des talens, pour mériter les suffrages ; et les plus vives dissentions seront étouffées, aussitôt que les citoyens sentiront le besoin de se réunir. Elles se rallumeront sans doute à la première occasion ; sans doute aussi elles s'éteindront encore d'elles-mêmes.

Jaloux uniquement de partager les honneurs, les différens partis n'imagineront pas de s'armer les uns contre les autres. Il leur viendra encore moins dans la pensée d'appeler des secours étrangers. Enfin, aucun citoyen sensé, quelque puissance qu'on lui donne, n'osera former le projet de donner des fers à sa patrie : il est trop convaincu qu'il resteroit seul contre tous.

Rome prouve la vérité de ce que je dis ; mais elle prouve aussi que l'ambition n'a plus de règles, lorsqu'elle se porte à toute autre chose qu'aux honneurs. C'est alors le temps des grands désordres : c'est alors que l'or et le fer ouvrent un chemin à la tyrannie.

Ambition naissible.

Obéir aux magistrats, respecter les lois, aimer la patrie, n'avoir qu'une ambition honnête, ignorer le luxe et tous les vices qu'il engendre : voilà sans doute ce qui fait les bonnes mœurs. Or l'égalité produit tous ces effets : elle forme donc les meilleurs citoyens.

L'égalité fait les bonnes mœurs.

Dans une république formée sur ce modèle, les mœurs générales déterminent naturellement les mœurs particulières ; et les bonnes éducations se font seules, comme en effet elles doivent se faire. Mais malheureusement dans les républiques corrompues, les mœurs générales ont plus de pouvoir encore ; et les mauvaises éducations, qui

Les bonnes mœurs font les bonnes républiques.

se font seules plus facilement que les bonnes, empirent d'une génération à l'autre. On se plaint, on cherche des remèdes, on veut opposer des digues au torrent qui se déborde : c'est la source qu'il faudroit tarir.

CHAPITRE III.

Idée générale des républiques d'Italie.

J'ai voulu, dans le chapitre précédent, vous préparer à juger par vous-même des républiques d'Italie. Encore quelques réflexions générales, et vous pourrez deviner le fond de leur histoire.

Ce n'étoit pas dans les provinces du royaume de Naples qu'il devoit se former des républiques. Les peuples, de tout temps subjugués, s'étoient fait une habitude d'obéir; et, toujours enveloppés dans des révolutions, ils étoient entraînés par une force, qui ne leur permettoit pas de s'arrêter sur eux-mêmes, et de penser seulement qu'ils pouvoient être libres. La ville de Naples avoit, à la vérité, connu la liberté, et elle en avoit conservé quelques-uns des priviléges sous les rois Normands:

Il ne pouvoit pas se former des républiques dans le royaume de Naples.

mais il ne lui étoit plus possible de la recouvrer.

Il étoit difficile qu'il s'en formât dans la Lombardie.

Après la mort de Conrad IV, fils de Frédéric II, les désordres de l'Allemagne paroissoient offrir la liberté aux villes de Lombardie, d'autant plus que les papes n'y pouvoient pas causer des troubles aussi facilement que dans le royaume de Naples. Cependant, parce que les Lombards étoient accoutumés au joug, ainsi que les Napolitains, il fut facile aux gouverneurs de se rendre maîtres chacun dans sa province. Ce sont, par conséquent, des principautés qui devoient se former dans cette partie de l'Italie. Quelques villes, à la vérité, profitant des circonstances qu'offroient les querelles du sacerdoce et de l'empire, avoient tenté auparavant de se gouverner en république; mais elles jouirent peu de leur liberté; car je ne comprends pas dans la Lombardie, Venise, non plus que Gênes. Depuis long-temps ces deux dernières avoient trouvé l'occasion d'établir un gouvernement républicain.

L'état ecclésiastique étoit exposé à tous les désordres.

Dans l'état que nous nommons aujourd'hui ecclésiastique, les papes, trop foibles pour y dominer, étoient assez forts pour troubler tous les gouvernemens. La multitude des affaires qu'ils embrassoient, et l'Europe entière, sur laquelle ils étendoient leurs soins apostoliques, ne leur permettoient pas toujours de soutenir les démarches qu'ils avoient faites dans la vue de s'assurer des villes du patrimoine de S. Pierre. Elevés sur le saint siége pour l'ordinaire dans un âge avancé, souvent sans l'avoir prévu, et, par conséquent, sans y être préparés, il étoit difficile qu'ils eussent assez de lumières pour gouverner un état si mal affermi qu'il étoit toujours à conquérir. Enfin, ne faisant pour la plupart que passer sur la chaire de S. Pierre, aucun n'y restoit assez long-temps pour achever ce qu'il avoit commencé; et cependant chacun y portoit ses vues particulières, comme son esprit et son caractère. L'un précipitoit; un autre ralentissoit; un autre ne faisoit rien ; un autre revenoit à quelque vieux projet ; un autre formoit une entreprise qu'un autre abandonnoit, et à laquelle un autre revenoit encore : de sorte que c'étoit presque à chaque pontificat, nouveau plan

causoit l'ambition peu raisonnée des papes.

nouveau système, nouvelle politique, et quelquefois rien. Ajoutons que les circonstances pouvoient encore forcer le même pape à changer de conduite.

La cour de Rome n'avoit donc et ne devoit avoir ni principes, ni règles. Il est vrai que son objet étoit en général de tout soumettre, et qu'à cette fin elle employoit d'ordinaire les excommunications : mais d'ailleurs ses ressources et ses moyens varioient comme les temps et les pontifes. De pareils défauts se trouvent nécessairement dans les états électifs, lorsque le prince, content de jouir, sans penser à l'état ni à ses successeurs, n'est pas forcé par l'esprit du gouvernement à suivre un plan donné.

<small>Il devoit s'y former des principautés.</small> Voilà pourquoi les papes, si puissans pour troubler et pour affoiblir, ont tant de peine à s'établir solidement dans leurs propres domaines. Or ces troubles et cette foiblesse qu'ils causent, sont aussi contraires au gouvernement républicain, que favorables aux ambitieux, qui veulent usurper l'autorité quelque part : car les citoyens d'une ville ne peuvent parvenir à se gouver-

ner eux-mêmes, qu'autant qu'ils ont l'avantage des forces, ou qu'ils jouissent d'un plus grand calme.

Dans le quatorzième siècle, les papes ayant abandonné Rome pour Avignon, perdirent beaucoup de la puissance qu'ils avoient en Italie. Cette conjoncture étant favorable à la liberté, plusieurs villes de l'état ecclésiastique en surent profiter. De ce nombre fut Bologne, qui, du temps des croisades, avoit déjà été une république assez puissante. Cependant ces villes ne jouirent jamais de la liberté que par intervalles; parce qu'elles n'étoient pas capables de se défendre, lorsque les papes recouvroient leur autorité.

Il s'y forma des républiques pendant la résidence des papes à Avignon.

De toutes les provinces d'Italie, la Toscane étoit située le plus avantageusement pour se gouverner elle-même : car les papes n'étoient pas assez puissans pour s'en rendre maîtres, et la Lombardie, qui se soulevoit souvent, étoit une barrière entre elle et les empereurs. Il s'y forma donc plusieurs républiques. Mais si vous considérez la position de Venise et de Gênes, vous la trouverez encore plus favorable; et vous ne serez pas

C'est en Toscane qu'il devoit se former des républiques.

étonné que ces deux républiques aient commencé long-temps avant les autres.

Mais elles dévoient être continuellement agitées.

S'il y avoit en Italie des positions plus favorables au gouvernement républicain, il n'y en avoit point où un peuple pût jouir de sa liberté sans ressentir quelque commotion, lors des secousses violentes que causoient les papes, les rois de Naples, les empereurs, les Français, les Espagnols et une multitude de tyrans répandus dans les provinces. Les républiques étoient, pour ainsi dire, entourées de volcans, qui menaçoient de les abîmer; et vous prévoyez que tout ce qui les environne, doit leur permettre rarement de se gouverner dans un grand calme. Il nous reste à les considérer en elles-mêmes.

Elles vouloient être libres, sans savoir ce qui constitue la liberté.

Après avoir été successivement sous la domination des Romains, des Hérules, des Goths, des Grecs, des Lombards, des Français et des Allemands, les peuples d'Italie desirèrent enfin de secouer le joug des étrangers, et quelques-uns se flattèrent de pouvoir jouir d'une liberté que les circonstances paroissoient leur offrir. Il étoit bien difficile néanmoins, qu'ils apprissent à se gouverner eux-mêmes; et il y avoit lieu de craindre qu'ils ne formassent leurs républiques avec les débris de ces monarchies, qu'une mauvaise constitution avoit détruites. Ils n'eurent jamais de législateurs. Cependant il en eût fallu de bien habiles pour leur faire abandonner leurs vieilles coutumes, et leur en faire prendre de plus conformes à leur nouvelle situation. Ils voulurent donc vivre, à bien des égards dans des républiques, comme ils avoient vécu dans de mauvaises monarchies. C'étoit allier les deux contraires.

La Grèce et l'ancienne Rome avoient été plus heureuses, parce que les républiques s'y étoient formées dans des temps où les hommes étoient à-peu-près égaux, ou du moins dans des circonstances où il falloit peu d'efforts pour les ramener à l'égalité. Les citoyens étoient sobres, tempérans, faits à la fatigue : le luxe qu'ils ignoroient, ne leur avoit pas enlevé les vertus; ils n'imaginoient pas que, pour être puissant, il faut être riche ; enfin ils naissoient égaux, et ils ne connoissoient pas cette noblesse et cette roture, qui est la plus odieuse de toutes les inégalités, puis-

L'égalité est le fondement du gouvernement républicain.

que de deux hommes elle fait deux espèces différentes.

Les Romains n'ont été puissans, que parce qu'ils tendoient à l'égalité.

Tels furent les Romains après la création des tribuns. Si le plébéïen n'étoit pas encore égal au patricien, tout tendoit à les rendre l'un et l'autre égaux par la naissance, et à leur assurer également tous les droits de citoyen. Il est vrai qu'ils ne parvinrent jamais à établir parfaitement cette égalité, ils ne le pouvoient pas même, et c'est pourquoi leur république a toujours eu des vices fondamentaux. Mais c'est en la cherchant qu'ils formèrent, comme à leur insu, le meilleur gouvernement pour un peuple conquérant. Ils furent assez heureux pour trouver plus qu'ils n'avoient d'abord cherché : mais ils devoient trouver ce qu'ils ne cherchoient pas, puisque nous avons vu que de l'égalité naissent tous les avantages des républiques.

Les Italiens n'ont jamais connu l'égalité.

Or les Italiens ne songèrent jamais à chercher l'égalité. Ils étoient donc bien loin de parvenir à se gouverner sagement. Quand on considère cette ignorance, commune alors à toutes les nations, on diroit que l'empire romain ne s'étoit élevé sur les ruines de tant de peuples libres, que pour enfouir avec lui le secret de la liberté.

En effet l'inégalité, destructive de tout gouvernement libre, s'étoit accrue continuellement sous l'anarchie des fiefs, et croissoit encore tous les jours, à mesure qu'on acquéroit de plus grandes richesses. Comme elle avoit d'abord pris sa source dans la différence humiliante des nobles et des roturiers, elle puisa de nouvelles forces dans le commerce auquel on s'appliqua par préférence à tout : deux inconvéniens dont les républiques doivent se garantir.

Le gouvernement féodal, et les richesses apportées par le commerce, en avoient effacé toute idée.

Les gentilshommes, dit Machiavel, sont ceux qui vivent du produit de leurs terres dans l'abondance et dans l'oisiveté. De pareils hommes sont la peste d'une république : mais les plus pernicieux sont ceux qui ont des châteaux, des forteresses et des fiefs.

Il n'en restoit aucune trace dans les provinces où il y avoit beaucoup de gentilshommes.

Ce même écrivain remarque que le royaume de Naples, l'état ecclésiastique et la Lombardie, étoient remplis de ces sortes de gentilshommes. D'où il juge, avec raison, que les peuples de ces provinces n'étoient pas faits pour se gouverner en république. A peine étoient-ils capables de soupirer quelquefois après la liberté : ceux du royaume de Naples n'en avoient pas même conservé le moindre sentiment.

<small>Dans la Toscane, où il y en a moins, il se forme des républiques ; mais elles sont troublées, parce qu'il y rest encore des gentilshommes.</small>

Mais la Toscane, remarque encore Machiavel, avoit heureusement très-peu de gentilshommes. Aussi vit-on non seulement se former, dans un petit espace, trois républiques, Florence, Sienne et Lucques : mais on voyoit encore plusieurs autres villes conserver l'esprit républicain jusques dans la servitude, et quelquefois jouir par intervalles de la liberté. Cependant si les gentilshommes étoient en trop petit nombre pour empêcher les républiques de se former, il y en avoit trop encore pour leur permettre de s'établir solidement. De-là naîtront bien des troubles.

<small>Elles sont toutes commerçantes.</small>

Comme l'Italie cultivoit les arts et le commerce plus qu'aucune autre province de l'Europe, elle étoit aussi la plus riche de toutes. Les républiques, entraînées par l'esprit général, devinrent donc commerçantes. Elles s'enrichirent d'autant plus, qu'elles gênoient moins le commerce : elles devinrent par-là plus puissantes : cependant elles préparoient leur ruine.

L'inégalité qu'amènent les richesses, est d'autant plus destructive, qu'une république ne peut alors avoir que des troupes mercenaires ; soit qu'elle se serve de soldats étrangers, soit qu'elle arme ses propres citoyens. *Elles n'ont que des troupes mercenaires.*

Il arrive de-là qu'elle est mal défendue ; et que cependant il lui en coûte beaucoup pour se défendre. Les victoires sont presque aussi chères que les défaites ; le trésor public s'épuise : le peuple gémit sous les impôts qui se multiplient ; l'état, qui contracte continuellement de nouvelles dettes, ne se soutient que par son crédit ; il n'est plus riche que par l'opinion qu'on a de ses richesses imaginaires ; et il est ruiné, si l'opinion change. *Combien il leur en coûte pour se défendre.*

La guerre enrichissoit Rome, et appauvrissoit Carthage ; c'est que Rome, toute militaire, armoit à peu de frais ; et que Carthage commerçante n'avoit des troupes qu'autant qu'elle les payoit. Les républiques d'Italie, qui croyoient s'enrichir par la voie des armes, devoient donc se ruiner, *Le commerce suscite entre elles des guerres ruineuses.*

si elles armoient pour étendre à l'envi leur commerce ; car alors, se nuisant les unes aux autres, elles l'arrêtoient nécessairement dans ses progrès. Cependant, lorsque cette source de richesses se tarissoit, c'est alors que l'argent devenoit plus nécessaire : il falloit lever de nouvelles troupes, construire de nouveaux vaisseaux, acheter de nouvelles alliances. On s'appauvrissoit donc encore par les efforts qu'on faisoit pour réparer ses pertes.

Elles se ruinent même avec des succès.

Remportoit-on des avantages ? Ils avoient coûté trop cher, et on n'étoit plus assez riche pour les soutenir. On mécontentoit les alliés qui ne trouvoient jamais leurs services assez payés ; on s'en faisoit des ennemis ; et, parce qu'après une victoire on avoit besoin de ressources, comme après une défaite, le vaincu avoit réparé ses forces lorsque le vainqueur ne pouvoit pas encore suivre ses premiers succès : souvent même il se trouvoit le premier en état de reprendre les armes, et il recouvroit ce qu'il avoit perdu, avant qu'on eût tout préparé pour repousser ses hostilités. Ainsi les guerres, après des succès alternatifs et ruineux pour les deux partis, finissoient par un épuisement général : et quelque temps après on les recommençoit, jusqu'à qu'on fût encore épuisé.

On ne pouvoit pas douter que l'argent ne fût alors le nerf de la guerre : mais cela n'étoit vrai, que parce que les gouvernemens étoient vicieux. Cette maxime familière aux politiques d'alors, étoit ignorée dans les beaux temps de la Grèce et de Rome : elle l'étoit au moins des Grecs et des Romains; car je conviens que les Perses et les Carthaginois la connoissoient.

L'argent est pour e les le nerf de la guerre.

Les républiques d'Italie avoient donc, lorsqu'elles se fondèrent, les mêmes vices ou de plus grands encore que les républiques anciennes, lorsqu'elles tomboient en ruine. Par conséquent sans mœurs, et toujours déchirées par des factions, elles offriront les mêmes désordres que nous avons déjà vus dans l'histoire générale de l'Italie. Le bien public sera toujours sacrifié à des intérêts particuliers : les partis qui domineront tour-à-tour, ne cesseront de changer la forme du gouvernement ; les lois toujours partiales, ne seront jamais respec-

Elles ont dès leur établissement tous les vices des républiques corrompues.

tées : les réglemens les plus sages seront ceux qui trouveront le plus d'obstacles : les citoyens puissans se regarderont avec méfiance jusques dans les temps de calme : ils armeront les uns contre les autres sur les plus légers soupçons ; et une faction livrera la patrie à l'étranger, plutôt que de se soumettre à une faction contraire. En un mot, il n'y aura de liberté pour ces républiques, que lorsqu'un citoyen habile et vertueux, se trouvant à la tête du gouvernement, fera respecter les lois dans sa personne. Mais les Timoléons sont rares.

Pourquoi les républiques de Suisse et d'Allemagne étoient moins mal constituées.

Machiavel, que je cite encore, parce que je raisonne sur les principes qu'il a développés dans son histoire de Florence et dans ses discours sur la première décade de Tite-Live, Machiavel, dis-je, ayant remarqué que les républiques de Suisse et quelques-unes d'Allemagne, avoient des mœurs, et qu'elles n'étoient pas sujettes aux mêmes désordres que celles d'Italie, en donne pour raison qu'elles ne permettent pas qu'aucun de leurs citoyens soit gentilhomme ; et que, ne songeant point à s'enrichir, elles se contentent des vêtemens et des alimens que leur pays peut leur fournir. N'ayant donc pas besoin de commercer avec les Français, avec les Espagnols, ni avec les Italiens, elles ne prennent pas les mœurs de ces nations, *le quali*, dit-il, *tutte insieme sono la corruttela del mondo.*

CHAPITRE IV.

De Venise et de Gênes.

Vous prévoyez que les révolutions seront fréquentes dans les républiques d'Italie; vous en connoissez les principales causes; il ne me reste plus qu'à vous donner de Venise, de Gênes et de Florence la connoissance qui devient nécessaire pour reprendre l'histoire de l'Europe.

Commencement de Venise sous la protection des Padouans.

Lors de l'invasion des Goths, sous Radagaise, en 407, et sous Alaric, en 413, les peuples voisins du golfe Adriatique, cherchèrent un asyle dans les petites îles qui s'élèvent au milieu des lagunes formées par la mer. Les Padouans, à qui elles appartenoient, et à qui elles pouvoient servir de retraite, favorisèrent ce concours, et envoyèrent, en 421, trois consuls dans l'île de Rialte, qu'ils proclamèrent place de refuge. Ces îles se peuplèrent encore plus, lorsqu'Attila, ravageant pour la première fois l'Italie, détruisit, en 453, Pavie, Milan, Padoue, Aquilée et plusieurs autres villes.

Padoue s'étant rétablie, elle envoya dans Rialte et dans les autres îles des tribuns, pour les maintenir sous sa dépendance : mais les plus riches citoyens se saisirent insensiblement de l'autorité, et les tribuns s'érigèrent même en souverains, chacun dans son île.

Gouvernement des douze tribuns.

En 709 les tribuns des douze îles principales, dégoûtés d'être souverains, sentirent enfin qu'il pouvoit leur être avantageux de limiter leur puissance; et, croyant former une république, ils firent une association, et élurent un duc ou doge pour être leur chef.

Un siècle après, cette république trouva dans Pepin, fils de Charlemagne, un vainqueur généreux. Ce prince lui remit le tribut qu'elle payoit : il lui donna cinq milles d'étendue en terre ferme le long des lagunes, et lui accorda la liberté de commercer par mer et par terre. C'est même depuis lui qu'on l'appelle Venise; car il voulut que Rialte, jointe à quelques autres

Pepin, fils de Charlemagne, protège Venise.

îles, portât ce nom, qui étoit celui de la province voisine des lagunes.

<small>La trop grande puissance du doge occasionne des troubles continuels.</small>

La constitution de cette république étoit cependant vicieuse. Le doge abusoit presque continuellement d'une autorité qu'on n'avoit pas su limiter ; et le peuple, qui le déposoit et qui lui crevoit les yeux, croyoit recouvrer sa liberté en élisant un nouveau doge, auquel il donnoit encore la même puissance. Jusqu'en 1172, le gouvernement de Venise offre des soulèvemens, des factions et des désordres, que vous pouvez imaginer d'après ce que vous avez vu ailleurs.

<small>Nouveau gouvernement qui la limite.</small>

Il étoit temps de chercher un remède aux abus. Il s'agissoit de limiter le pouvoir du doge, et de prévenir les brigues et les tumultes que son élection ne pouvoit cesser d'occasionner, tant qu'elle se feroit par le peuple entier : voici donc le gouvernement qu'on établit.

Douze tribuns, élus par le peuple pour être ses protecteurs, rendoient nulles par leur opposition les ordonnances du prince. Ils élisoient tous les ans deux cent quarante citoyens de tous états, et ils en formoient le conseil souverain de la république. Enfin on prenoit dans ce conseil un certain nombre d'électeurs, lorsqu'il falloit élire un doge.

Par ce changement, chaque citoyen conservoit sa part ou du moins son droit à la souveraineté; et le grand conseil, où l'on ne trouvoit pas les mêmes inconvéniens que dans un peuple tumultueux, étoit assez puissant pour forcer le doge à n'être que le magistrat de la république.

La démocratie se change en aristocratie sous le doge Pierre Gradenigo.

Cette forme de gouvernement subsista jusqu'en 1289 que le doge, Pierre Gradenigo, fit passer un réglement, par lequel un certain nombre de familles eurent, à l'exclusion de toutes les autres et à perpétuité, la souveraine administration. Il en fit enregistrer le décret à la Quarantie criminelle; tribunal dont on ne fixe pas l'origine, mais qui mettoit alors le sceau aux lois. Cette époque se nomma *il serrar del consiglio*, parce qu'elle ferma l'entrée du grand conseil aux familles qui n'y avoient pas été admises.

Conspirations des familles qui ont perdu leur part à la souveraineté.

Venise qui, auparavant avoit été une démocratie, fut alors une aristocratie héréditaire. Parmi les familles, exclues injustement du grand conseil, quelques-unes, par foiblesse ou par ignorance, dédaignèrent de s'opposer à cette innovation ; d'autres, plus puissantes ou plus éclairées, tentèrent de rétablir l'ancien gouvernement ; ce fut sans succès. Leur entreprise fit seulement penser à prévenir de pareilles conspirations ; et on créa, en 1310, un tribunal, qui parut si propre à cet effet que, vingt-cinq ans après, on l'établit à perpétuité.

Conseil des dix pour prévenir ces conspirations. Ce tribunal est le conseil des dix. Les membres sont élus tous les ans par le grand conseil ; et ils choisissent parmi eux trois chefs qui changent tous les mois, et qui roulent par semaine.

Tout ce qui concerne la police est du ressort de ce tribunal. Il étend sa juridiction sur les nobles comme sur les bourgeois ; et il est le juge de tous les officiers chargés de quelque partie de l'administration. Non seulement il reçoit les accusations qu'on lui porte, il a encore des espions répandus par-tout ; et, sur le rapport de quelques délateurs, il condamne un accusé sans l'entendre.

Mais un tribunal, dont la procédure est encore plus odieuse, c'est celui des inquisiteurs d'état. Il est composé de deux sénateurs, pris dans le conseil des dix, et d'un des conseillers du doge. Il punit les soupçons comme le crime même. Il fait noyer en secret quiconque a tenu quelque propos sur le gouvernement, ou en est accusé par les espions dont il remplit la ville; et, sans avoir de compte à rendre à qui que ce soit, il a un pouvoir absolu sur la vie du doge, des nobles, des étrangers et de tous les sujets de la république.

Inquisiteurs d'état, établis pour la même fin.

Vous avez jugé les princes qui, favorisant les délateurs, sacrifioient à des soupçons tout citoyen qu'on accusoit : jugez donc à présent ces nobles, qui exercent la souveraineté dans la république de Venise. Si la société a pour objet la sûreté de tous ses membres, doit-elle commencer par répandre une méfiance générale ? Quels que soient les avantages que les nobles Vénitiens pensent retirer de cette politique, ils sont absurdes de vouloir être tous ensemble les tyrans de chacun d'eux en particulier, et de créer des tribunaux pour exercer

Combien ces moyens sont absurdes, et cependant nécessaires à la tranquillité publique.

cette tyrannie. On voit bien que ce gouvernement s'est établi dans des temps où la force qui régloit tout n'assuroit rien, et faisoit une nécessité de prendre toute sorte de précautions. En effet la souveraineté que les nobles enlèvent au peuple est une dépouille qu'ils craignent de s'enlever les uns aux autres ; et ils entretiennent leurs craintes, faute de savoir se réunir par un intérêt commun. S'ils ont encore besoin de cette politique, ils sont à plaindre ; et ils en ont besoin. Il n'y a pas d'autre moyen pour contenir tous ces nobles, qui, se regardant comme autant de souverains, exerceroient sur le peuple toute sorte de vexation, et ruineroient enfin l'état.

Le gouvernement de Venise s'affermit en bannissant les mœurs.

Tout démontre qu'il n'y a point de bon gouvernement sans mœurs, et cependant cette république a banni les mœurs de son gouvernement. Comme l'aristocratie s'est formée dans des temps où il n'y en avoit point, et qu'elle a reconnu par expérience combien la corruption étoit favorable à son affermissement, elle s'est fait un principe de donner la licence en échange pour la liberté ; et elle laisse une libre carrière à cette licence, pourvu qu'on ne s'ingère, en aucune manière, dans les affaires d'état. C'est un despotisme, qui ne se sent affermi, qu'autant qu'il commande à des ames sans vertus. Pour distraire donc le peuple de la perte de la souveraineté, il lui permet d'être sans mœurs; et le peuple use de cette permission, comme d'un dédommagement. D'ailleurs cette licence attire les étrangers, qu'une trop grande circonspection, devenue nécessaire, ne manqueroit pas d'écarter. Qui tenteroit de vivre dans un gouvernement, où le souverain, toujours soupçonneux, ne permet jamais de l'envisager?

Quelques éloges qu'on donne à la république de Venise, c'est un monstre en politique qu'un gouvernement qui a toujours des soupçons, et qui n'a jamais de mœurs. Sans soldats, il n'a que des troupes mercenaires. Je dirois même qu'il est sans citoyens; car peut-on nommer citoyens des hommes incapables de porter les armes, et que l'état n'oseroit armer pour sa défense? Les nobles eux-mêmes, se bornant aux fonctions civiles, craindroient de confier le commandement des armées à quel-

Toujours soupçonneux, il n'a pas de citoyens même parmi les nobles.

qu'un de leur corps. Mais en vain cette république prend toutes ses précautions; en vain elle force au plus profond silence pour empêcher que ses délibérations ne transpirent : qu'importeroit à une puissance qui domineroit en Italie, de savoir ce qui se délibère dans les conseils de Venise ?

<small>Il ne s'affermit au-dedans qu'en s'affoiblissant au-dehors.</small>

Cette république, foible par sa constitution, succombera infailliblement si un ennemi puissant connoît toute sa foiblesse. Elle pourroit renoncer à son système de méfiance et de mauvaises mœurs, sans craindre qu'un de ses citoyens pût usurper la souveraineté. Ce n'est pas là le malheur dont elle est menacée. Lorsque vous connoîtrez comment ses magistratures se combinent et se balancent, vous serez convaincu qu'en voulant prévenir toute révolution au-dedans, elle s'est rendue on ne peut pas plus foible au-dehors.

<small>Le collége.</small>

Un tribunal, qu'on nomme collége, donne audience aux ambassadeurs, et traite des affaires étrangères ; mais sans prendre sur lui d'en terminer aucune, il prépare seulement les matières qui doivent être réglées dans le sénat. Le doge y préside sans autorité ; car il ne peut faire sans ses conseillers, ce que ses conseillers peuvent faire sans lui. Il y en a six, qui sont en exercice pendant un an ; de manière néanmoins qu'après avoir assisté au collége les huit premiers mois, ils président les quatre derniers à la Quarantie criminelle, dont les trois chefs, nommés vice-conseillers, ont pendant deux mois séance au collége. Le doge, ses conseillers et ses vice-conseillers, jugent toutes les affaires particulières, qui sont du ressort du collége ; et ce tribunal est ce qu'on nomme la seigneurie.

D'autres magistrats, qui ne sont en place que pendant six mois, entrent encore au collége ; ce sont les six sages grands, les cinq sages de terre ferme, et les cinq sages des ordres.

Les sages.

Les sages grands sont proprement les maîtres du gouvernement. Chargés seuls des principales affaires de l'état, ils portent au sénat le résultat de leurs délibérations, et déterminent les démarches de ce corps ; ils le convoquent extraordinairement, si les conjonctures l'exigent.

Pendant que le collége et d'autres tribunaux veillent à l'administration de la justice, le sénat, autrement nommé Pregadi (1), exerce donc toute l'autorité souveraine. Il décide de la guerre et de la paix, il fait les alliances, il règle les impôts, il élit les magistrats du collége, il nomme les ambassadeurs, les capitaines de la république et tous les principaux officiers. Il est composé de cent vingt sénateurs ; mais, parce que beaucoup d'autres magistrats ont droit d'y assister, ses assemblées peuvent être de deux cent quatre-vingts personnes.

Si ce corps a l'exercice de la souveraineté, il n'a pas la souveraineté même ; il n'est proprement que le magistrat du grand conseil, qui est le vrai souverain.

Le grand conseil.

Le grand conseil est l'assemblée de tous les nobles, qui ont atteint l'âge de vingt-cinq ans. Il fait les lois nouvelles ; il abroge ou modifie les anciennes ; il dispose de toutes les magistratures, ou confirme les

---

(1). On le nomme ainsi, parce que dans les commencemens il ne s'assembloit que dans des cas extraordinaires, et qu'on prioit les citoyens les plus éclairés de s'y trouver.

magistrats élus par le sénat; il révoque tous les ans, ou continue à son gré les sénateurs; il punit ceux qui ont mal usé de leur pouvoir, et il corrige tous les abus contraires à son autorité.

Le grand nombre des magistrats qui se partagent l'administration, le peu de temps qu'ils sont en place, la circonspection avec laquelle ils s'observent les uns les autres, et la dépendance où ils sont du grand conseil, mettent dans l'impossibilité de former des entreprises contre le corps de la noblesse. La république, forcée par le système qui lie et engrène toutes ses parties, s'est fait une allure que rien ne peut changer. Il faut nécessairement qu'elle suive toujours les mêmes principes, et que tous les membres, quels qu'ils soient, s'y conforment eux-mêmes. *La manière dont les magistratures se combinent, met une barrière à l'ambition, et assujétit la république à un plan dont elle ne peut s'écarter.*

Cette unité ou perpétuité de système est un avantage que les républiques ont sur les monarchies, où les vues changent continuellement: mais Venise doit cet avantage à un plan qui, en assurant sa tranquillité au-dedans, l'affoiblit nécessairement au-dehors, parce qu'il ralentit toutes ses opérations. *Mais ses opérations en sont plus lentes.*

Les circonstances ont bien changé pour cette république ; cependant elle se gouverne d'après les mêmes lois qu'elle s'est faites dans ses temps de prospérité, et il lui est bien difficile de remédier aux abus qui en naissent. Assujétie au système qu'elle s'est d'abord fait, elle obéit à une impulsion qu'elle ne peut ni suspendre, ni diriger, parce qu'elle ne peut pas faire les changemens que les circonstances demandent. Ce seroit au grand conseil à abroger les lois et à en faire de nouvelles, puisque tout le pouvoir législatif réside en lui; mais le sénat s'applique à lui en ôter tout exercice. Ce corps est comme un ministre qui, jaloux de l'autorité, ne permet pas au souverain de prendre connoissance des affaires. Il aime mieux gouverner d'après des abus qui tendent à la ruine de l'état. Les nobles Vénitiens, qui voient ces abus, ne s'en mettent pas en peine; et chacun dit : *La république durera toujours plus que moi.* Voilà où ils en sont aujourd'hui.

Le peu que je viens de dire suffit pour vous faire connoître le génie de cette république. Il faudroit entrer dans bien d'au-

Marginal note: Et il lui est presque impossible de faire les changemens que les circonstances demandent.

tres détails, pour vous donner une idée complète de son gouvernement; mais ce sont des choses que vous trouverez ailleurs.

Machiavel pense que l'aristocratie de Venise s'est établie naturellement et sans dissention : car, selon lui, lorsque ceux qui s'étoient réfugiés dans les îles des lagunes, se trouvèrent en assez grand nombre, ils formèrent une république dans laquelle chacun eut la même part au gouvernement; et les citoyens ne furent pas encore distingués en plusieurs classes. Ceux qui vinrent ensuite ne furent reçus que comme sujets ; parce qu'on ne voulut pas partager l'autorité avec eux. Cependant, trop heureux de vivre sous la protection des lois, ils ne purent pas se plaindre, puisqu'on ne leur ôtoit rien ; et d'ailleurs ils étoient trop foibles pour oser former des prétentions. Ils se trouvèrent donc naturellement dans la classe du peuple ; et ils relevèrent la dignité des premiers habitans, qu'on nomma gentilshommes.

Erreur de Machiavel sur l'aristocratie de Venise.

C'est une conjecture ingénieuse, qu'il seroit difficile de concilier avec les faits

La noblesse de Venise est bien différente de la noblesse féodale.

connus. Cet écrivain fait une réflexion plus juste, lorsqu'il remarque que les gentilshommes Vénitiens sont bien différens de ceux qu'on voyoit ailleurs. En effet ce ne sont pas des hommes armés, des seigneurs de châteaux ; ce sont des magistrats, qui ont et qui exercent la souveraineté.

Mais cette différence ne fut pas leur ouvrage : les circonstances firent tout. Retirés sur des écueils, jusqu'alors inhabités, ils étoient sans richesses, et leurs îles ne pouvoient pas fournir à leur subsistance. Il ne s'agissoit donc pas de bâtir des forts pour commander à des serfs. Comme ils ne pouvoient subsister que par le commerce, il leur falloit des lois et des vaisseaux ; et c'est à quoi ils songèrent.

Des commerçans, ennoblis par les magistratures, sont moins remuans que des seigneurs de châteaux : c'est pourquoi Venise a été sujette à moins de dissentions. D'ailleurs, il faut convenir que sa noblesse est fondée sur de meilleurs titres que celle qui prend son origine dans le gouvernement des fiefs : elle nous rappelle la noblesse des républiques anciennes.

Les Génois s'érigèrent en république vers la fin du neuvième siècle, pendant les troubles qui suivirent la mort de Charles le Gros. Mais, parce que leur gouvernement, toujours sans principes, n'a jamais cessé de varier, il faudroit en faire l'histoire, pour vous faire connoître les différentes formes qu'il a pris. Cependant il en résulteroit peu d'instruction : car nous ne verrions que des désordres, comme nous n'en avons déjà que trop vu. Il suffit de savoir que Gênes est une aristocratie sans système, et de chercher quelle en est la cause. *Gênes est une aristocratie qui ne pouvoit s'établir sur des principes fixes.*

Les Vénitiens, établis dans leurs lagunes, long-temps avant la naissance du gouvernement féodal, n'eurent point parmi eux de ces nobles, toujours armés pour subjuguer et tyranniser le peuple. Ils n'avoient voulu qu'échapper aux Goths : ils furent plus heureux qu'ils n'avoient prévu ; la mer les garantit contre l'invasion des gentilshommes. Bornés à leurs îles et à leur commerce, ils eurent encore le bonheur de se tenir séparés de l'Italie jusqu'au quatorzième siècle ; et d'être par conséquent loin des factions, dont *Pourquoi?*

l'esprit eût été contagieux pour eux comme pour les autres.

Vous voyez donc pourquoi Gênes n'a pas pu donner une forme fixe à son gouvernement : c'est qu'étant en terre ferme, il falloit qu'elle subît le sort de toutes les villes d'Italie. Elle devoit avoir des gentilshommes, des Guelfes, des Gibelins et des factions de toute espèce. Condamnée, par conséquent, à être toujours agitée, elle étoit dans l'impuissance de se fixer à quelques principes : les meilleurs réglemens ne pouvoient s'établir, ou ne pouvoient subsister : il y avoit toujours des partis assez puissans pour s'opposer au bien général.

Puissance de Venise et de Gênes sur mer. Gênes a cependant eu des temps florissans. Elle a du moins eu de grands succès au dehors ; et même elle a été la rivale de Venise. Il nous reste à considérer quelle a été la puissance de ces deux républiques : je la chercherai plus dans les causes, que dans le détail des événemens.

Toutes deux, situées avantageusement pour le commerce, elles n'avoient de rivales que quelques villes d'Italie : car le reste de l'Europe n'offroit qu'une noblesse militaire et des peuples misérables. Elles s'enrichirent, et dans le dixième siècle, elles étoient déjà l'une et l'autre fort puissantes sur mer.

Les Sarrazins ayant pillé et brûlé Gênes, pendant que les Génois étoient en mer, non seulement ils furent défaits, mais ils perdirent encore leur butin et tous leurs vaisseaux ; et au commencement du siècle suivant, les Génois, joints aux Pisans, leur enlevèrent la Sardaigne : il est vrai que cette île fut le sujet d'une longue guerre entre ces deux républiques.

Les Vénitiens n'étoient pas moins redoutables aux Sarrazins. Ils leur firent lever le siége de Bari et de Capoue, et ils remportèrent sur eux une victoire complète. Ils avoient des traités d'alliance avec l'empereur de Constantinople, avec les souverains d'Égypte et de Syrie, et avec les princes d'Italie qui pouvoient favoriser leur commerce. Leur puissance étoit telle, que les peuples de Dalmatie et d'Istrie se donnèrent à eux, pour se délivrer des corsaires de Narenza, qui les attaquoient par terre et par mer.

<small>Les croisades contribuent à leur puissance.</small>

Les croisades, si ruineuses pour l'Europe, devoient être une source de richesses pour deux peuples, qui pouvoient armer de grandes flottes. Ils n'alloient pas en Palestine à travers des nations ennemies : un chemin plus sûr leur étoit ouvert, et tous les autres croisés paroissoient des victimes, qui s'immoloient pour leur préparer des succès. Quand les Génois et les Vénitiens n'auroient pas été entraînés par le fanatisme général, il auroit été de leur politique d'approuver une guerre où ils hasardoient moins que les autres, et d'où ils retiroient beaucoup plus. Ils eurent part aux conquêtes, ils rapportèrent un butin immense ; et lorsque les croisés renoncèrent à prendre la route de Constantinople, ils leur fournirent des vaisseaux de transport, et la guerre sainte devint doublement lucrative pour eux.

<small>Conquêtes des Vénitiens.</small>

A la fin du douzième siècle, les Vénitiens persuadèrent aux croisés de joindre leurs forces à celles de la république ; et ils reprirent, avec ce secours, des places que le roi de Hongrie leur avoit enlevées dans l'Istrie. Ils partagèrent ensuite Constantinople avec eux : ils se rendirent maîtres de la plus grande partie de la Grèce; et bientôt après, ils ajoutèrent l'île de Candie à toutes ces conquêtes.

Les Génois avoient des succès moins brillans, mais ils pouvoient seuls disputer l'empire de la mer aux Vénitiens. Ces deux peuples devinrent donc ennemis : ils se firent la guerre en Palestine, ils se la firent sur mer, et ils s'épuisèrent mutuellement pendant plus de deux siècles. *Les Vénitiens et les Génois se ruinent mutuellement.*

Mais quel que fût au-dehors le sort des armes des Génois, ils avoient dans leurs dissentions un vice plus destructif que la guerre. Au commencement du quatorzième siècle, ils n'eurent d'autre ressource que de se donner à Robert, roi de Naples. Ils recouvrèrent leur liberté, mais ils n'en surent pas jouir; et après bien des troubles, ils se donnèrent à Charles VI, roi de France. Las d'une domination étrangère, ils égorgèrent tous les Français, pour tomber sous la puissance du marquis de Montferrat. A peine eurent-ils chassé ce nouveau maître, qu'ils en trouvèrent un autre dans Philippe, duc de Milan; et ils furent enfin réduits à conjurer Charles VII de vouloir être leur sou- *Mais les troubles domestiques sont funestes aux Génois.*

verain. En un mot, ils ne surent plus ni obéir ni être libres.

Pendant que Gênes passoit d'une domination sous une autre, Venise, à qui cette rivale devenoit moins redoutable, faisoit des conquêtes en Italie; et elle y acquit des états considérables dans le cours du quatorzième siècle et au commencement du quinzième. Mais si la puissance d'une république doit être dans sa constitution, vous reconnoîtrez que Venise n'a dû ses succès qu'à la foiblesse de ses ennemis.

<small>Conquêtes des Vénitiens en Italie.</small>

On voit qu'elle devoit réussir en Lombardie : car sa marche systématique et toujours soutenue lui donnoit de grands avantages sur les vues changeantes de ces petits princes qui ne formoient que des projets momentanés. En profitant de leurs fautes et de leurs divisions, elle pouvoit vaincre par la ruse et par l'argent, autant que par les armes : et c'est aussi ce qu'elle a fait.

<small>Les succès de ces républicains n'ont rien de surprenant.</small>

Ses succès sur mer ne nous doivent pas étonner davantage. Le peuple le plus riche sera toujours le maître de cet élément, lorsqu'aucun peuple guerrier ne lui en contestera l'empire. C'étoit le temps où la guerre se faisoit avec de l'argent, et où, par conséquent des commerçans, aidés par une situation favorable, étoient destinés à faire des conquêtes.

Cependant Venise eût été plus sage, si, s'occupant uniquement de son commerce, elle eût préféré des alliés à des sujets. En voulant maintenir les peuples conquis sous sa domination, elle épuisoit des trésors, qu'elle eût pu employer à se faire des amis, et à faire fleurir de plus en plus son commerce. Candie faisoit sur-tout des efforts continuels pour recouvrer sa liberté : l'Istrie et la Dalmatie n'étoient pas plus soumises : la Grèce et l'Italie n'étoient jamais tranquilles ; et les mouvemens de ces peuples entraînoient continuellement dans de nouvelles guerres avec les princes voisins. Il falloit donc être toujours armé, avoir toujours des troupes sur pied, mettre toujours de nouvelles flottes en mer ; en un mot, ruiner son commerce, et se voir toujours au moment de perdre ses conquêtes. *Ils étoient ruineux pour leur commerce.*

Les avantages de cette république venoient des désordres où se trouvoient toutes les nations. Mais si ses désordres finissoient, *Ils ne les devoient que la foiblesse des autres peuples de l'Europe.*

si du moins ils diminuoient assez pour permettre aux principaux peuples de prendre un état plus assuré, les Vénitiens réduits à leurs lagunes, se trouveroient trop heureux de s'y défendre. Leur salut n'étoit donc que dans la foiblesse de leurs voisins. Plus vous réfléchirez sur le gouvernement de cette république, plus vous serez convaincu que ses richesses ne lui fourniront pas assez de soldats pour défendre toujours son trop grand empire. Vous la voyez déjà dans un état violent, et vous pouvez prévoir qu'elle fera de grandes pertes.

CHAPITRE V.

Des révolutions de Florence.

IL est des princes, dont le règne n'est presque qu'une suite de fautes, et auxquels cependant on s'intéresse : il en est d'autres, qui n'ont pas fait les mêmes fautes, et dont la vie néanmoins ennuie autant le lecteur, qu'ils ont eux-mêmes ennuyé leur cour. C'est qu'il y a, Monseigneur, bien de la différence entre les fautes des grandes ames et les fautes des ames lâches.

Ce que je dis des princes, il faut l'appliquer aux nations. Les Florentins ne savoient pas mieux se gouverner que les autres peuples d'Italie : mais ils intéressent, parce qu'ils ont de l'ame, et leur histoire mérite une attention particulière. Plus vous la connoîtrez, plus vous regretterez qu'ils n'aient pas commencé dans de meilleurs temps : vous ne pardonnerez pas à la barbarie qui les

L'histoire de Florence est intéressante.

assiége de toutes parts, et qui met des entraves à leur génie : vous serez fâché, qu'aimant la liberté, ils ne sachent pas être libres : mais vous verrez au moins que, pour les assujétir, il faut des talens et des vertus.

<small>Les Florentins sont long-temps avant de prendre part aux querelles du sacerdoce et de l'empire.</small>

Lorsque, vers la fin du onzième siècle, les entreprises de Grégoire VII divisèrent l'Italie en deux partis, les Florentins, qui jusqu'alors avoient toujours été soumis à la puissance dominante, furent encore assez heureux pour ne point prendre part aux querelles du sacerdoce et de l'empire. Unis, ils paroissoient n'avoir d'autre ambition que de conserver la tranquillité, au milieu des troubles qui se formoient tout autour d'eux. Ils jouirent de ce repos jusqu'en 1215, continuant de se soumettre au vainqueur, et se défendant contre l'esprit de faction. Mais les dissentions ayant alors commencé parmi eux, elles y furent plus vives et plus funestes que par-tout ailleurs.

<small>Commencemens des dissentions.</small>

Buondelmonti étant sur le point de se marier avec une demoiselle de la maison des Amidei, rompit tout-à-coup ses engagemens pour en épouser une plus belle de la maison des Donati. Il lui en coûta la vie ;

les Amidei, les Uberti et d'autres, t us alliés ou parens, ayant voulu laver dans s sang l'affront fait à leur famille.

Cet assassinat divisa toute la ville: les citoyens les plus considérables se déclarèrent les uns pour les Buondelmonti, les autres pour les Uberti. On arma et la guerre dura plusieurs années, s'interrompant quelquefois, et recommençant à la plus légère occasion. Vous jugez bien que ces gentilshommes-là, car c'en étoit et ils avoient des châteaux; vous jugez, dis-je, qu'ils ne souffriront pas que Florence recouvre sa première tranquillité, ou qu'elle en jouisse long-temps.

<small>Faction e Buondelmonti, et faction des Uberti.</small>

Frédéric II favorisa les Uberti, dans l'idée d'affermir et d'augmenter sa puissance en Toscane: il eût été plus sage de réconcilier les deux partis et de les gagner tous deux. Il accrut des désordres, qu'il pouvoit réprimer. Les Buondelmonti furent chassés de la ville, et la haine fut plus envenimée que jamais.

<small>Les Uberti sont protégés par Frédéric II.</small>

Les Uberti, comme partisans de l'empereur, prirent le nom de Gibelins: on donna celui de Guelfes aux Buondelmonti; et

<small>Ils prennent le nom de Gibelins, et les Buondelmonti, celui de Guelfes.</small>

c'est, selon quelques-uns, l'époque où l'Italie connut, pour la première fois, ces noms de factions : Machiavel néanmoins dit qu'ils y étoient plus anciens.

A la mort de Frédéric, ces deux factions se réconcilient pour donner la liberté à Florence.

Les Guelfes se défendoient dans des châteaux, qu'ils avoient au haut du val d'Arno, lorsque Frédéric mourut. Cette conjoncture favorable à la liberté, flatta les Florentins de l'espérance de se rendre indépendans. Les plus sages jugèrent qu'il falloit d'abord ôter toute semence de division, engager les Gibelins à se réconcilier avec les Guelfes, et les recevoir dans la ville. Leur négociation eut tout le succès qu'ils avoient desiré.

Douze anciens ont le gouvernement de la république.

L'union étant rétablie, douze citoyens qu'on nomma anciens, et qui devoient changer tous les ans, furent élus pour gouverner la république. On confia le jugement de toutes les affaires civiles et criminelles à deux juges étrangers, dont l'un se nomma le capitaine du peuple et l'autre podestat. On les voulut étrangers, afin de prévenir les inimitiés, que des juges Florentins auroient pu s'attirer à eux et à leur famille. Enfin tous les jeunes gens en état de porter les armes ayant été enrôlés, ils eurent ordre de marcher, toutes les fois qu'ils seroient commandés par le capitaine ou par les anciens; et on en forma vingt compagnies dans la ville, et soixante-seize dans la campagne.

Les Florentins avoient une coutume bien singulière pour le treizième siècle. Ils ne commençoient jamais d'hostilités, qu'ils n'eussent fait sonner pendant un mois une cloche qu'ils nommoient *martinella*; assez généreux pour ne vouloir pas user de surprise, même avec leurs ennemis. Voilà donc un coin de l'Europe, où il se trouve encore de l'honnêteté. *Coutume singulière des Florentins.*

Dans les commencemens de leur indépendance, les Florentins ne connurent que le plaisir d'être libres, et leur union leur procura des succès étonnans. Pistoie, Arezzo et Sienne furent forcées d'entrer dans leur alliance. Ils se rendirent maîtres de Volterra; et ils démolirent plusieurs châteaux, dont ils transportèrent les habitans dans leur ville. En un mot, Florence devint en dix ans la capitale de la Toscane, et une des premières villes de l'Italie. *Leurs progrès dans dix ans de calme et de liberté.*

La dixième année fut le terme de leur *Mais le peuple rallume l'esprit de faction en se jetant dans le parti des Guelfes.*

union. Malheureusement ils étoient comme les princes, qui, étant placés entre deux factions, les favorisent tour-à-tour, et les entretiennent pour leur ruine. Le peuple, mécontent de la hauteur avec laquelle les Gibelins l'avoient gouverné pendant le règne de Frédéric II, se jeta tout-à-fait dans le parti des Guelfes. Il vouloit par-là se venger; et il s'imaginoit encore de défendre mieux sa liberté, lorsque le saint siége le protégeroit contre l'empire. Ce fut une grande faute. Il n'avoit pas besoin de la protection des papes, puisque les empereurs n'étoient plus à redouter; et, lorsqu'il se rappeloit les effets récens des dernières dissentions, il devoit étouffer tout sentiment de vengeance, et ne songer qu'à contenir les Gibelins : s'il ne les eût pas déprimés, pour élever uniquement les Guelfes ; aucun des deux partis n'auroit pu nuire; et peut-être qu'avec le temps l'un et l'autre auroient oublié la haine qui les divisoit.

Il ne faut pas attendre tant de sagesse du peuple : il est plus fait pour attiser les dissentions que pour les éteindre. L'incendie que les papes rallumoient continuellement, ne trouvoit nulle part plus d'aliment qu'à Florence ; et cette république devoit être insensiblement consumée par les flammes qui s'élevoient autour d'elle. Les factions qu'elle nourrissoit dans son sein, auroient peut-être été réprimées, si elles n'avoient pu se soutenir que par leurs propres forces ; mais malheureusement elles se mêloient à toutes celles qui divisoient l'Italie, elles en prenoient l'esprit, et elles se renouveloient toujours avec plus de violence.

Il n'y avoit pas bien long-temps que Benoît XII avoit donné libéralement aux seigneurs de Lombardie les terres qu'ils avoient usurpées sur l'empire, déclarant par une bulle qu'ils les possédoient désormais à juste titre ; et Frédéric II, qui n'étoit pas moins libéral, avoit donné tout aussitôt aux seigneurs de l'état ecclésiastique, toutes les terres qu'ils avoient enlevées au saint siége. Tant de générosité de la part du pontife et de l'empereur ne servit qu'à fortifier les deux factions, et à les animer encore plus l'une contre l'autre.

Conduite de Benoît XII et de Frédéric II, pour entretenir cet esprit.

Mais ce sont les troubles de Naples, qui furent d'abord funestes aux Florentins.

Les Gibelins sont chassés de Florence.

Mainfroi, fils de Frédéric, s'étant rendu maître de ce royaume malgré toutes les oppositions des papes, les Gibelins de Florence se flattèrent d'en obtenir des secours contre les Guelfes. Cependant le secret de leur conspiration fut éventé: le peuple les chassa, et ils se retirèrent à Sienne.

Ils chassent à leur tour les Guelfes.

Farinata, de la maison des Uberti, continua de négocier auprès du roi de Naples; et avec les troupes qu'il en obtint, il défit les Guelfes, qui furent à leur tour forcés de se retirer à Lucques. Jourdan, qui commandoit les Napolitains, se rendit maître de Florence, et la soumit à Mainfroi; changeant tout le gouvernement, et n'y laissant aucune trace de liberté. Cette conduite, peu prudente, augmenta la haine du peuple contre les Gibelins, et ceux-ci devinrent eux-mêmes ennemis de Jourdan et du roi de Naples.

Jourdan s'étant retiré, le Comte Gui Novello, à qui il remit le commandement, souleva encore plus les esprits par le dessein qu'il forma de détruire Florence, pour achever la ruine du parti des Guelfes. Mais Farinata s'opposa avec tant de fermeté à ce projet barbare, qu'il fallut l'abandonner.

Cependant les Guelfes de Florence, obligés de sortir de Lucques que Novello menaçoit, allèrent à Bologne, d'où ils furent appelés à Parme par d'autres Guelfes, qui étoient en guerre avec d'autres Gibelins du Parmesan, et on leur en donna toutes les terres. C'est ainsi que de toutes parts ces différens partis se dépouilloient tour-à-tour.

Sur ces entrefaites, Charles d'Anjou ayant été appelé à la couronne de Naples, les Guelfes, qui venoient de vaincre à Parme, offrirent leurs services à ce prince et se firent un appui contre les Gibelins de Florence. Novello et les Gibelins connurent le danger où ils étoient, lorsqu'ils apprirent la défaite de Mainfroi. Voulant donc regagner l'affection des Florentins, ils osèrent leur rendre l'autorité qu'ils leur avoient enlevée; et ils chargèrent de la réforme de l'état trente-six citoyens, choisis dans le peuple, et deux gentilshommes Bolonais. Ces réformateurs divisèrent la ville en corps de métier : ils nommèrent un magistrat pour chaque corps et donnèrent encore à chacun un drapeau, sous lequel devoient se ranger, au besoin,

Ceux-ci, appelés à Parme, en chassent les Gibelins.

Ils sont soutenus par Charles d'Anjou, et les Gibelins rendent l'autorité au peuple de Florence, qu'ils veulent gagner.

tous ceux qui étoient en âge de porter les armes. Ces corps de métiers furent d'abord au nombre de douze, sept grands et cinq petits: ces derniers se multiplièrent ensuite jusqu'au nombre de quatorze; ce qui fit vingt-un en tout.

Les Florentins tentent d'assurer leur liberté.

Les Florentins se souvenant qu'on leur avoit ôté la liberté, et voyant qu'on ne la leur rendoit que parce qu'on y étoit contraint, reçurent ce bienfait avec peu de reconnoissance, et songèrent à s'affermir contre des maîtres qui n'avoient cédé que par nécessité. Les oppositions que Novello trouva bientôt, lorsqu'il voulut faire passer une nouvelle imposition, lui ouvrirent les yeux. Il voulut réparer son imprudence, en reprenant une seconde fois l'autorité; mais il en commettoit une nouvelle, puisqu'il avoit armé le peuple; et il fut chassé. Florence étant redevenue libre, on rappela les Guelfes et les Gibelins, et on consentit de part et d'autre à oublier toutes les injures qu'on s'étoit faites.

Les Gibelins conspirent, et sont forcés à se retirer.

Mais les partis n'oublient pas, ou du moins la jalousie du commandement rappelle bientôt les injures passées, et en fait commettre de nouvelles. On l'éprouva lors de l'arrivée de Conradin en Italie : les Gibelins, assurés de la protection de ce prince, se flattèrent de recouvrer bientôt l'autorité, et ils se conduisirent même avec une confiance qui laissa transpirer leur dessein. Cependant ils furent eux-mêmes obligés de se retirer presqu'aussitôt, parce que les Guelfes reçurent des secours, que Charles d'Anjou leur envoya. Après la retraite des Gibelins, le gouvernement prit encore une nouvelle forme.

Ainsi qu'à Rome, on distinguoit dans toutes les républiques d'Italie, trois ordres de citoyens : *i nobili, i cittadini, e i popolani*. Mais parce que dans les monarchies tous les états tendent à se confondre sous le souverain qui les éclipse, nous n'avons pas de termes qui répondent exactement à ceux de *cittadini*, et de *popolani*. Il paroît d'abord assez singulier que les gouvernemens où les hommes se piquent le plus d'être égaux, soient aussi ceux où les classes sont plus distinguées. Cependant cette différence n'a rien d'odieux, parce qu'elle est nécessaire. Elle a même l'avantage d'entretenir

Trois classes de citoyens dans Florence.

l'émulation, que la confusion de tous les ordres tend à détruire; et l'égalité se maintient encore suffisamment, pourvu que chaque particulier ait part à la souveraineté.

La république de Florence étoit donc composée de gentilshommes ou nobles, de citadins et de ceux du peuple. C'est ainsi que je m'exprimerai; et quand je dirai simplement *le peuple*, je comprendrai les trois ordres, ou seulement les deux derniers.

Création des douzes bons hommes et de trois conseils.

On créa douze chefs, qui devoient être en magistrature deux mois, et qu'on nomma *bons hommes*. On forma ensuite un conseil de quatre-vingts citadins, un autre de cent quatre-vingts de ceux du peuple, trente par quartier; et ces deux conseils réunis avec les douze bons hommes, composèrent le conseil général. C'est dans ces conseils qu'on délibéroit, et qu'on arrêtoit ce qu'il convenoit de faire. Mais la puissance exécutive étoit confiée à un autre conseil, qui étoit composé de cent vingt personnes prises dans les trois ordres, et qui nommoit à toutes les charges de la république. Machiavel ne dit point ni de quel ordre étoient tirés les douze bons hommes, ni si le peuple entier faisoit lui-même l'élection de tous les magistrats, ni le terme après lequel on les renouveloit; et il n'explique pas assez comment tous ces conseils se combinoient et se balançoient. Tout cela néanmoins demanderoit des éclaircissemens.

Après tous ces réglemens, on fit trois parties des biens des Gibelins. La première fut confisquée au profit du public: la seconde fut assignée aux magistrats du parti, appelés *les capitaines* : et la troisième fut donnée aux Guelfes, qui eurent d'ailleurs grande part aux magistratures et aux charges.

Quels qu'aient été les vices du nouveau gouvernement des Florentins, il est au moins certain que les parties n'en avoient pas été assez bien liées, pour se soutenir mutuellement contre les efforts des citoyens puissans. Car les Guelfes, dont le pouvoir s'étoit accru par l'expulsion des Gibelins, se portèrent impunément à toute sorte de violences; et les magistrats furent trop foibles pour faire respecter les lois.

Il falloit chercher les défauts du gouvernement et y remédier : mais les bons hom-

Ce nouveau gouvernement ne peut empêcher les violences des Guelfes.

C'est pourquoi les bons hommes rappellent les Gibelins.

mes s'imaginèrent que le rappel des Gibelins seroit le meilleur moyen de contenir les Guelfes. On corrigea donc un mal par un autre; et les Gibelins furent rappelés. Au lieu de douze chefs on en fit quatorze, sept de chaque parti; et on arrêta qu'ils gouverneroient pendant un an, et qu'ils seroient à la nomination du pape. Ce dernier article n'étoit pas favorable à la liberté; c'est que ce changement avoit été fait par l'entremise d'un légat que le pape avoit fait vicaire de l'empire en Toscane. Cette forme de gouvernement ne dura que deux ans.

Les papes continuent à nourrir l'esprit de faction. Les papes, qui augmentoient la puissance d'un prince, quand ils en craignoient un plus puissant, et qui abaissoient ensuite celui qu'ils avoient élevé, quand ils commençoient à le craindre; les papes, dis-je, avoient déjà donné et ôté ce vicariat de Toscane à Charles d'Anjou, roi de Naples.

Un pape français, Martin IV, le lui rendit. Tous ces changemens ne faisoient que donner de nouvelles forces aux factions qui s'étoient affoiblies; et les désordres, qui en naissoient, faisoient une nécessité de changer encore le gouvernement.

C'est pourquoi en 1282, les corps de métiers, pour ôter l'autorité aux Gibelins et à toute la noblesse créèrent, à la place des douze gouverneurs, trois prieurs, qui devoient être en charge deux mois, et qui ne pouvoient être pris que parmi les marchands et les artisans. Le nombre dans la suite en fut porté à six, neuf et même douze suivant les circonstances. On leur donna un palais, des gardes, des officiers, et enfin le titre de seigneurs. La division, qui étoit entre les nobles, favorisa cet établissement : car, pendant qu'ils ne songeoient qu'à s'enlever la puissance les uns aux autres, les citadins et ceux du peuple s'en saisirent; de sorte que tous les gentilshommes se trouvèrent exclus des magistratures.

Nouveau gouvernement qui exclut des magistratures toute la noblesse.

La tranquillité, qui dura quelque tems, éteignit enfin les factions Guelfes et Gibelines, dont les guerres et les bannissemens avoient déjà bien avancé la ruine : mais d'autres désordres naquirent de la jalousie, qui s'alluma de plus en plus entre la noblesse et le peuple. Bientôt les gentilshommes ne cessèrent de faire des insultes aux autres citoyens; et cependant la seigneurie souvent

Mais la seigneurie est trop foible contre les entreprises des gentilshommes.

ne pouvoit pas les juger, parce que personne n'osoit se porter pour témoin contre eux; ou si elle les jugeoit, elle n'étoit pas assez puissante pour faire exécuter ses jugemens. Ainsi les lois étoient sans force.

Moyen qu'on emploie pour lui donner plus d'autorité.

Pour prêter main-forte à la seigneurie, on élut un gonfalonier, choisi dans le peuple; et on lui donna vingt compagnies, qui composoient mille hommes. Ce frein se trouvant encore trop foible, Jean Della-Bella, quoique d'une des plus illustres maisons, enhardit les corps de métiers à une plus grande réforme. On régla donc que le gonfalonier demeureroit avec les seigneurs; on mit quatre mille hommes sous ses ordres; on exclut tout-à-fait de la seigneurie les nobles qui jusqu'alors avoient continué d'y entrer, lorsqu'ils étoient commerçans: on porta une loi, par laquelle celui qui favorisoit un crime, subiroit la même peine que le coupable; et afin que la difficulté de trouver des témoins contre les nobles ne donnât pas lieu à l'impunité, on arrêta que les magistrats jugeroient sur le seul bruit public. Ce dernier réglement, qui autorise à passer par-dessus toutes les formes de justice, prouve combien le gouvernement étoit vicieux. De pareils moyens, odieux même dans une monarchie, ne sont pas faits pour assurer la paix dans une république.

Aussi bientôt toute la ville fut en troubles. Jean Della-Bella, dont la noblesse vouloit tirer vengeance, fut accusé d'être l'auteur d'une sédition, et le peuple vint en armes lui offrir de prendre sa défense : mais il aima mieux s'exiler que d'accepter de pareilles offres; soit qu'il comptât peu sur la populace, soit qu'il ne voulût pas être la cause des maux qui menaçoient sa patrie.

<small>Troubles qui en naissent.</small>

Les nobles, après cet avantage, se flattant d'en emporter d'autres, demandèrent à la seigneurie la suppression des lois faites contre eux. Le peuple prit aussitôt les armes pour s'y opposer; et l'on étoit sur le point d'en venir aux mains, lorsque les plus sages des deux partis, ayant offert leur médiation, obtinrent qu'un gentilhomme accusé d'un crime, ne pourroit être jugé que sur la déposition des témoins. A cette condition, la paix fut faite. Le peuple cependant fit une réforme dans la seigneurie,

<small>Ils sont apaisés.</small>

parce qu'il avoit trouvé ceux qui la composoient trop favorables à la noblesse.

<small>Progrès des Florentins malgré leurs divisions.</small>

C'étoit la fin du treizième siècle, et malgré les désordres presque continuels, Florence avoit été considérablement agrandie : elle étoit embellie d'édifices ; elle renfermoit trente mille hommes en âge de porter les armes ; on en comptoit soixante-dix mille dans la campagne, et toute la Toscane lui obéissoit, ou comme sujette, ou comme alliée. Que n'auroient pas fait les Florentins, s'ils avoient su se gouverner, ou s'ils l'avoient pu ?

<small>Faction blanche et noire.</small>

Florence n'avoit à redouter ni l'empereur, ni aucune autre puissance étrangère : elle étoit condamnée à se ruiner par ses propres dissentions. A peine les nobles paroissoient-ils réconciliés avec le peuple, que les vieilles haines, qui les divisoient eux-mêmes, se renouveloient avec fureur. C'est ce qui fut l'origine des deux factions, qu'on nomma la blanche et la noire. La première fut soutenue par les Cerchi, et la seconde par les Donati, deux maisons des plus puissantes. Ces deux factions avoient commencé à Pistoie, où elles avoient déjà divisé toute la ville : elles divisèrent encore Florence et toute la campagne, et le peuple prit parti comme la noblesse.

Cependant les noirs, qui étoient les plus foibles, ayant demandé des secours au pape, cette démarche fut regardée comme une conjuration contre la liberté; et les seigneurs ayant fait prendre les armes au peuple, ils bannirent Corso Donati, avec quelques-uns de son parti. Pour montrer qu'ils gardoient une entière neutralité, ils condamnèrent aussi à la même peine plusieurs de la faction des blancs : mais bientôt après, ils leur permirent de revenir.

Les noirs sont chassés, et quelques-uns des blancs à qui on permet de revenir.

Charles de Valois, frère de Philippe le Bel, se trouvant alors à Rome pour l'entreprise qu'il méditoit sur la Sicile, Corso Donati, qui le crut propre à ses vues, engagea le pape à l'envoyer à Florence. Ce prince fut à peine arrivé, que les blancs cherchèrent à se ménager sa faveur. Invité par eux à se saisir de l'autorité, il arma ses partisans : le peuple prit les armes pour défendre sa liberté qu'on menaçoit : Donati et les autres bannis, assurés de l'appui de Charles, rentrèrent dans

Charles de Valois entretient les dissentions.

la ville; et les blancs, qui s'étoient rendus odieux au peuple, furent obligés d'en sortir.

<small>Les désordres sont plus grands que jamais.</small>

Charles ayant si mal réussi, le pape envoya un légat, qui rapprocha un peu les deux partis; il parut même les réconcilier par des mariages : mais parce que les noirs, qui s'étoient saisis du gouvernement, ne voulurent pas permettre que les blancs y eussent aucune part, les désordres continuèrent et s'accrurent bientôt. A la jalousie qui divisoit les blancs et les noirs, se joignirent les haines qui se réveillèrent entre la noblesse et le peuple : les factions Guelfes et Gibelines reparurent encore; et il n'y avoit presque pas de jour qu'on ne se battît dans quelque quartier. Si cette guerre intestine finissoit quelquefois par lassitude, elle recommençoit bientôt. Cet état de troubles dura plusieurs années, et ne finit qu'à la mort de Corso Donati, arrivée en 1308. C'est lui sur-tout qui entretenoit les désordres : son ambition ayant été d'autant plus funeste à sa patrie, qu'il étoit capable de lui rendre de grands services, et qu'il lui en avoit rendu. Mais ses projets lui coûtèrent la vie.

La tranquillité étoit revenue, et le peuple avoit même repris une partie de l'autorité, lorsque l'empereur Henri VII, sollicité par les Gibelins exilés, passoit les Alpes, et leur promettoit de les rétablir. Les Florentins, ayant dans cette conjoncture demandé des secours à Robert, roi de Naples, n'en obtinrent qu'en lui donnant leur ville pour cinq ans. Henri mourut au milieu de ses projets en 1313. *Les Florentins se donnent à Robert, roi de Naples, pour cinq ans.*

Cependant les secours continuoient d'être nécessaires, parce que Florence avoit un ennemi redoutable dans Uguccione Della Fagiuola, que les Gibelins avoient rendu maître de Lucques et de Pise. Mais, parce qu'il falloit que tout fût dans cette ville un sujet de division, il s'y forma des royalistes et des anti-royalistes; et ceux-ci choisirent pour chef un nommé Lando d'Agobbio, brigand, auquel son parti ne donna que trop d'autorité. *Royalistes et anti-royalistes.*

Florence néanmoins redevint libre, et vers le même temps Uguccione perdit Lucques et Pise: cependant Castruccio Castracani, qui lui enleva ces deux places, donna tant d'inquiétude aux Florentins *Différentes révolutions dans Florence.*

qu'ils suspendirent leurs guerres civiles. C'étoit un jeune homme, qui joignoit les talens à l'audace, et qui paroissoit menacer toute la Toscane.

Pour se défendre contre cet ennemi, les Florentins furent encore obligés de se donner; et ils choisirent pour maître, Charles, duc de Calabre, fils du roi Robert. Ils recouvrèrent la paix et la liberté en 1328, que Charles et Castruccio moururent. Ils furent assez tranquilles au-dedans jusqu'en 1340, et pendant cet intervalle ils s'occupèrent de l'embellissement de leur ville. Mais ensuite les dissentions recommencèrent entre la noblesse et le peuple. Elles furent suivies d'une guerre sanglante au sujet de Lucques, dont les Pisans restèrent les maîtres. Les secours qu'on avoit encore demandés au roi de Naples, vinrent trop tard. Gaultier, duc d'Athènes, français de nation, les amena, se saisit de toute l'autorité, l'exerça avec tyrannie, souleva le peuple, et fut trop heureux de pouvoir échapper par la retraite.

Sage proposition des Florentins aux peuples qui avoient été leurs sujets.

C'étoit l'année 1343 : il s'agissoit de donner une forme au gouvernement, qui avoit changé bien des fois, et de savoir quelle conduite l'on tiendroit avec les villes qui avoient profité des troubles de Florence pour se soustraire à sa domination. Il est bien difficile qu'une république renonce à sa souveraineté : mais dans l'épuisement où étoient les Florentins, il leur étoit encore plus difficile d'employer la force. Ils eurent la sagesse de sentir qu'il vaut mieux se faire des amis, que de conserver des sujets toujours prêts à se révolter ; et déclarant à ces villes qu'ils renonçoient à toute souveraineté sur elles, ils demandèrent seulement d'en devenir les alliés. Ils prouvèrent par-là qu'ils méritoient mieux de commander aux autres que de se gouverner eux-mêmes. Une chose encore bien étonnante, c'est que toutes les villes préférèrent de se remettre sous la domination des Florentins ; ce qui fait voir qu'il valoit mieux être sujet que citoyen de Florence. Ce trait unique dans l'histoire fait l'éloge et la critique de ce peuple.

Si les nobles et le peuple avoient pu devenir alliés, la république eût été tranquille au-dedans et florissante au-dehors : mais

Partage de l'autorité entre les nobles et le peuple.

c'étoit-là l'écueil des Florentins. Après bien des contestations, on convint que sur trois seigneurs, il y en auroit toujours un qui seroit pris dans la noblesse, et que toutes les autres magistratures seroient également partagées entre elle et le peuple.

<small>Les nobles voulant commander seuls, restent sans autorité.</small> Cet accord ayant été fait, on divisa la ville en quatre parties; on élut trois seigneurs pour chacune, et on créa encore huit conseillers. Dans ce partage, on suivit exactement ce qui avoit été arrêté. Mais les nobles, toujours ambitieux de commander seuls, soulevèrent bientôt le peuple, et perdirent ce qu'on leur avoit accordé.

Alors il ne restoit que quatre conseillers et huit seigneurs. On porta le nombre des premiers jusqu'à douze; et les seigneurs, dont on n'augmenta pas le nombre, travaillèrent à bien affermir le gouvernement populaire. Dans cette vue, ils créèrent un gonfalonier de la justice, seize gonfaloniers des compagnies, et ils réformèrent les conseils de telle sorte, que toute l'autorité fut entre les mains du peuple.

<small>Leurs efforts pour recouvrer l'autorité.</small> Les nobles, exclus des magistratures, résolurent de recouvrer l'autorité par la

force. Ils firent des provisions d'armes, ils se fortifièrent dans leurs maisons, et ils envoyèrent demander des secours jusqu'en Lombardie. Leur confiance ou leur animosité étoit si grande, qu'ils ne songeoient seulement pas à cacher leur dessein.

La seigneurie prit donc aussi ses mesures. Elle reçut des secours de Pérouse et de Sienne ; et tout le peuple en armes se rassembla sous le gonfalonier de la justice, et sous ceux des compagnies. Les nobles, qui auroient pu vaincre, s'ils avoient su se réunir et tomber tous ensemble sur le peuple, se fortifièrent dans différens quartiers, et se tinrent sur la défensive. Ils vouloient se rendre maîtres du gouvernement, et ils parurent ne songer qu'à n'être pas vaincus : ils le furent les uns après les autres. Le peuple dans sa fureur ne connut plus de frein ; il pilla, brûla, abattit les maisons des nobles, leurs palais, leurs tours, et parut dans sa patrie comme un vainqueur barbare qui veut ensévelir jusqu'au nom de son ennemi.

Après cette triste victoire, le gouvernement fut encore changé. On distingua le

Ils ne se relèvent plus.

peuple en puissans, en médiocres et en petit peuple. On arrêta qu'on prendroit toujours deux seigneurs dans la première classe, trois dans chacune des autres : et que le gonfalonier seroit tour-à-tour de l'une des trois. On renouvela ensuite toutes les lois contre les nobles ; et pour les humilier davantage, on en confondit plusieurs parmi la populace. Depuis cet événement, la noblesse ne put plus se relever. *Il che*, dit Machiavel, *fu cagione, che Firenze non solamente d'armi, ma d'ogni generosità si spogliasse.* En effet, Florence perdit ou rendit inutiles de braves citoyens, et cependant elle sera encore déchirée par des dissentions.

CHAPITRE VI.

Considérations sur les causes des dissentions de Florence.

Si, à Rome et à Florence, les dissentions ont produit des effets bien contraires, il en faut chercher la cause dans la différence des mœurs. <small>Lors de la fondation de Rome on pensoit que tous les citoyens devoient jouir des mêmes droits.</small>

Lorsque les Romains commencèrent, on pensoit que les hommes sont nés pour être égaux, c'est-à-dire, pour jouir également des droits de citoyen, chacun dans sa patrie; ce préjugé, si c'en est un, étoit généralement répandu, non seulement en Italie, mais encore dans toute l'Europe. On ne voyoit alors que des cités gouvernées par des magistrats; ou si quelque part un citoyen usurpoit l'autorité, il ne la conservoit qu'autant que le peuple croyoit retrouver en lui un magistrat qui respectoit ses droits. Une plus grande ambition lui devenoit funeste.

On pensoit bien différemment dans le treizième siècle, où Florence tenta de se gouverner en république. Alors un homme étoit-il assez riche pour bâtir une forteresse, et pour soudoyer quelques soldats ? Il devenoit aussitôt seigneur, il acquéroit tous les droits du plus fort sur ceux qui n'avoient que des maisons ou des chaumières : changeant par-là tout-à-coup de nature, il produisoit une race de nobles ; et ses descendans n'avoient rien de commun avec ceux qui n'avoient pas une pareille origine.

Puisque les hommes sont condamnés à se conduire par les opinions, deux façons de penser si différentes devoient produire des effets contraires.

Quel que fût l'orgueil des patriciens après l'expulsion des rois, ils n'imaginèrent pas de défendre leurs prétentions, en se fortifiant dans des châteaux. Un pareil projet ne pouvoit pas même s'offrir à leur esprit ; il étoit trop contraire aux opinions reçues, et ils voyoient trop qu'ils auroient échoué dans l'exécution.

N'étant pas mieux armés que les plébéiens, se trouvant en plus petit nombre, et leurs

On pensoit bien différemment, lorsque Florence tenta de se gouverner en république.

Les patriciens ne pouvoient pas imaginer de se fortifier dans des châteaux.

maisons ne pouvant pas être un asyle pour eux, il leur étoit impossible d'user de violence. Il ne leur restoit donc que l'adresse et la ruse.

Comme les patriciens ne s'armoient pas contre les plébéiens, les plébéiens ne s'armèrent pas contre eux; et c'est pourquoi les dissentions n'étoient jamais sanglantes. Le peuple, jaloux de la puissance que les grands s'arrogeoient, leur abandonne la ville, bien assuré qu'on ne pourra pas se passer de lui; et il revient quand il a obtenu des magistrats qui le doivent protéger. Il n'étoit pas naturel qu'il employât d'autres moyens, tant qu'il jugeoit que ceux-là devoient lui réussir. Il continua donc sur ce plan, et il réussit encore.

Ni les Plébéiens de prendre les armes contre les patriciens.

Les patriciens, qui ne cédoient que peu-à-peu, avoient un dédommagement dans ce qui leur restoit, et conservoient l'espérance de quelque événement où ils recouvreroient ce qu'ils avoient perdu : dans leur impuissance ils ne pouvoient prendre d'autre parti que de céder et d'attendre.

Ceux-ci cédoient avec espérance de recouvrer;

Le peuple, qui sentoit ses forces, sentoit aussi qu'il n'avoit pas besoin de s'en servir;

Et les Plébéiens ne songeoient pas à les dé-

puisqu'il acquéroit toujours, par la nécessité où l'on étoit de le ménager; mais ce sentiment de ses forces faisoit encore qu'il ne craignoit pas de voir une partie de la puissance entre les mains des patriciens, dont il connoissoit la foiblesse. Il n'ambitionnoit donc pas de les dépouiller tout-à-fait; il se contentoit de partager l'autorité, et il s'appuyoit sur ce que tous les citoyens devoient être égaux. Cette façon de penser et d'agir a duré tant qu'il n'y a pas eu dans la république des hommes assez puissans pour opprimer la liberté, ou pour oser le tenter; c'est-à-dire, tant que Rome a été pauvre, et que les plus riches n'avoient guères au-delà du nécessaire.

pouiller de toute autorité.

Dès que les patriciens connoissoient devoir ménager le peuple, et que, d'un autre côté, le peuple, content de parvenir peu-à-peu à toutes les magistratures, ne se proposoit pas de les en exclure absolument, c'étoit une conséquence qu'on cherchât toujours de part et d'autre à terminer les dissentions par quelque accord. Comme aucun des deux partis n'imaginoit d'en venir aux mains, aucun n'imaginoit d'ap-

Il y avoit donc toujours des moyens de conciliation pour réunir les deux partis contre l'ennemi.

peler l'étranger, et d'attaquer avec ce secours le parti opposé, qui n'armoit pas contre lui. De pareilles idées devoient être bien loin des Romains. Se regardant comme égaux, ou du moins le plus foible se flattant de pouvoir être un jour égal au plus puissant, ils prenoient tous le même intérêt à la conservation de la république. Ils oublioient leurs querelles, et ils se réunissoient, lorsqu'elle étoit menacée; parce que le plébéien, comme le patricien voyoit que si elle n'étoit plus, il ne seroit plus rien lui-même. Les dissentions n'étoient donc pas de nature à faire perdre de vue le bien public. Elles portoient, au contraire, chaque citoyen à mériter par des services signalés les magistratures qu'il ambitionnoit; et en nourrissant l'émulation, elles rendoient les Romains d'autant plus redoutables qu'ils avoient paru plus désunis. C'est ainsi qu'ils devinrent guerriers par état, et que Rome eut autant de soldats que de citoyens. Supposez que cette république eût été sans dissentions, ou que les patriciens armés eussent enfin assujéti le peuple, vous jugerez qu'elle n'auroit plus renfermé que des tyrans et des esclaves, et vous comprendrez que, bien loin de faire des conquêtes, elle n'auroit pas pu se défendre long-temps. Il n'en étoit pas de Rome comme de Carthage : trop pauvre pour acheter des soldats, il falloit qu'elle en trouvât dans ses citoyens ; mais sa puissance n'en étoit que plus assurée, parce que les guerres, même malheureuses, n'épuisent pas une république militaire, et que les guerres les plus heureuses peuvent épuiser une république marchande.

La politique des Romains, pour contenir les peuples conquis, est un effet des circonstances où ils se sont trouvés.

Un peuple riche se fait aujourd'hui des amis et des alliés, en donnant de l'argent aux nations qui n'en ont pas ; et parce qu'il a toujours des troupes à sa solde, c'est avec des garnisons qu'il maintient sous son obéissance les provinces conquises. Les Romains, qui ne pouvoient pas employer de pareils moyens, furent forcés d'en chercher d'autres, et ils en trouvèrent de meilleurs. Je veux parler de leurs colonies, et de la conduite qu'ils tenoient avec les villes qu'ils avoient soumises. Je ne répéterai pas ce que j'ai dit à ce sujet : je remarquerai seulement que leur politique, à laquelle on ne peut trop applaudir, étoit moins un effort de génie de leur part, qu'une suite de circonstances par où ils avoient passé. Devenus redoutables par des succès qui les avoient couverts de gloire, ils ne laissoient aux peuples vaincus, trop foibles séparément pour secouer le joug, que l'espérance d'obtenir des conditions plus avantageuses; mais puisqu'ils n'avoient pas mérité d'être tous traités aussi favorablement, les Romains ne durent pas accorder les mêmes graces à tous. Ils n'eurent donc pas beaucoup à méditer pour imaginer de gouverner un peuple par des préfets, de permettre à un autre de se gouverner lui-même, et de donner à quelques-uns les titres d'amis, d'alliés et même de citoyen. Quant aux colonies, l'usage en étoit plus ancien qu'eux. Si nous venons actuellement aux Florentins, nous verrons qu'ils n'ont rien pu faire de ce que les Romains ont fait, et qu'au contraire, ils ont été forcés à tenir une conduite toute différente.

A Florence, le peuple ne pouvoit pas, comme à Rome, borner son ambition à partager les magistratures avec la noblesse.

Voyant que les nobles étoient ambitieux de commander, qu'ils regardoient même la souveraineté comme une prérogative de leur naissance, et qu'ils avoient des forteresses et des partis toujours prêts à prendre les armes, il devoit craindre qu'ils ne se saisissent de toute l'autorité, s'il leur en laissoit seulement une partie. Il fut donc dans la nécessité de faire des efforts, pour les exclure tout-à-fait du gouvernement; et parce que la noblesse étoit armée, il fallut qu'il s'armât lui-même.

<small>Il ne pouvoit y avoir aucuns moyens de conciliation.</small>

Ces dissentions sanglantes pouvoient se suspendre par intervalles : mais elles ne pouvoient jamais se terminer par un accord qui ramenât le calme pour long-temps; car, si l'un des deux partis cédoit quelquefois, c'étoit par nécessité : ni l'un ni l'autre ne vouloit de partage.

<small>Les factions devoient se multiplier, et livrer la patrie à l'étranger.</small>

Les mêmes jalousies qui éclatoient entre la noblesse et le peuple, devoient éclater encore entre les différentes factions qui divisoient les nobles; et il falloit que ces factions combattissent les unes contre les autres pour l'autorité, comme elles avoient combattu ensemble contre le peuple. Il ne faut donc pas s'étonner si chaque parti, cherchant des secours, appelle l'étranger et lui livre la patrie, plutôt que d'obéir à d'autres citoyens. Vous voyez déjà naître de ces causes toutes les révolutions de cette république.

Au milieu de tant de désordres, comment les Florentins auroient-ils pu connoître la politique des Romains; et de quel usage leur eût-il été de la connoître? Par quelle faveur Florence, toujours affoiblie par ses divisions, pouvoit-elle s'attacher les villes conquises? Quels titres avoit-elle à leur offrir? Et de quels citoyens auroit-elle formé ses colonies, étant si peu assurée de ceux qu'elle renfermoit dans ses murs? Elle étoit condamnée à ne pouvoir pas seulement se conserver elle-même, et à se donner un maître pour se défendre.

<small>Florence ne pouvoit employer la même politique avec les villes conquises.</small>

Elle aura néanmoins des temps florissans, parce qu'elle a des citoyens faits pour vaincre les vices de son gouvernement : mais dans sa plus grande prospérité, elle ne sera jamais assez puissante, pour faire rechercher sa protection. C'est elle qui achètera des amis et des alliés : elle donnera de l'ar-

<small>Elle est au contraire dans la nécessité d'acheter des amis et des alliés.</small>

gent à tousses voisins; et il n'y aura pas de petits seigneurs dans la Romagne, à qui elle n'en donne encore. Ainsi elle deviendra tributaire de ceux qui paroissoient devoir lui payer tribut à elle-même. Elle ne sera forcée à tenir une conduite si différente de celle de la république romaine, que parce que son gouvernement ne lui permettant jamais d'être forte à proportion du nombre de ses citoyens, elle sera dans la nécessité d'acheter les secours qui lui manquent. C'est ainsi que se conduisoit la république de Venise, qui, par la nature de son gouvernement, trouvoit peu de soldats parmi ses citoyens. C'est ainsi que se sont conduits les empereurs, qui, dans la décadence de l'empire, ruinoient leurs sujets pour payer des tributs aux barbares. Mais tous les peuples qui ont tenu cette conduite, ont prouvé qu'on ne défend pas les états avec de l'or.

Les commencemens des républiques de Rome et de Florence, arrêtoient ce qui devoit arriver à l'une et à l'autre.

Par cette comparaison de Rome et de Florence, vous voyez qu'il n'est arrivé à l'une et à l'autre, que ce qui devoit naturellement leur arriver; et que le premier avantage des Romains est d'avoir commencé dans des temps plus heureux. Pour prévoir ce que deviendra un peuple, il suffit souvent d'en connoître les commencemens : il n'en faut pas davantage, pour savoir ce que deviendra un prince ou un particulier.

CHAPITRE VII.

Continuation des révolutions de Florence.

<small>Jean Visconti fait la guerre aux Florentins.

1348.</small>

FLORENCE goûtoit un repos qu'elle avoit acheté chèrement, lorsqu'une peste terrible lui enleva quatre-vingt-seize mille citoyens. Quoiqu'à peine délivrée de ce fléau, elle fut cependant en état de se défendre contre Jean Visconti, archevêque et prince de Milan, qui porta la guerre jusqu'à ses portes. La principauté de Milan étoit depuis environ trente ans dans la famille de Visconti. Dès que la paix fut faite, les dissentions recommencèrent à Florence.

<small>Différens partis qui couroient l'Italie.</small>

Il y avoit en Italie une multitude de soldats anglais, français et allemands, que les empereurs et les papes, qui étoient alors à Avignon, avoient envoyés en différens temps pour soutenir chacun leur parti. Ces troupes qu'on avoit cessé de payer, couroient sous différens chefs, et mettoient à contribution des villes trop foibles pour les repousser. Il en vint une en Toscane, qui répandit l'alarme dans cette province. Les Florentins pourvurent aussitôt à leur défense, et les principaux citoyens armèrent pour leur compte.

De ce nombre étoient les Albizi et les Ricci, deux familles jalouses, qui vouloient chacune, à l'exclusion de l'autre, parvenir seule aux magistratures. Elles n'avoient encore laissé voir leur haine que dans les conseils où elles aimoient à se contredire : mais toute la ville se trouvant en armes, elles furent sur le point d'en venir aux mains, parce qu'un faux bruit s'étant répandu qu'elles marchoient l'une contre l'autre, elles y marchèrent en effet, chacune des deux se croyant attaquée; les magistrats eurent bien de la peine à les contenir. Vous voyez que les citadins puissans ont pris l'esprit de la noblesse, et qu'ils ne seront pas moins dangereux.

Les Albizi et les Ricci forment deux factions ennemies.

La haine ayant éclaté entre ces deux familles, elles s'appliquèrent plus que jamais à se perdre réciproquement. Mais il s'agissoit d'employer des moyens détournés; parce que l'égalité, rétablie à-peu-près depuis la ruine des nobles, donnoit au gouvernement plus de force, et le faisoit plus respecter.

<small>Ce qui donne lieu à l'avertissement.</small> Il y avoit une loi qui excluoit les Gibelins de toutes les magistratures, et à laquelle cependant on ne tenoit plus la main, depuis que ce parti, devenu foible, cessoit de faire ombrage. Uguccione Ricci entreprit de la faire renouveler, parce qu'on soupçonnoit les Albizi d'être de la faction Gibeline. Mais Pierre Albizi para le coup, en appuyant la demande de Ricci; et, par cette adresse, il écarta si bien tout soupçon, qu'il fut chargé lui-même de faire exécuter le nouveau réglement. En conséquence, il ordonna aux capitaines des quartiers de rechercher les Gibelins ou ceux qui en descendoient, et de les avertir que, s'ils entroient jamais en charge, ils subiroient les peines portées par la loi. On s'accoutuma dès-lors à désigner par le nom d'*avertis* tous ceux qui étoient exclus des magistratures.

<small>Abus qu'on en fait.</small> On avoit commencé les recherches en

1357 et en 1372; il y avoit déjà plus de deux cents avertis. Les capitaines, abusant de leur autorité, excluoient des charges tous ceux qu'ils jugeoient à propos ; et, ne consultant que leurs passions, ils privoient la république des services des meilleurs citoyens, et se rendoient redoutables à tous.

Ricci, ayant été fait seigneur, voulut remédier à un mal dont il étoit la cause, et qui tournoit à l'avantage de ses ennemis. Dans cette vue, il fit arrêter qu'aux six capitaines déjà en exercice, on en ajouteroit trois, dont deux seroient pris parmi les petits artisans, et qu'aucun citoyen ne seroit réputé Gibelin, qu'après que le jugement des capitaines auroit été confirmé par vingt-quatre Guelfes nommés à cet effet. Ce réglement arrêta d'abord l'abus des avertissemens; mais on trouva bientôt le moyen de le rendre inutile.

On y remédie.

Depuis que la noblesse avoit perdu tout son crédit, les nobles ne pouvoient entrer dans les magistratures, qu'après qu'ils avoient été reçus dans l'ordre du peuple, et on n'accordoit cette faveur qu'à ceux qui

Les abus recommencent avec plus de désordre.

avoient rendu des services à la république. Benchi, de la maison Buondelmonti, l'ayant obtenue, comptoit d'être choisi pour l'un des seigneurs, lorsqu'on fit une loi qui excluoit de cette magistrature jusqu'aux gentilshommes faits citadins. Irrité de voir ses espérances déçues, il se joignit à Pierre Albizi, et prit avec lui des mesures pour exclure des charges le petit peuple, et tous ceux qui leur seroient contraires. Tout leur réussit : ils intriguèrent si bien, que les capitaines et les vingt-quatre furent tout-à-fait à leur dévotion, et l'avertissement recommença avec plus de désordres qu'auparavant.

<small>Cinquante-six personnes nommées pour réformer le gouvernement.</small> Les seigneurs, ouvrant les yeux sur ces abus, et d'ailleurs sollicités par les citoyens les mieux intentionnés, nommèrent cinquante-six personnes pour travailler à la réforme de l'état. Il n'en eût fallu qu'une, et la bien choisir, car c'est-là une chose qui ne peut pas être l'ouvrage de plusieurs. Cette commission étoit une espèce de dictature, à laquelle on avoit recours dans les cas extraordinaires. Ceux à qui on la donnoit, s'appeloient *uomini di balìa*, et ils

abdiquoient aussitôt qu'ils croyoient avoir rétabli l'ordre.

La république étant née avec des factions, on devoit prévoir qu'elle ne se régleroit jamais en vue du bien public; que la faction dominante dicteroit toujours les lois; qu'elle les feroit pour elle seule; et que, se divisant bientôt, il en naîtroit de nouvelles factions qui produiroient de nouveaux troubles. Ce gouvernement étoit un bâtiment qu'il falloit reprendre par les fondemens : puisqu'on avoit mal commencé, il falloit recommencer, et déraciner sur-tout l'esprit de parti. Je ne sais pas si la chose étoit possible, mais les cinquante-six n'y songèrent pas. Ils firent pis encore; car, au lieu de concilier les deux factions, ou de les réprimer par de bons réglemens, ils ne voulurent que les affoiblir l'une et l'autre. Ils les aigrirent par-là toutes deux; et ils s'y prirent si mal-adroitement, qu'ils accrurent la puissance des Albizi.

Pendant que les Florentins étoient ainsi divisés, les Pisans, les Lucquois et le patriarche d'Aquilée leur firent successivement la guerre : et les légats de Grégoire XI,

Différentes guerres.

qui étoit encore à Avignon, en commencèrent une qui ne leur réussit pas, et qui donna de nouvelles forces à l'esprit de faction. Ils envoyèrent des troupes dans la Toscane pour détruire toute la récolte, voulant augmenter la famine qui s'y faisoit déjà sentir, et se flattant d'en faire ensuite facilement la conquête. Heureusement c'étoient des soldats étrangers, qui passèrent volontiers de la solde du pape à celle des Florentins. Ainsi la république dut son salut à son argent, comme c'étoit alors l'usage.

Le pape excommunie les Florentins qu'il n'a pu vaincre.

Ne craignant plus rien, et se voyant en forces, elle voulut se venger. Ayant donc fait révolter plusieurs villes de l'état ecclésiastique, et fait une puissante ligue, elle soutint la guerre avec succès pendant trois ans.

Cette guerre releva le parti des Ricci, parce qu'on en donna la conduite à huit citadins, qui s'étoient toujours déclarés contre les Guelfes, et qui, par conséquent, étoient opposés aux Albizi. On fut si content d'eux, qu'on les continua dans le commandement, d'une année à l'autre; et, pendant qu'à la cour du pape on les appeloit les excommuniés, à Florence on les appeloit les saints. Cependant Grégoire jeta un interdit sur la république, condamna tous les citoyens à l'esclavage, et donna leurs biens à qui voudroit ou pourroit les prendre. Mais Urbain VI, son successeur, leur accorda la paix en 1378, et leva l'excommunication.

Alors les deux factions méditoient réciproquement leur ruine. Dans celle des Guelfes ou des Albizi étoient tous les anciens nobles, et la plus grande partie des citadins puissans avec les capitaines des quartiers, qu'on respectoit et qu'on craignoit beaucoup plus que la seigneurie même. Dans l'autre étoient les huit chefs de la dernière guerre, tous les citadins d'une fortune moins considérable, les Ricci, les Alberti et les Médici. Le reste de la multitude, penchant tantôt d'un côté, tantôt d'un autre, grossissoit toujours le parti mécontent.

Les deux fractions méditent leur ruine.

Les Guelfes, considérant que les *avertissemens* soulevoient contre eux la plus grande partie du peuple, songeoient à chasser de la ville ceux qu'ils avoient déjà ex-

Silvestro Medici est fait gonfalonier.

clus des charges, et à réduire toute la république à leur seule faction. Si cela leur eût réussi, ils se seroient bientôt divisés eux-mêmes. Mais, lorsqu'il fallut en venir à l'exécution, ils balancèrent, et cependant Silvestro Médici fut fait gonfalonier, malgré toutes les oppositions qu'ils y apportèrent.

Il arme le peuple pour faire passer une loi.

Médici, à qui cette place donnoit une autorité presque souveraine, assembla le collége des seigneurs et le conseil, et proposa une loi qui renouveloit les ordres de la justice contre les grands, diminuoit la puissance des capitaines, et rouvroit les magistratures aux avertis. En même temps, Benoît Alberti fit prendre les armes au peuple pour vaincre toute opposition; de sorte que le collége et le conseil n'ayant plus à délibérer, la loi fut reçue.

Désordres que cause la populace armée.

Mais on n'arme point impunément une populace factieuse. Plusieurs maisons des Guelfes furent pillées ou brûlées; on alla jusques dans les couvens enlever les effets que quelques citoyens y avoient cachés; et ces désordres se commettoient lorsque le conseil, qui les vouloit prévenir, donnoit pouvoir aux seigneurs, aux colléges, aux huit, aux capitaines et aux Syndics des arts, de réformer l'état à la satisfaction de tout le monde. Le tumulte ne finit qu'avec le jour.

Ceux qu'on avoit nommés pour la réforme, abolirent les lois que les Guelfes avoient faites contre les Gibelins; ils déclarèrent coupables de rebellion quelques-uns des chefs de ce parti, et ils permirent aux avertis de pouvoir parvenir aux magistratures dans trois ans. Mais ceux-ci, étant mécontens de ce délai, les corps de métiers se rassemblèrent encore; de sorte que la seigneurie et le conseil furent obligés d'accorder que désormais personne ne pourroit être exclus des charges, ni averti comme Gibelin.

Elle obtient que personne ne ser faverti comme Gibelin.

Cependant ceux qui craignoient d'être recherchés pour les vols et les incendies, armèrent de nouveau la populace; et, pour échapper aux châtimens qu'ils méritoient, ils pillèrent et brûlèrent encore. Les magistrats, qui n'avoient pas prévu l'émeute, ou qui avoient mal pris leurs mesures, s'épouvantèrent; et, se retirant les uns après les

Elle se saisit de toute l'autorité.

autres, ils abandonnèrent le gouvernement aux rebelles qui s'en saisirent.

Elle dispose de tout avec caprice.

Les derniers du peuple étant maîtres de la république, disposèrent de tout avec tant de caprice et de confusion, qu'ils accordoient des graces à plusieurs de ceux dont ils avoient brûlé les maisons, et même à quelques bons citoyens. Tel étoit Silvestro Médici qu'ils firent chevalier.

Michel de Lando, gonfalonier, se fait respecter.

Ils prirent pour Gonfalonier Michel de Lando, cardeur de laine; c'étoit un homme qui avoit de l'intelligence et de la fermeté. Il commença par arrêter les désordres, cassa tous les magistrats, fit de nouveaux seigneurs, et divisa le peuple en trois classes. Cependant, parce qu'il favorisa les citoyens les plus puissans, il souleva contre lui ceux-mêmes qui l'avoient fait gonfalonier; mais il sut bientôt les faire rentrer dans le devoir.

La populace est exclue des magistratures; mais les petits artisans y ont la plus grande part.

Le peuple, honteux lui-même des magistrats qu'il s'étoit donnés, arma encore, et demanda qu'aucun homme de la populace ne pût entrer dans le corps des seigneurs. Pour le satisfaire on fit une nouvelle réforme, et on ne conserva dans les charges que Lando et quelques autres, qui avoient montre du mérite. Les magistratures furent ensuite partagées entre les grands et les petits métiers, de manière néanmoins que les petits artisans eurent plus d'autorité que les principaux citoyens; mais du moins la populace ne conserva pas de part au gouvernement.

Pour ne pas confondre les factions, je distinguerai les citoyens en plusieurs classes, sans y comprendre les anciens nobles. Je nommerai citadins les principaux, et tous ceux qui composoient les corps des grands métiers. J'entendrai par plébéiens ceux des petits métiers; et je mettrai ce qui est au-dessous dans le petit peuple, par où j'entends les moindres artisans et la populace.

Les citadins voyoient avec regret que les plébéiens avoient le plus d'autorité, et ceux-ci cependant ambitionnoient d'accroître encore leur puissance. Le petit peuple craignoit de perdre jusqu'aux moindres priviléges qu'il avoit conservés; enfin les anciens nobles épioient l'occasion de se relever parmi les troubles, et favorisoient les citadins.

> Autant de factions que de classes de citoyens.

De ces différens intérêts naquirent continuellement de nouveaux soupçons. Tous les partis s'observoient avec une égale méfiance : souvent aux mains, toujours prêts à prendre les armes, ils se battoient quelquefois dans plusieurs quartiers de la ville en même temps. On avertissoit, on bannissoit, on faisoit périr des citoyens sur l'échafaud ; et le plus innocent étoit la victime d'un ennemi qui le sacrifioit à sa haine particulière, sous le prétexte du bien public. Ces désordres continuèrent pendant trois ans, c'est-à-dire, jusqu'en 1381, que les citadins prévalurent. Alors on supprima deux corps d'arts, qui avoient été faits en faveur du petit peuple : on priva les plébéiens du droit de donner à leur tour un gonfalonier de leur corps; on ne leur permit d'occuper que le tiers des magistratures, et, pour les affoiblir encore plus, on transporta les principaux d'entre eux dans la classe des citadins.

Ce nouveau gouvernement ne fut pas moins odieux, les citadins persécutant par l'avertissement ou par le bannissement tous ceux qu'ils soupçonnoient de désapprouver

Après bien des troubles, la première classe prévaut.

leur conduite, ou de favoriser les plébéiens ; et la république fut ainsi agitée jusqu'en 1387, que les plébéiens furent réduits à ne posséder plus que la quatrième partie des magistratures. Alors la tranquillité ayant été rétablie au-dedans, on en jouit jusqu'en 1393 ; mais une guerre, qui commença en 1390, et qui ne finit qu'en 1402, parut mettre la république bien près de sa ruine.

L'ennemi qui se rendit si redoutable, fut Galéas Visconti, prince de Milan, à qui Wenceslas avoit donné le titre de duc. Après avoir soumis la Lombardie, il vouloit conquérir la Toscane, et se faire reconnoître roi d'Italie. Il s'en fallut de peu qu'il ne réussît dans ses projets.

Guerre des Florentins avec Galéas Visconti.

Les Florentins, qui se défendirent avec courage, firent d'abord alliance avec les Bolonais, les princes de Ferrare, de Mantoue, de Padoue, de Ravenne, de Fayence, d'Imola, et les seigneurs de Forli et Malatesta. Ils s'allièrent ensuite des Vénitiens; et quelque temps après, l'empereur Robert, successeur de Wenceslas, vint à leur secours. Enfin ils trouvèrent encore un allié dans

Boniface IX, qui vouloit recouvrer les villes que le duc de Milan lui avoit enlevées. Contre tant d'ennemis, Visconti eut de grands succès, mêlés cependant de quelques revers. Il étoit maître de Bologne, de Pise, de Pérouse, de Sienne; et il comptoit l'être bientôt de Florence, où il vouloit se faire couronner roi d'Italie; mais la mort arrêta tous ses grands projets.

Véri Médici médiateur entre la seigneurie et les petits artisans.

Pendant cette guerre, de nouveaux troubles, qu'on vouloit appaiser, en occasionnèrent de plus grands. Les plébéiens, irrités de la sévérité avec laquelle on avoit traité quelques artisans, prirent les armes, et invitèrent Véri Médici à se saisir du gouvernement, et à les délivrer des tyrans qui les vexoient. Ce citoyen eût été le souverain de sa patrie, s'il eût voulu : il aima mieux être médiateur entre le peuple et la seigneurie, et il appaisa le tumulte. Les seigneurs ne se conduisirent pas avec la même sagesse : car ayant levé un corps de deux mille hommes, pour se précautionner contre de nouvelles émeutes, ils redoublèrent de violence. Ils aigrissoient par-là les esprits, et ils offensoient Médici, qu'ils rendoient suspect au peuple.

Après la mort du duc de Milan, les Florentins furent tranquilles au-dedans et au-dehors pendant huit ans. Ensuite commença la guerre avec Philippe, fils de Galéas Visconti : guerre qui fut suspendue par une paix faite en 1427, mais qui ne finit entièrement qu'en 1441. Les Florentins la firent avec gloire ; car elle ne les empêcha pas d'acquérir Arezzo, Sienne, Pise, Cortone, Livourne, Monte-Pulciano ; et ils auroient fait d'autres conquêtes, s'ils avoient été moins divisés. Cependant Ladislas les avoit mis en grand danger, et ils auroient peut-être perdu leur liberté, si ce roi ne fût mort à propos pour eux, comme Galéas Visconti.

Les Florentins ont la guerre avec Philippe, fils de Galéas Visconti, et avec Ladislas.

Les troubles furent sur-tout occasionnés par les impositions qu'il fallut mettre pour soutenir la guerre. Ils s'accrurent par la dureté de ceux qui furent chargés de lever les impôts ; et la hauteur des citoyens qui avoient la plus grande part au gouvernement, aigrissoit encore les esprits. Cependant la multitude sentoit ses forces ; elle murmuroit ; elle s'enhardissoit par intervalle ; elle paroissoit chercher un chef, et elle pouvoit le trouver dans les Médici, qui,

Les impôts qu'il a fallu mettre, soulèvent le peuple.

de père en fils, humains, généreux et populaires, étoient déjà puissans par leurs richesses, et le devenoient tous les jours davantage, parce qu'ils se faisoient aimer de tous et respecter de ceux qui les craignoient.

Jean Médici n'approuve pas qu'on rende l'autorité aux nobles pour l'enlever aux petits artisans.

Les citadins imaginèrent que comme on s'étoit servi des plébéiens pour abaisser les nobles, il falloit se servir des nobles humiliés, pour ôter toute l'autorité aux corps des petits métiers : mais on connut qu'on ne pouvoit exécuter ce projet, si Jean Médici y étoit contraire, et on le lui proposa.

Médici jugea qu'il n'y avoit point d'avantages à rendre les honneurs à ceux qui, s'étant accoutumés à s'en voir privés, étoient si loin de remuer, qu'ils ne songeoient même plus à se plaindre; qu'au contraire, il y avoit plus de danger à les enlever à ceux qui les avoient obtenus, et qui se croyoient en droit de les conserver; que les uns seroient plus sensibles à l'injure que les autres au bienfait; que, par conséquent, on feroit beaucoup plus d'ennemis à l'état, qu'on ne lui acquerroit d'amis; et que si ceux qui formoient ce projet, pouvoient réussir, la multitude trouveroit bientôt des citoyens jaloux qui se serviroient d'elle pour les culbuter. Il conclut que si l'on ne vouloit pas nourrir et multiplier les factions, le parti le plus sage étoit de ne rien changer au gouvernement, et de travailler à concilier les esprits.

Ces délibérations ayant été sues, la faveur de Médici en fut plus grande, et on en conçut plus de haine contre ceux dont il avoit arrêté les desseins. Plusieurs de ses amis auroient voulu qu'il eût accru sa puissance, en poursuivant ses ennemis, et en favorisant ses partisans : il étoit bien loin de tenir une pareille conduite.

Les impositions étant si injustement réparties, qu'elles retomboient sur les moins riches, on proposa un réglement, par lequel les citoyens devoient être chargés à proportion de leurs biens. Les riches s'y opposèrent : Médici l'approuva seul, et le fit passer. Mais le peuple ayant demandé qu'on recherchât dans les temps antérieurs, et qu'on fît payer à ceux qui n'avoient pas été imposés dans cette proportion; il lui fit voir combien il étoit odieux de donner à une loi une force rétroactive, et il lui per-

Sa conduite pour appaiser le peuple qui se soulève contre les impôts mal répartis.

suada de renoncer à une chose qui causeroit plus de dommage aux familles que de profit au trésor public. C'est ainsi qu'en lui accordant ce qui étoit juste, il savoit aussi l'arrêter lorsqu'il demandoit trop; et par ces moyens, sa sagesse étouffa souvent les factions. Il mourut, généralement regretté, en 1428. Il n'avoit jamais formé de parti; et s'il paroissoit comme un chef dans la république, ses vertus avoient seules brigué pour lui. Peu redoutable par le mal qu'il pouvoit faire, il étoit craint, parce qu'il étoit aimé et respecté. Sans jalousie, sans intrigue, il louoit les bons, plaignoit les méchans, aimoit tous les citoyens : il ne rechercha aucun honneur, et il parvint à tous. Enfin il laissa de grandes richesses, et une réputation plus grande encore : héritage qui fut conservé et même accru par Côme son fils.

Les Médici, Monseigneur, me font presque oublier de vous parler des troubles de Florence. En effet, j'en ai assez dit, pour vous faire connoître les vices du gouvernement de cette république, et je m'arrête sur une famille dont l'histoire devient intéressante. Cette maison qui commence et où il n'y a encore eu que des marchands, va s'élever au niveau des maisons où l'on compte une longue suite de souverains; et les Médici vous intéresseront, tant qu'ils auront des vertus.

Côme, puissant et vertueux comme son père, excita la jalousie des citoyens ambitieux. Ils avoient un moyen bien sûr de diminuer son crédit: c'étoit d'être humains, compatissans, généreux, et d'aimer la patrie. Le peuple se fût partagé entre ses bienfaiteurs, sans se réunir par préférence en faveur d'aucun; et de pareilles factions n'auroient causé aucun trouble.

Côme, son fils, est banni.

Mais les ennemis de Côme lui faisant un crime de ses richesses, et de l'amour que le peuple lui portoit, le firent citer devant les seigneurs, comme aspirant à la souveraineté. Côme, qui n'avoit rien à se reprocher, auroit pu mépriser de pareils ordres: il aima mieux obéir, et il comparut malgré les conseils de ses amis. Il fut banni dans un conseil extraordinaire de deux cents personnes, où les uns opinèrent pour la bannissement, d'autres pour la mort, et où le plus grand nombre se tut.

Il est rappelé.

Après le départ de ce citoyen, ses ennemis parurent aussi étonnés que ses partisans. Ils virent qu'en voulant lui nuire, ils avoient accru l'amour qu'on avoit pour lui, et qu'ils s'étoient attiré l'indignation publique. Ils se consumoient en projets; ils ne savoient quel parti prendre; ils se conduisoient témérairement, lorsqu'enfin le peuple assemblé nomma un conseil qui rappela Médici, et bannit ses ennemis. Ce fut en 1434, environ un an après sa condamnation, qu'il rentra dans Florence au milieu des acclamations du peuple, qui l'appeloit son bienfaiteur et le père de la patrie.

A la tête des nomini di balia, il est maître de la république.

Il pouvoit compter plus que jamais sur l'amour de ses concitoyens, et il ne craignoit rien de ses ennemis, que le bannissement avoit réduits à un petit nombre hors d'état de remuer. Il est vrai qu'il en avoit beaucoup coûté à la république : mais le sort de Florence étoit d'être déchirée par des factions, ou de n'acheter la paix que par la perte d'une partie de ses citoyens. Pendant vingt-un ans, depuis 1434 jusqu'à 1455, toute l'autorité fut confiée à une commission extraordinaire, c'est-à-dire, à un petit nombre de ces magistrats, qu'on nommoit *uomini di balia.* Cette commission, qui n'étoit jamais que pour un temps limité, fut renouvelée six fois par le peuple assemblé, et toujours confirmée aux Médici, et à ceux qui leur étoient agréables. Côme, qui en étoit le chef, exerçoit donc une espèce de dictature perpétuelle, et il étoit le prince de la république.

Le peuple, heureux sous ce gouvernement, ne songeoit point à reprendre son autorité : mais lorsque la faction contraire, éteinte ou tout-à-fait humiliée, ne fut plus à redouter, les partisans de Côme commencèrent à se désunir. Jaloux de sa puissance, les principaux voulurent la diminuer, et ils proposèrent de ne plus continuer la commission, et d'en revenir aux anciens magistrats.

<small>Les partisans de Côme, jaloux de son autorité font cesser la commission.</small>

Côme auroit pu se maintenir par la force : il préféra de respecter la liberté des citoyens : il pouvoit d'ailleurs prévoir qu'on reviendroit à lui. On rétablit donc l'ancienne forme de gouvernement, et toutes les familles crurent gagner beaucoup, parce qu'elles avoient l'espérance de parvenir tour-à-tour aux magistratures.

<small>Mais se voyant moins considérés qu'auparavant, ils l'invitent à reprendre l'autorité.</small>

Ceux qui avoient le plus desiré ce changement, ne furent pas long-temps à reconnoître qu'ils avoient plus perdu que Médici, car ils furent moins considérés. L'espérance de partager les honneurs avec lui, ne les dédommagea pas de la dépendance où ils s'étoient mis de la multitude. Ils l'invitèrent bientôt à reprendre l'autorité, et à les tirer de l'abaissement où ils étoient tombés par leur faute. Côme répondit qu'il le vouloit bien, pourvu que la chose se fît sans violence, et que les citoyens eussent la liberté de refuser comme d'accorder la commission.

<small>La chose souffroit des difficultés que Côme ne se pressoit pas de lever.</small>

Cette affaire étoit de nature à ne pouvoir être traitée que dans une assemblée du peuple. On proposa donc aux magistrats de le convoquer: mais ce fut sans succès; et Côme voyoit avec plaisir les obstacles que trouvoient à lui rendre l'autorité, ceux qui avoient voulu l'en priver. Il se refusa aux instances qu'ils lui firent de demander lui-même cette assemblée. Donato Cocchi crut pouvoir en faire la proposition à la seigneurie, parce qu'il étoit gonfalonier de justice ; mais Médici le fit si fort baffouer, qu'il en perdit l'esprit.

Cependant, comme il ambitionnoit de gouverner, il n'eût pas été prudent de tenir trop long-temps une pareille conduite. Ainsi Luc Pitti, entreprenant et audacieux, ayant succédé à Cocchi, il jugea à propos de le laisser faire; pensant que, si la tentative ne réussissoit pas, tout le blâme retomberoit sur cet homme.

Pitti réussit, mais ce fut en usant de violence. Cependant, pour laisser au moins le nom de liberté lorsqu'il ôtoit la chose, il voulut que les prieurs des arts se nommassent les prieurs de la liberté; et, afin que le ciel parût concourir à son entreprise, il fit faire des processions publiques pour lui rendre grâces de ce succès. Le peuple vint en foule le remercier lui-même. On le fit chevalier : la seigneurie, Médici et les principaux citoyens lui firent des présens considérables, et de ce jour il devint riche et puissant.

La commission est rétablie, et Côme en est le chef.

Ce nouveau gouvernement fut dur et tyrannique, parce que Pitti commandoit

Côme, affoibli par l'âge et les infirmités, ne pouvoit plus prendre la même part aux affaires. Il mourut huit ans après, en 1464. On grava sur son tombeau, *Père de la patrie*, titre que ses vertus avoient gravé dans les cœurs. Quoique maître en quelque sorte de la république pendant trente ans, il ne se montra jamais que comme un simple citoyen; et s'il parut toujours au-dessus des autres, ce fut moins par sa puissance que par ses bienfaits.

<small>Neroni engage Pierre, fils de Côme, dans des démarches qui aliènent les esprits.</small>

Pierre, fils de Côme, étoit infirme, par conséquent, peu propre aux affaires publiques, et même hors d'état de conduire celles de sa maison. Il confia les unes et les autres à Diotisalvi Neroni, citoyen puissant, dont son père lui avoit conseillé de suivre les avis. Neroni conçut bientôt l'ambition de s'élever par la ruine de cette famille, et il engagea Pierre dans des démarches qui aliénèrent un grand nombre de citoyens.

<small>Conjuration contre Pierre.</small>

Comme la commission étoit sur le point d'expirer, les ennemis des Médici voulurent profiter du mécontentement du peuple pour empêcher de la continuer; mais un d'eux révéla tout, et le parti contraire fut assez puissant pour rompre toutes les mesures. Alors ils formèrent le projet d'assassiner Pierre ; et, afin d'abattre ensuite tous ses partisans, ils firent entrer dans leur conjuration le marquis de Ferrare, qui promit de les venir joindre avec ses troupes.

Pierre, alors malade à sa campagne, fut instruit assez tôt pour les prévenir. Il arma et vint à Florence, où tous ceux qui lui étoient attachés s'empressèrent à lui montrer leur zèle. Les conjurés, qui n'avoient pas encore tout disposé, furent pris au dépourvu. Il fallut céder, et songer à un accommodement. On s'assembla chez Médici, ils y vinrent eux-mêmes, et ils osèrent lui reprocher d'avoir pris les armes. Il se justifia en dévoilant le secret de la conjuration; il fit voir qu'il n'avoit armé que pour sa défense, et il ajouta que, desirant de jouir du repos dans l'éloignement des affaires, il approuveroit telle forme de gouvernement que la seigneurie voudroit établir. On se sépara sans rien conclure. Peu de temps après, en 1466, Robert Lioni, fait gonfalonier, convoqua le peuple, et fit continuer

Elle est découverte, et l'autorité de Pierre en est plus assurée.

la commission. Alors la faction contraire fut entièrement ruinée : les uns s'enfuirent, d'autres furent bannis, ou punis de mort, et la puissance des Médici se trouva plus affermie que jamais.

Mais il ne peut point apporter de remèdes aux abus.

Pierre, qui ne pouvoit veiller par lui-même au gouvernement, n'ignoroit pas qu'on abusoit de son nom pour vexer le peuple. Il voulut en vain réprimer les abus ; tous ses efforts furent inutiles. Il mourut lorsqu'il se proposoit de rappeler les bannis, afin de mettre un frein à ceux-mêmes de son parti. Il laissa deux fils encore fort jeunes, Laurent et Julien.

Thomas Sodérini conserve l'autorité aux deux fils de Pierre.

Thomas Sodérini, alors fort considéré à Florence et dans toute l'Italie, voyant qu'on venoit à lui comme à l'homme qui devoit être désormais le chef de la république, assembla les principaux citoyens dans le couvent de S. Antoine, et il y fit venir Laurent et Julien. Là il discuta les intérêts de sa patrie, en considérant ce qu'elle étoit en elle-même, et comment elle devoit se conduire avec ses voisins. Il fit voir qu'elle ne seroit puissante, qu'autant qu'elle seroit unie ; et, prouvant qu'on feroit naître de nouvelles factions, si l'on vouloit transporter l'autorité dans une nouvelle famille, il conclut qu'il falloit laisser le gouvernement aux Médici, entre les mains de qui on étoit accoutumé de le voir. Laurent répondit avec une modestie qui promettoit de lui ce qu'il devint dans la suite; et avant de se séparer, tous jurèrent de le regarder, lui et son frère, comme leurs propres fils.

La puissance des Médici étoit alors si bien cimentée, qu'il n'étoit plus possible de former un parti pour l'attaquer ouvertement. La jalousie en croissoit davantage dans le secret; les citoyens les plus considérables souffrant impatiemment d'obéir à deux hommes dont ils se croyoient les égaux. Tels entre autres étoient les Pazzi; qui, d'ailleurs songeant à se venger pour quelque sujet particulier de mécontentement, conjurèrent la mort des deux Médici.

Conjuration contre Laurent et Julien.

Dans le dessein de les assassiner ensemble, ils essayèrent deux fois de les réunir, en les invitant à des repas; le hasard ayant fait que Julien ne s'étoit trouvé à aucun, ils prirent la résolution d'exécuter leur complot dans une église. Julien tomba

Julien est assassiné.

sous les coups de ses assassins, tandis que Laurent eut le temps de se défendre et d'échapper à ceux qui l'attaquoient.

Laurent gouverne avec gloire.
Toute la ville fut bientôt en armes. On punit les coupables : le peuple les mit en pièces, répandit leurs membres dans les rues, et assouvit sa rage sur les Pazzi, et sur tous ceux qu'il jugea complices. Depuis cet événement, arrivé en 1477, Laurent gouverna avec gloire jusqu'en 1492, que la mort l'enleva à la république de Florence, à l'Italie, où il maintenoit la paix, et qu'il faisoit fleurir. Nous aurons occasion de parler de la sagesse de son gouvernement.

Jugement de Machiavel, sur la manière dont les Italiens faisoient la guerre.
Dans cet intervalle où je me suis borné à parler des Médici, les papes, les rois de Naples, les Vénitiens, les ducs de Milan et d'autres princes ont souvent causé des troubles, auxquels les Florentins ont pris part : mais, pour vous donner une idée générale de toutes ces guerres, il me suffira de mettre sous vos yeux le jugement qu'en porte Machiavel. *Se non nacquero tempi, che fussero per lunga pace quieti, non furono anche per l'asprezza della guerra*

pericolosi ; perchè pace non si può affermare che sia, dove spesso i principati con l'armi l'uno e l'altro s'assaltano : guerre ancora non si possono chiamare quelle, nelle quali gli uomini non si ammazzano, le città non si saccheggiano, i principati non si distruggono ; perchè quelle guerre in tanta debolezza vennero che le si cominciavano senza paura, trattavansi senza pericolo, e finivansi senza danno. Tanto che quella virtù, che per una lunga pace si soleva nell'altre provincie spegnere, fu dalla viltà di quelle in Italia spenta. Dove si vedrà come alla fine s'aperse di nuovo la via à Barbari, et riposesi l'Italia nella servitu di quelli.

Les peuples d'Italie ne savoient donc plus ni conserver la paix, ni faire la guerre. Jaloux les uns des autres, ils ne pouvoient cesser de se tracasser : mais leurs guerres devoient paroître des jeux, depuis que les principales puissances n'étoient que des républiques marchandes, où des artisans et des négocians commandoient, après avoir déruit ou opprimé la noblesse. Ce qui est arrivé en Italie, pourroit arriver quelque jour sur un plus grand théâtre, si la noblesse éprouvoit par des voies lentes les mêmes revers que de violentes secousses lui ont fait éprouver à Florence : car il n'y auroit plus de valeur, parce que c'est la noblesse qui la conserve et la communique à tous.

CHAPITRE VIII.

Comment, en réfléchissant sur nous-mêmes, nous pouvons nous rendre raison des temps d'ignorance, et des temps où les arts et les sciences se sont renouvelés.

Vous avez vu que Charlemagne fit de vains efforts pour renouveler les lettres. Immédiatement après la mort de ce prince, les écoles commencèrent à tomber : elles ne furent plus fréquentées ; on méprisa le savoir, on le jugea dangereux ; et cette façon de penser faisant tous les jours des progrès, une vaste ignorance couvrit toute l'Europe. Tel fut l'abrutissement des esprits dans le neuvième siècle et dans le dixième.

Il a été un temps, Monseigneur, que vous vous imaginiez être un prince accompli, et vous vous rappelez qu'alors vous ne

Les écoles tombent après Charlemagne.

On est ignorant, et on ne sent pas le besoin de s'instruire.

sentiez pas le besoin d'acquérir des connoissances. Voilà précisément où en étoient dans le dixième siècle, non-seulement les souverains, mais encore les sujets. Tout le monde étoit fort ignorant, et chacun croyoit en savoir assez; on craignoit même d'en apprendre davantage. Les Othons méritent cependant d'être exceptés; car ils savoient qu'ils ne savoient rien, et ils protégèrent les lettres comme Charlemagne, mais ils réussirent encore moins, parce que les hommes étoient trop gâtés.

<small>En occupant notre enfance de frivolités, on nous expose à rester enfans toute notre vie.</small> Quelles sont les choses dont vous vous occupiez dans votre enfance? Les frivolités dont on vous faisoit des besoins. On veilloit si fort sur vous, qu'on ne vous permettoit pas d'acquérir les facultés qui se développent naturellement dans les enfans du peuple. On vous rendoit moins qu'un homme, et on vous persuadoit que vous étiez quelque chose de plus. En continuant de la sorte, on vous auroit conduit de frivolité en frivolité. Au sortir de votre éducation, vous auriez passé entre les mains des flatteurs. Toujours applaudi pas des ames viles, vous vous seriez cru de plus en plus

au-dessus des autres, et vous auriez été au-dessous de ceux-mêmes qui vous auroient applaudi. Qu'enfin vous eussiez été souverain quelque part, incapable de gouverner par vous-même, il auroit fallu vous servir des facultés des autres ; et, ne conservant pour vous que des titres qui vous auroient déshonoré, vos favoris auroient régné en votre place : car régner, c'est rendre la justice et dispenser les graces. Or en auriez-vous été capable? Souvenez-vous de l'empereur Claude, rappelez-vous combien il vous a paru ridicule et méprisable. Élevé par des valets, il aima toujours les valets, et ne fut toute sa vie qu'un sot enfant. Songez donc à ce que vous feriez vous-même, si vous vieillissiez sans sortir de l'enfance.

Une éducation différente vous a fait connoître des besoins que vous n'auriez jamais eus. Entrons à ce sujet dans des détails, et ne craignons pas de nous arrêter sur les plus petits; car les petites choses rendent quelquefois les vérités plus sensibles.

Vous aviez passé l'âge où les enfans courent dans les rues, et vous ne saviez pas

Il faut faire sentir aux enfans le besoin

d'exercer les facultés du corps. vous tenir sur vos jambes. On ne vouloit pas vous laisser marcher seul, parce que vous seriez tombé. Au sortir des mains des femmes, on vous fit marcher; vous tombâtes et vous vous relevâtes. Aujourd'hui, vous sentez le besoin de marcher et de courir, et vous trouvez du plaisir à l'un et à l'autre. Auparavant vous ne sentiez que le besoin d'être suspendu à une lisière.

Il faut écarter tout ce qui peut y mettre obstacle. Vous saviez marcher, mais on vous avoit mis des entraves. Vous ne pouviez sortir, qu'autant qu'on avoit pris la précaution d'avertir d'avance tous ceux qui vous devoient suivre. On a insensiblement retranché tout ce cortége, qui vous a contrarié plus d'une fois. Vous sortez seul avec votre gouverneur, et vous vous promenez quand vous voulez.

Il faut leur apprendre à se servir eux-mêmes. Vous commenciez et vous finissiez votre journée, comme un automate, privé de tout mouvement: vous étiez une poupée qu'on habilloit et qu'on déshabilloit. Aujourd'hui vous vous habillez, vous vous déshabillez vous-même; et vous vous trouvez bien d'être servi sans dépendre de ceux qui vous servent. Il est donc avantageux de retrancher tous les besoins, qui nous tiennent dans la dépendance, et d'acquérir tous ceux que nous pouvons satisfaire par l'exercice de nos facultés. Parce qu'on est prince, faut-il cesser d'être homme? Faut-il oublier qu'on a des bras et des jambes, n'oser s'en servir, et mettre toute sa confiance dans les bras et dans les jambes d'autrui?

Mais si l'usage des facultés du corps est si nécessaire, combien, à plus forte raison, ne l'est pas l'usage des facultés de l'ame? Qu'est-ce qu'un souverain qui ne pense pas? C'est un enfant qui se laisse habiller et déshabiller, qui est soutenu par la lisière, et qu'un mal-adroit peut laisser tomber. Il faut, à plus forte raison, leur faire un besoin d'exercer les facultés de l'ame.

On vous a donc appris à penser, en vous faisant sentir le besoin de penser; et, pour y réussir, on a mis les connoissances à la place des badinages, dont vous ne pouviez vous passer. Vous avez badiné avec les opérations de votre ame, avec les premières découvertes des hommes, avec les dernières même; et traçant des ellipses sur le sable, vous vous représentiez le système de Newton. Vos premières connoissances ont fait naître en vous un nouveau sentiment, le Les instruire, comme en jouant, desir d'en acquérir d'autres; et les études utiles, après vous avoir amusé comme des jeux, vous ont amusé parce que ce sont des études utiles.

<small>Et leur faire un besoin de s'occuper pour écarter l'ennui.</small>

Ainsi vous vous êtes défait des besoins que vous aviez; vous vous en êtes fait de nouveaux, et vous sentez que vous avez gagné au change. L'occupation vous est devenue nécessaire. Vous vous souvenez qu'un jour votre gouverneur voulant vous punir, vous ôta vos livres et vos cahiers. Vous ne pûtes pas vous souffrir dans le désœuvrement : les amusemens de votre première enfance ne furent plus une ressource pour vous : vous succombâtes sous le poids de l'ennui, et vous vîntes en pleurant demander pardon à votre gouverneur, et le conjurer de vous donner un livre.

Une autre fois le médecin, voulant, vous disoit-il, profiter d'un accès de fièvre, dit que vous travailliez trop, et qu'il falloit vous laisser quelque temps sans rien faire. Je cédai, parce qu'il faut que la raison cède quelquefois; et je fus huit jours sans vous donner de leçon. Mais vous ne crûtes pas à l'ordonnance de votre Esculape, que vous reconnûtes pour un mauvais flatteur. Vous employâtes ces huit jours à repasser vos anciennes leçons, et vous travaillâtes plus que si je vous avois fait travailler moi-même.

Vous en savez déjà beaucoup pour un prince, si vous savez le secret d'éviter l'ennui. Ce poison de l'ame se chasse par le plaisir: c'est votre expérience qui vous l'apprend. Dans les commencemens que j'étois ici, vous me dîtes que vous haïssiez la comédie, au point que vous pleuriez quand on vous forçoit d'y rester. Je vous répondis que je vous ferois bientôt changer de goût. Vous ne pouviez le croire, et cependant quelques mois après vous en fûtes convaincu. Il est vrai que l'infortunée Monime vous arracha des larmes; mais c'étoient des larmes délicieuses.

C'est déjà savoir beaucoup que savoir s'occuper.

A peine avez-vous quelquefois éprouvé des dégoûts; ils n'ont jamais été longs, et vous avez toujours éprouvé que l'étude conduit à des plaisirs. Le latin qui fait le tourment des autres enfans, n'a rien eu de désagréable pour vous. Vous desiriez de l'apprendre; et, ayant été préparé pendant deux ans, vous en trouvâtes l'étude facile.

Alors on prend du goût pour des études qui sans cela seroient rebutantes.

Aussi, quoique vous soyez bien loin encore de sentir toutes les beautés d'Horace, vous commencez néanmoins à le lire avec plaisir. Il semble aujourd'hui que les plus beaux génies latins, italiens et français aient écrit pour votre amusement. Comparez donc actuellement les ressources que vous donnent les choses utiles, dont vous savez vous occuper, avec les ressources que vous donnoient les frivolités de votre première enfance.

<small>L'étude de l'histoire doit faire sentir le besoin des vertus et des talens.</small> Mais l'histoire vous a fait connoître de nouveaux besoins. Vous vous imaginiez ne la lire que par curiosité, et cependant vous sentiez naître insensiblement en vous le besoin des vertus, le besoin des talens, le besoin, en un mot, d'être plus grand que les autres, puisque vous êtes destiné à commander à d'autres.

Lorsque vous lisiez l'histoire de la Grèce, il y avoit donc en vous quelque chose de mieux que de la curiosité. Vous vous représentiez les Miltiade, les Thémistocle, les Aristide, les Épaminondas, les Phocion, etc. Vous vous formiez à leur école, vous les imitiez déjà. C'est vous qui remportiez des victoires à Marathon, à Salamine, etc. Vous donniez des lois comme un Lycurgue ou comme un Solon; et, me reprochant d'avoir trop peu parlé de Philopémen, vous regrettiez de ne pouvoir vous transporter dans les lieux où ce grand homme avoit fait de grandes choses.

Je voudrois que l'ambition de surpasser ces citoyens généreux, vous ôtât le sommeil comme à Thémistocle; mais nous n'en sommes pas encore là: il semble même que nous nous en éloignons quelquefois, et vous ne paroissez pas toujours prendre le même intérêt aux actions des grands hommes. Ceux que Rome a produits, ceux que vous avez trouvés dans l'histoire moderne, ne font pas sur vous la même impression: cependant plus vous rencontrez de pareils modèles, plus vous devriez vous enflammer, et sentir le besoin d'être grand vous-même.

Plus on sent ce besoin, plus on s'intéresse aux grands hommes.

Il est vrai que la Grèce a été le plus beau théâtre pour les talens: nulle part ils n'ont paru avec plus d'éclat, parce que nulle part on n'a mieux senti le besoin d'avoir de grands hommes. Peut-être que les dégoûts que nous donne l'histoire de plusieurs siècles de barbarie, sont l'unique cause de votre refroidissement. Je le souhaite au moins : mais vous conviendrez qu'en perdant de l'intérêt que vous preniez aux talens et aux vertus rares, vous avez perdu un plaisir ; et que moi-même j'ai perdu de mes espérances. Car enfin les Grecs n'ont produit plus de grands hommes, que parce qu'ils ont plus senti le besoin d'être grands. Sondez-vous donc ; dites-moi si vous trouvez en vous ce même sentiment, et je vous dirai ce que vous deviendrez.

Les connoissances naissent et se développent dans tout un peuple comme dans chaque particulier.

Vous me soupçonnez, sans doute, d'avoir fait un grand écart, et vous avez de la peine à deviner comment je passerai de vous aux peuples d'Italie. Mais vous comprendrez facilement que les connoissances naissent et se développent dans tout un peuple par les mêmes ressorts, qu'elles naissent et se développent dans chaque homme en particulier. L'histoire de votre esprit est donc un abrégé de l'histoire de l'esprit humain : elle est la même quant au fond, et elle ne diffère que par des circonstances particulières qui avancent ou qui retardent le progrès des connoissances. C'est à votre expérience à vous éclairer : si vous observez bien ce qui se passe en vous-même, vous saurez observer ce qui se passe dans les autres, et vous comprendrez pourquoi, après des efforts répétés long-temps sans succès, les arts et les sciences se sont ensuite renouvelés tout-à-coup. Nous avons trois choses à considérer.

La première, c'est que nous ne cherchons à nous instruire, qu'autant que nous sentons le besoin de connoître; et que, suivant dans nos recherches l'ordre de nos besoins, les objets qui se rapportent aux plus pressans, sont ceux que nous étudions les premiers. Les hommes n'apprennent donc rien, tant qu'ils ne sentent pas le besoin d'apprendre; et s'ils se font un besoin de choses inutiles, ils n'en étudient pas d'autres. Voilà votre première enfance.

L'ordre de nos besoins, détermine le choix de nos études.

La seconde considération est que nos progrès sont lents ou rapides, suivant la méthode que nous nous sommes faite. Votre expérience vous l'apprend : lorsque je suis arrivé, il y avoit un an qu'on vous enseignoit le latin, et vous n'en aviez aucune connoissance. Si j'avois continué de la même

La méthode accélère ou ralentit le progrès de nos connoissances.

manière, pourriez-vous entendre Virgile et Horace ?

L'ordre le plus parfait est celui qui développe le mieux les facultés de l'âme.

Il ne suffit pas de sentir le besoin de s'instruire et d'avoir une bonne méthode, il faut encore étudier dans l'ordre le plus propre à développer successivement les facultés de l'âme. C'est la dernière considération.

En lisant les poètes, un enfant apprend à son insu l'art de raisonner.

Vous croyez peut-être avoir appris à raisonner, lorsque vous lisiez l'art de raisonner. Non, Monseigneur : je vous en ai donné des leçons plutôt, sans vous le dire, et sans que vous vous en doutassiez : c'est lorsque je vous faisois lire Corneille, Racine et Molière. Vous vous imaginiez ne faire que jouer, quand représentant seul une pièce de théâtre, vous parliez tour-à-tour pour chaque personnage, et cependant vous vous accoutumiez à saisir tout le plan d'une pièce ; vous raisonniez sur l'exposition, sur le nœud, sur le dénouement ; vous condamniez un caractère, s'il étoit inutile ; vous le critiquiez, s'il n'étoit pas soutenu. Vous n'étiez pas content, lorsque l'action traînoit, qu'elle étoit double, qu'elle ne se passoit pas dans un même lieu, ou que vous ne pouviez pas bien comprendre où elle se passoit. Vous vous faisiez de la sorte des idées d'ordre et de précision : or c'est en quoi consiste tout l'art de raisonner.

Vous voyez donc par votre propre expérience, que le goût est la première faculté qu'il faut exercer. Je l'avois éprouvé moi-même : car, si je raisonne, je le dois beaucoup plus aux poëtes que je vous ai fait lire, qu'aux philosophes que j'ai étudiés. Je me suis confirmé dans cette façon de penser, en considérant l'histoire de l'esprit humain ; et vous reconnoîtrez que je ne me suis pas trompé, si vous vous rappelez ce que j'ai dit sur les Grecs. En effet, les choses de goût sont celles pour lesquelles nous avons le plus de disposition, et sur lesquelles nous avons le plus de secours. C'est donc par elles que nous devons commencer nos études ; et quand elles auront développé nos facultés, nous pourrons nous exercer avec succès sur d'autres objets. Ainsi vous pouvez prévoir que les peuples de l'Europe raisonneront mal, tant qu'ils manqueront de goût, et qu'ils

C'est que le goût est de toutes les facultés de l'ame, la première qu'il faut développer.

auront d'excellens poëtes, avant d'avoir de bons philosophes : en un mot, les arts et les sciences renaîtront dans le même ordre que vous les avez vu naître en Grèce.

CHAPITRE IX.

De l'état des arts et des sciences en Italie, depuis le dixième siècle jusqu'à la fin du quinzième.

Les principes que nous venons d'établir, sont fondés sur l'expérience, et l'expérience va les confirmer encore.

Puisque le clergé étoit le seul ordre qui tînt et qui fréquentât les écoles, toutes les études ont dû tomber dans le neuvième et le dixième siècles, parce qu'alors le clergé ne sentoit d'autres besoins que de s'enrichir et de se mêler du gouvernement.

Pourquoi les écoles étoient tombées, dans les neuvième et dixième siècles.

Cependant, la réputation de savoir qu'avoient les Arabes, tira de l'assoupissement général quelques hommes curieux de s'instruire. Dans le dixième siècle, Gerbert alla en Espagne, d'autres suivirent son exemple, et le pontificat, auquel il fut élevé en 999, ne contribua pas peu à

La réputation des Arabes donne la curiosité de s'instruire.

donner du lustre aux connoissances qu'il avoit acquises.

La considération qu'on accorde aux lettres augmente cette curiosité.

A mesure que la considération devint la récompense du savoir, on sentit davantage le besoin de s'instruire. Les anciennes écoles furent fréquentées ; on en forma de nouvelles, et on enseigna ce qu'on avoit appris des Arabes.

L'école de Salerne devient la plus célèbre.

Ce fut sur-tout dans le royaume de Naples que les études commencèrent avec plus de célébrité. C'est que les Arabes y avoient eu des établissemens, et qu'ayant toujours conservé quelque commerce avec les Napolitains, ils leur communiquèrent plus facilement tout ce qu'ils croyoient savoir. L'école de Salerne, qui fut regardée comme la première de l'Europe, dut sa réputation aux moines du Mont-Cassin : un d'eux, nommé Constantinus l'Africain, traduisit les livres des Arabes vers la fin du onzième siècle.

On s'applique particulièrement à la dialectique et à la scholastique ;

Dans toute l'Europe, la dialectique fut l'étude à la mode, pendant ce siècle et le suivant. Elle produisit la scholastique, qui n'est autre chose que l'application de la dialectique à la théologie, à la métaphysique, à la physique, à la morale, et à tout ce qu'on peut étudier, quand on se contente d'étudier pour n'apprendre que des mots, et pour disputer sur ce qu'on n'entend pas. Comme cet art étoit le chemin de la considération et de la fortune, les meilleurs esprits sur-tout sentirent le besoin d'en faire leur étude unique, et ils s'y livrèrent avec passion.

La médecine étoit la seule science qu'on eût continué de cultiver pendant le dixième siècle. Vous pouvez juger ce que c'étoit que la médecine d'alors. Cependant on avoit besoin d'y croire, et on y croyoit d'autant plus, qu'on étoit plus ignorant. Pendant le onzième et le douzième siècles, cette science s'aida de tout ce qui pouvoit contribuer à ses succès; c'est-à-dire, de la dialectique et de la magie. Les moines du Mont-Cassin, qui l'avoient apprise des Arabes, étoient alors les plus grands médecins de l'Europe.

A la médecine;

Il a été un temps où les Grecs n'avoient point de lois, et ce besoin produisit chez eux des législateurs. Les Italiens, au contraire, n'en avoient que trop. Les Lombards,

A la jurisprudence;

les Français, les Allemands, chaque peuple y avoit apporté les siennes, et les avoit ajoutées aux lois romaines; et l'anarchie, qui régnoit parmi les révolutions, avoit encore introduit quantité de coutumes bizarres. On sentit donc le besoin de débrouiller ce chaos : la jurisprudence attira l'attention des dialecticiens, et l'Italie fut féconde en jurisconsultes. Mais la jurisprudence est une espèce de scholastique qui prend de tous côtés et qui brouille tout : il est de sa nature d'être enveloppée, et de s'envelopper tous les jours davantage. Plus nous nous y appliquerons, plus nous sentirons que nous avons besoin de législateurs : et c'est un malheur pour l'Europe d'avoir besoin de jurisconsultes.

Et aux questions qu'élèvent les querelles du sacerdoce et de l'empire. Les querelles entre le sacerdoce et l'empire, et le schisme qui sépara l'église grecque de l'église latine, occupèrent encore les esprits du onzième et du douzième siècles : c'étoient des matières trop difficiles pour des temps où l'on ignoroit tout-à-fait l'histoire, et vous avez vu comme on a raisonné.

Mais ni l'objet des études, Si pendant ces deux siècles, les sciences n'ont point fait de progrès, il n'en faut pas chercher la cause dans les guerres qui troubloient alors l'Europe, puisque les guerres n'empêchèrent pas d'étudier. On étudia même avec passion. Il y eut des hommes d'esprit et de génie qui auroient réussi s'ils avoient étudié autrement, et autre chose que ce qu'ils étudioient. Mais l'objet des études et la méthode qu'on suivoit, ne permettoient pas d'acquérir de vraies connoissances. *ni la méthode, ne permettoient d'acquérir de vraies connoissances.*

Quelque obligation que les Grecs aient eue aux Barbares, ce n'est pas certainement par les choses qu'ils en ont empruntées, qu'ils sont dignes de notre admiration. Je me trompe fort, ou ils auroient été meilleurs philosophes, s'ils l'étoient devenus sans secours étrangers : car, ainsi que vous, ils ont marché plus sûrement, lorsqu'ils ont marché seuls. Socrate, par exemple, ne put jamais souffrir qu'aucun barbare le soutînt par la lisière, et il fut le plus savant des Grecs. Les Arabes ont été les barbares des Italiens et de tous les peuples de l'Europe, et ils ont mis des entraves aux hommes de génie. Il a fallu des siècles *Les Arabes qu'on étudioit, n'ont fait que mettre des entraves au génie.*

pour se dégager d'un faux savoir, qui étoit pire que l'ignorance.

Les lettres ne pouvoient pas naître dans les écoles.

En Égypte, les lettres n'ont été cultivées que par les prêtres, et les Égyptiens ont toujours été ignorans. On remarque la même chose en Europe pendant plusieurs siècles. Il est vrai que nous avons aux moines l'obligation d'avoir conservé des manuscrits : mais ils avoient encore conservé la scholastique et l'ignorance. Ce n'est donc pas dans les cloîtres qu'il faut s'attendre à voir renaître les lettres : laissons par conséquent les vaines études qu'on y faisoit, et voyons ce qui se passoit ailleurs.

Elles devoient naître chez le peuple, qui le premier, auroit du goût.

Si, comme je l'ai dit, c'est par les choses de goût que l'esprit humain doit commencer à se développer, nous trouverons le berceau des lettres chez le peuple qui aura le premier cultivé la poésie : mais on ne s'occupe des choses de goût qu'après avoir pourvu à des besoins plus pressans, et ce principe doit nous faire découvrir le peuple où la poésie a dû naître.

Les Provençaux, après bien des révolutions,

Après la chûte de l'empire d'occident, la Provence, comme toutes les autres provinces, fut exposée à bien des révolutions. Elle passa sous la domination des Visigoths, des Ostrogoths, des Mérovingiens, des Carlovingiens, des rois d'Arles, des rois de Bourgogne : elle eut ses comtes particuliers, et elle fut ravagée par les Sarrazins, qui s'établirent sur les côtes de la Méditerranée. Mais dans le dixième siècle, le comte Guillaume ayant chassé les Sarrazins, rétablit les villes maritimes que ces barbares avoient détruites, et le commerce répara bientôt les pertes que la Provence avoit faites. Cette province a plusieurs bons ports; et ses habitans, toujours industrieux, ont su jouir des avantages de leur situation.

s'enrichissent par le commerce et cultivent la poésie.

Marseille, fondée par des Phocéens d'Ionie, a, de tous temps, été célèbre par son commerce et par son goût pour les arts. C'est par elle que les lettres commencèrent à pénétrer dans les Gaules : elle devint en quelque sorte la rivale d'Athènes, et elle fut une des villes où la jeunesse romaine venoit s'instruire. Les Marseillois, comme leurs ancêtres, ont toujours aimé la liberté : ils en ont joui quelque temps sous les comtes de Provence ; ils l'ont défendue avec courage, et ils ont conservé quelques restes de leur ancien gouvernement républicain, jusques sous le règne de Louis XIV.

Les Provençaux, s'étant enrichis par le commerce, songèrent à jouir de leurs richesses. La poésie naquit parmi les plaisirs qu'ils recherchoient. Ils commencèrent à la cultiver dans le onzième siècle, et leurs poëtes, qu'on nommoit *trouveres* ou *troubadours*, furent bientôt célèbres dans toute l'Europe. Ces *troubadours* s'associoient des chanteurs et des joueurs d'instrument, qu'on nommoit *jongleurs*, et avec ce cortége, ils alloient de cour en cour, toujours accueillis par-tout, et comblés de présens. Vous voyez combien ces usages ressemblent à ceux que nous avons vus chez les Grecs.

Ils en répandent le goût chez d'autres peuples, et principalement parmi les grands.

Les Provençaux répandirent parmi les grands le goût de la poésie. Dès le douzième siècle, on essaya de faire, à leur exemple, des vers dans les langues vulgaires. Mais ce ne fut que dans le treizième, que la France eut dans Thibault, roi de Navarre, un poëte qui montra quelque talent.

Dans le même temps, l'empereur Frédéric II faisoit des vers en Italie. Comme la poésie a dû naître chez un peuple riche, elle devoit, par la même raison, être d'abord cultivée par les grands. Cependant le Français et l'Italien étoient alors encore bien informes.

Charles d'Anjou, comte de Provence, monta sur le trône de Naples en 1266 : il se piquoit aussi de faire des vers, et il protégea les poëtes.

Naples paroissoit devoir être le séjour des lettres. Elle pouvoit facilement s'enrichir par le commerce, pour peu qu'elle jouît de la paix. De tous temps elle avoit eu des écoles ; elle avoit même connu la liberté. Autrefois république, elle avoit conservé quelques-uns de ses priviléges sous les rois Normands ; elle en jouissoit encore, lorsque Charles d'Anjou se rendit maître du royaume.

Les lettres sont protégées à Naples.

L'empereur Frédéric II, persuadé que, de tous les peuples de son royaume, les Napolitains étoient les plus propres à cultiver les sciences, et que les écoles sont d'autant moins bonnes, qu'elles se multiplient davantage, défendit d'enseigner ailleurs qu'à Naples : il n'y eut que la grammaire qui ne fut pas comprise dans cette défense. Il attira les professeurs qui avoient le plus de réputation ; il leur accorda des priviléges, ainsi qu'aux écoliers, et il ne négligea rien pour donner de la célébrité à l'école qu'il protégeoit.

Naples commença sous ce prince à devenir plus considérable. L'université y contribua, et encore plus le goût que Frédéric avoit pour cette ville, où il venoit souvent. Le long séjour qu'y firent les papes Innocent IV et Alexandre IV, avec toute leur cour, dut aussi contribuer à la rendre florissante.

Elle s'agrandit encore, et devint toujours plus peuplée et plus magnifique sous les Angevins, qui l'embellirent d'édifices, et qui continuèrent de protéger les lettres.

Mais quoique cette ville devienne tous les jours plus florissante, la bonne poésie n'y devoit pas naître.

Les rois Normands avoient établi leur cour à Palerme. Frédéric abandonna le premier ce séjour, et Charles d'Anjou se fixa tout-à-fait à Naples, lorsque le soulèvement, qui éclata par les Vêpres Siciliennes en 1282, lui enleva la Sicile, et fit passer cette province, sous la domination de Pierre III, roi d'Arragon. Cette révolution contribua beaucoup à l'agrandissement de Naples, parce que cette ville devint le séjour et la capitale des rois Angevins. Charles Ier, Charles II et Robert, s'appliquèrent à la rendre florissante; et Jeanne Iere, malgré les troubles de son règne, ne négligea rien pour faire fleurir le commerce, et pour entretenir l'abondance dans sa capitale. C'est ainsi que Naples fut gouvernée jusqu'à la mort tragique de cette malheureuse reine, en 1382. Mais sous Charles 1er, les Napolitains perdirent les restes de leur liberté; et ce sentiment de moins auroit éteint le génie parmi eux, si la protection des princes n'y avoit suppléé. Cependant la bonne poésie ne devoit pas commencer à Naples, et cette ville opulente pouvoit seulement donner de l'émulation aux talens qui naissoient ailleurs.

Les Vénitiens ont été long-temps avànt de s'occuper des lettres. Adonnés au commerce, ils ont d'abord cultivé les arts propres à le faire fleurir, et ils en ont fait une étude jusques dans leurs jeux : car la *régate*

Pendant long-temps, les Vénitiens ne cultivent que le commerce.

dont vous avez entendu parler, est une course sur mer, qui ressemble beaucoup aux courses des jeux olympiques.

Ils n'ont pour lois que des usages introduits par les circonstances.

Les peuples, qui se retirèrent dans les lagunes, eurent le bonheur de ne point porter de lois avec eux. S'ils avoient eu des jurisconsultes, ils auroient eu un code avant d'avoir un gouvernement; et je ne sais comment, avec des lois inutiles et confuses, ils auroient fait pour se gouverner : ils se conduisirent d'après les circonstances : les usages, qui s'introduisirent peu-à-peu, devinrent des lois : ils en firent quand ils en sentirent le besoin, et ils imitèrent en cela les Romains sans le savoir.

Ils connoissent l'abus de la multitude des lois, et en ont peu.

Des lois, qui se font de la sorte, se perdroient ou seroient peu utiles, si elles n'étoient compilées, et publiées avec l'autorité du gouvernement. C'est à quoi les Vénitiens travaillèrent à plusieurs reprises dans le cours du treizième siècle. Mais il est vraisemblable qu'ils ne reprirent si souvent cet ouvrage, que parce qu'ils n'étoient pas assez éclairés pour faire une compilation, qui demanderoit les talens d'un législateur. Ils eurent cependant assez de lumières pour sentir l'abus de la multitude des lois. Les leurs étoient en petit nombre : exprimées avec précision, elles expliquoient les cas généraux, et ne paroissoient souvent qu'indiquer les principes. S'il survenoit des cas particuliers auxquels on ne pouvoit pas appliquer les lois, les magistrats jugeoient d'après l'équité naturelle. Voyant que chez les peuples voisins, tant de lois et tant de commentateurs ne servoient qu'à multiplier, et qu'à faire durer les procès, les Vénitiens aimèrent mieux s'en rapporter quelquefois au bon sens des juges, que de perdre, à plaider, un temps qu'ils pouvoient employer au commerce.

Rien n'étoit plus sage. Aussi Venise fut-elle regardée comme le pays où la justice s'administroit le mieux; et les villes d'Italie invitoient à l'envi les Vénitiens à les venir gouverner. Les exemples en furent si fréquens dans le treizième siècle, que la république porta un décret pour défendre aux nobles de se rendre à ces invitations. C'est sans doute parce qu'elle se voyoit souvent enlever les meilleurs citoyens.

Cependant les lois des Vénitiens n'étoient

pas aussi simples que celles des Grecs, puisqu'ils avoient besoin de jurisconsultes. La république en entretenoit un pour le droit civil, sous le titre de *Consultore dello stato*; et il y en avoit un autre qui enseignoit le droit canon.

étoient pas assez simples, puisqu'ils avoient besoin de jurisconsultes.

Le voisinage de Padoue excita la curiosité des Vénitiens. Ils voulurent entendre les professeurs de réputation. André Dandolo, qui fut fait doge en 1336, étoit docteur de cette université. D'autres à son exemple y reçurent le bonnet. La république voulant encourager ces nouvelles études, accorda des distinctions aux docteurs; et Venise eut, comme les autres villes d'Italie, des professeurs de droit civil, de droit canon et de philosophie. Je ne sais pas si la justice en fut mieux administrée; mais les citoyens n'en furent pas plus savans.

Ils étudient la jurisprudence, et n'en sont pas plus instruits.

Un peuple riche veut tôt ou tard jouir de ses richesses, et il attire chez lui les arts et les artistes. Les Vénitiens pouvoient-ils commercer à Constantinople, et ne pas se faire insensiblement un besoin des commodités, dont ils apprenoient l'usage? Ils les transportèrent donc chez eux, et ils les répandi-

Les Italiens, enrichis par le commerce, cultivent les arts.

rent dans l'Italie. D'autres villes riches et commerçantes, Gênes, Florence, Pise, Sienne Bologne y contribuèrent encore, chacune de leur côté. Les peuples commencèrent à devenir moins grossiers : ils voulurent vivre avec plus d'aisance ; ils recherchèrent les choses de luxe : ils appelèrent les arts étrangers, et ils en créèrent de nouveaux. Cette révolution se fit dans le cours du treizième et du quatorzième siècles; et elle en produisit une autre dans les esprits, qui sentoient de plus en plus le besoin de s'instruire. Il est vrai que les sciences qu'on enseignoit dans les universités, ne firent point de progrès; elles n'en pouvoient même pas faire, parce que plus les écoles étoient célèbres, moins il étoit possible d'ouvrir les yeux sur les vices des études. Au contraire, la langue et la poésie italiennes firent des progrès étonnans, quoiqu'on ne les enseignât nulle part, ou plutôt parce qu'on ne les enseignoit pas. C'est que dans ce genre nous pouvons commencer sans maîtres : nous n'avons qu'à comparer ce qui nous plaît davantage, avec ce qui nous plaît moins. Or le sentiment est un juge qu'on ne trompe pas aussi facilement que la raison, et on ne prouve pas qu'un mauvais vers est bon, comme on prouve qu'une proposition fausse est vraie.

Ils commencent à avoir les historiens.

Des peuples malheureux et abrutis par l'ignorance, ne portent pas plus leur vue sur le passé que sur l'avenir : c'est assez pour eux de s'occuper du présent. Tel a été le sort de l'Italie pendant plusieurs siècles. Dans des temps plus heureux, on eut la curiosité d'apprendre ce qu'on avoit été, et d'en transmettre la connoissance à ses descendans. Les plus anciennes chroniques des Vénitiens sont du onzième siècle. C'étoient des annales écrites en mauvais latin, ou en langue vulgaire et barbare, sans discernement, sans choix et sans critique. Les plus estimées appartiennent au quatorzième siècle, et ont été composées par le doge André Dandolo. Alors on essayoit d'écrire l'histoire : mais c'est un art qui demande des connoissances, un jugement et un goût qu'on n'avoit pas. Il ne peut se perfectionner qu'après tous les autres : il faut qu'il y ait eu des compilateurs laborieux, des érudits qui aient travaillé avec quelque critique, des poëtes qui aient poli la langue, et même encore des philosophes qui aient enseigné à voir. Venise, au quatorzième siècle, n'avoit donc et ne pouvoit avoir que de mauvais historiens. On y cultivoit cependant la poésie: mais elle ne faisoit que d'y naître : elle y étoit grossière, et le gouvernement circonspect de cette république, ne donnoit pas au génie cet essor qui fait les grands poëtes.

Dans le tableau que je viens de faire de Naples et de Venise, vous voyez des circonstances favorables à la naissance de la poésie. Les peuples recherchoient les choses de goût avec passion; ils étoient assez riches pour se les procurer. C'est la noblesse qui cultivoit les arts et les sciences; les rois accueilloient les talens, et les excitoient par des récompenses. Mais tout cela ne suffit pas : c'est que la protection des grands est quelquefois plus nuisible qu'utile aux progrès de l'esprit humain. Trop ignorans, ils dispensent mal leurs bienfaits, et ils n'encouragent que les faux talens. Plus ils protégeoient les universités, plus ils leur accordoient de privilèges; plus ils pensionnoient les professeurs, plus aussi ils égaroient les

Les lettres dans des circonstances où elles paroissoient devoir faire des progrès, étoient retardées par la protection accordée aux mauvaises études.

esprits, et mettoient d'entraves aux meilleurs. En effet, dès que le jargon de l'école conduisoit aux richesses, il étoit naturel qu'on n'étudiât que ce jargon, et qu'on se soulevât avec scandale contre quiconque oseroit parler un autre langage.

<small>La Toscane en devoit être le berceau.</small>

Où doit donc naître la poésie, me demanderez-vous ? Dans un pays riche où, comme à Naples et à Venise, on recherchera les choses de goût, et où l'amour de la liberté parmi les troubles permettra de penser, et enhardira à dire ce qu'on pense. La Toscane sera donc l'Attique de l'Italie, elle sera le berceau des arts. Ce n'est pas que l'esprit de liberté soit par-tout également nécessaire pour produire des hommes de talens, puisque nous en verrons naître dans des monarchies : mais je crois qu'il étoit nécessaire pour les produire la première fois. Ce n'est qu'aux ames qui se croient libres, qu'il appartient de créer, et de communiquer aux autres esprits une force qu'ils n'auroient pas trouvée en eux-mêmes.

<small>A Florence, les factions mêmes devoient contribuer à la naissance des arts.</small>

Au commencement du treizième siècle, lorsque toute l'Italie étoit partagée entre l'empereur et le pape, les Florentins se divisèrent en deux factions, et prirent les noms de Guelfes et de Gibelins. Assez heureux pour étouffer enfin cet esprit de parti, ils se gouvernèrent en république après la mort de Frédéric II, arrivée en 1250, et nous avons vu qu'en dix ans, Florence devint la principale ville de la Toscane, et fut une des premières de l'Italie. Mais l'esprit de faction recommença : le gouvernement essuya bien des révolutions : deux nouveaux partis se formèrent, celui des Blancs et celui des Noirs : les factions des Guelfes et des Gibelins continuoient; et on comptoit encore celle du peuple et celle de la noblesse. C'est au milieu de ces factions que les talens devoient naître, pour procurer à un peuple riche les arts agréables, dont il sentoit le besoin. Dans un gouvernement plus calme, les esprits n'auroient pas pris le même essor. Athènes eût-elle eu tant d'hommes à talens, si elle n'eût pas été une démocratie florissante, c'est-à-dire, une république riche et divisée par des partis? Non sans doute : car les citoyens ne se seroient pas occupés des arts avec une sorte d'enthousiasme, s'ils avoient traité dans le calme les affaires du gouvernement.

Dante. Alighieri Dante, né à Florence en 1265, se forma parmi les troubles, auxquels il prit part. Il étoit de la faction des Blancs, et il fut banni avec eux, lorsque Charles de Valois vint à Florence. Voilà le premier poëte italien : c'est lui qui polit le premier sa langue, et il écrivit avec une élégance, qu'on ne trouve pas dans ceux qui ont cru faire des vers avant lui. Son principal ouvrage est une satyre des mœurs de son tems : il les peint avec les traits les plus hardis ; et on voit que pour former un pareil poëte, il falloit un esprit républicain, et même un esprit de parti. Il mourut en 1321. Alors se formoit un nouveau poëte qui acheva de polir la langue italienne.

Pétrarque. Pétrarque naquit en 1304 à Arezzo, où s'étoit retirée sa famille, proscrite dans le même temps et pour les mêmes causes que Dante. Pétraceo, son père, désespérant de rentrer dans sa patrie, alla s'établir à Avignon, où Clément V venoit de fixer sa cour. Il destinoit son fils à l'étude de la jurisprudence, qui étoit alors le grand chemin de la fortune : mais le jeune Pétrarque s'en dégoûta bientôt. La candeur de mon âme, disoit-il, ne me permet pas de me livrer à une étude, que la dépravation des mœurs a rendue pernicieuse. La plupart des hommes ne veulent connoître les lois, que pour pouvoir les éluder eux-mêmes, ou apprendre aux autres à les violer impunément. Il ne m'est pas possible, ajoutoit-il, de faire de cette étude un abus si contraire à la probité. Il s'adonna donc tout entier à la poésie, avec un succès qui le fit passer pour magicien, car Apollon, disoit-on, n'est pas un dieu, et par conséquent, il ne peut être qu'un diable. On l'accusa encore d'hérésie, parce qu'il lisoit Virgile. Mais s'il eut pour ennemis tous les ennemis des lettres, il eut pour protecteurs tous les princes qui les aimoient. Les Florentins, honteux de le compter parmi les proscrits, lui députèrent Bocace, l'invitèrent à revenir dans sa patrie, et voulurent lui rendre tous les biens dont son père et sa mère avoient été dépouillés. Pétrarque mourut peu d'années après à Arcqua, en 1374. Je n'entrerai dans aucun détail sur la vie, ni sur les ouvrages de ce poëte. D'autres l'ont fait : mais si vous voulez le connoître, vous le lirez.

Bocace.

Les Florentins cultivoient aussi la prose : car les historiens, Jean et Mathieu Villanie étoient contemporains des deux Charles et de Robert, rois de Naples. D'autres avoient même écrit l'histoire avant eux. Mais Bocace, que je viens de nommer, est proprement le premier écrivain en prose; puisqu'à cet égard il fixa la langue italienne, qui lui doit autant qu'au Dante et qu'à Pétrarque. Il naquit à Certaldo en 1313, et mourut au même lieu en 1375.

Ceux qui les premiers ont du goût, le communiquent rapidement.

Quand une fois le goût a disparu, il est des siècles avant de renaître; et il ne se reproduit point, ou il se reproduit tout-à-coup. Il semble que toute la difficulté soit d'en approcher; et que, quand on en approche, on ne puisse pas ne le pas saisir. Le Dante, Pétrarque et Bocace devoient donc avoir de grands succès, et leur goût devoit se communiquer à tous les bons esprits qui les lisoient.

Je distingue deux sortes de vérités : les vérités de raison, et les vérités de sentiment. Les premières sont hors de nous; et quelque proche qu'elles soient, nous pouvons toujours porter mal-adroitement la main à côté. Les secondes, au contraire, sont en nous, ou ne sont point : c'est pourquoi en approcher ou les saisir c'est la même chose. On peut raisonner avec mon esprit, sans m'éclairer : mais on ne peut pas remuer mon ame d'une manière nouvelle et agréable, qu'aussitôt je ne sente le beau. Le goût est donc un sentiment qui doit se transmettre avec rapidité.

Lorsqu'on sent le beau dans un genre, on est capable de le sentir dans tout autre : car c'est le même goût qui juge de la beauté d'une scène, et de la beauté d'un tableau. Aussi dans le temps des progrès prompts de la poésie, les Florentins commençoient à cultiver avec succès la peinture et l'architecture. Cimabué mourut en 1300, âgé de soixante-dix ans, et laissa pour élève Giotto, qui mourut en 1336.

Il passe aussitôt d'un genre dans un autre.

Les beaux arts sont donc nés en Italie, pendant le treizième et le quatorzième siècles, et par conséquent long-temps avant la ruine de l'empire grec : cependant on veut que la prise de Constantinople soit l'époque

La prise de Constantinople, bien loin de porter le goût en Italie a retardé le progrès des lettres.

de leur naissance, et que cette révolution ait été nécessaire, pour apporter aux Italiens le goût qu'ils avoient déjà, et qu'ils avoient bien mieux que les Grecs de Constantinople. Frappés d'une révolution qui a fait prendre à l'Europe une face nouvelle, nous avons cru qu'elle a influé dans les progrès de l'esprit, parce que nous supposons qu'elle a tout fait. Cependant les Italiens, comme les Grecs, se sont formés d'après eux-mêmes, et s'ils doivent aux étrangers, ils leur doivent peu. Il est même certain que la prise de Constantinople les retarda, parce que la langue grecque, dont l'étude devint à la mode, fit négliger les langues vulgaires. Aussi l'Italie ne produisit-elle pas dans le quinzième siècle, des écrivains aussi bons que Dante, Pétrarque et Bocace : ce n'est pas que l'érudition n'ait ensuite contribué à l'avancement des lettres, en mettant les gens de goût en état d'étudier de bons modèles, et en amassant des matériaux, dont ils surent faire usage. Il en est de même de l'art d'imprimer, qui fut inventé dans le quinzième siècle. Il nuisit d'abord au goût par la facilité qu'il donna de devenir érudit, et tel italien qui auroit été un écrivain élégant s'il eût étudié sa langue, se contenta de lire les livres grecs qui devenoient plus communs, et se piqua d'en sentir les beautés qu'il sentoit mal. Si la prise de Constantinople a produit du savoir, elle a produit encore une pédanterie, que l'imprimerie a rendue plus commune; et le goût ne renaîtra que lorsqu'on étudiera les langues vulgaires. C'est ce que nous verrons, quand nous reprendrons l'histoire de l'esprit humain au commencement du seizième siècle.

LIVRE DIXIÈME.

CHAPITRE PREMIER.

Des principaux états de l'Europe, depuis Charles VII jusqu'à la mort de l'empereur Maximilien I.

<small>Frédéric III est le dernier empereur qui ait été couronné à Rome.</small>

JE n'ai rien dit de Frédéric III, parce que les actions de ce prince foible, indolent et avare, influent peu sur l'histoire de l'Europe, et peuvent être ignorées. Successeur d'Albert II, en 1440, il est mort en 1493; et si son règne a été long pour les Allemands, il sera court pour vous et pour moi. Ce prince est le dernier qui ait été couronné à Rome.

<small>Le règne de Maximilien I, est l'époque où l'ambition commence à faire mouvoir en sem-</small>

Maximilien son fils, toujours actif et souvent inquiet, nous occupera davantage. Courageux, protecteur des lettres, généreux jusqu'à la prodigalité, plus fécond en projets qu'habile dans l'exécution, il a mérité l'estime, l'amour et le blâme. Cependant je ne me propose pas de le suivre dans toutes ses entreprises. Comme son règne est l'époque où l'Europe, prenant une face nouvelle, les puissances vont tenter de se gouverner par des principes, et que leurs intérêts vont se croiser et se mêler; il me suffira désormais de considérer dans les princes, ce qui peut contribuer à vous faire saisir l'ensemble de la scène qui va s'ouvrir à vos yeux. Vous pourrez me reprocher, Monseigneur, que je mets des bornes à mon plan, lorsqu'il semble que je devrois l'étendre davantage : car nous touchons aux temps où l'histoire devient pour nous plus intéressante et plus instructive. Mais aussi, plus nous avancerons, plus elle sera compliquée; et cependant je n'ai ni le temps, ni les moyens, ni les connoissances nécessaires pour vous montrer en détail les ressorts qui vont mouvoir l'Europe. Je sens mon ignorance; et si j'étois moins ignorant, je sentirois encore mieux combien cette entreprise est au-dessus de mes forces.

Il me faudroit souvent tâtonner; je ferois de vains efforts pour vous apprendre ce que je sais mal moi-même, et je ne vous offrirois que des tableaux confus. Ce sera donc assez pour moi, si je vous mets en état de lire les meilleurs ouvrages que nous avons en ce genre, et si j'y sais puiser les secours dont j'ai besoin.

Ce prince avoit épousé Marie héritière de la maison de Bourgogne. En 1477, Maximilien avoit épousé Marie, héritière de la maison de Bourgogne, fille de Charles, et petite-fille de Philippe le Bon. Les états de cette princesse comprenoient le duché de Bourgogne, la Franche-Comté, et les Pays-Bas, à la réserve d'Utrecht, d'Over-Issel et de Groningue. Mais le roi de France ayant fait valoir des droits sur plusieurs de ces provinces, Maximilien, qui ne recevoit pas de secours de son père, n'avoit pu soutenir la guerre avec succès; et, lorsqu'il fut empereur, il ne fut pas non plus en état de la recommencer avec avantage. Ses successeurs n'oublieront pas leurs droits, et le mariage de Marie de Bourgogne sera, pendant plus de deux siècles, une des causes d'une guerre presque continuelle.

Le gouvernement féodal prit sous Maximilien une forme plus régulière. Cet empereur divisa l'Allemagne en dix cercles ; l'Autriche, la Bavière, le Bas-Rhin, la Haute-Saxe, la Franconie, la Suabe, le Haut-Rhin, la Westphalie, la Basse-Saxe et la Bourgogne. Mais, comme la Bourgogne ne fait plus partie de l'empire, on ne compte aujourd'hui que neuf cercles.

Il divise l'Allemagne en cercles.

On régla le gouvernement intérieur de chaque cercle ; on les lia par une association qui tendoit à n'en faire qu'un seul corps ; des assesseurs, députés de chaque province, formèrent une *chambre impériale*, pour prendre connoissance des différends ; et on défendit toute hostilité et voie de fait, sous peine à l'agresseur d'être traité comme ennemi public. On créa même une assemblée toujours subsistante, pour représenter la nation dans l'intervalle des diètes, et pour décider souverainement des principales affaires qui pouvoient intéresser le corps germanique.

Il crée la chambre impériale qui devoit prendre connoissance des différends des princes.

Ce plan étoit sage : cependant il ne pouvoit pas s'établir solidement parmi des princes, qui dédaignoient de plaider devant

Ces moyens ne pouvoient assurer la tranquillité.

un tribunal, quand ils croyoient pouvoir se faire justice par les armes. Il auroit encore fallu une puissance capable de faire respecter les lois. C'est ce qui manquoit à l'Allemagne, et à quoi Maximilien n'avoit pas pu remédier. Le temps achèvera son ouvrage. Ce prince mourut en 1519. Nous aurons occasion d'en parler encore.

<small>Troubles en Angleterre sous Henri VI, qui perd la couronne et la vie.</small>
Les troubles d'Angleterre, qui avoient été si favorables à la France, continuèrent encore long-temps après la mort de Charles VII. La maison d'Yorck avoit usurpé le trône sur la maison de Lancastre; Édouard IV régnoit, et Henri VI étoit enfermé dans la tour de Londres. Marguerite, fille de René d'Anjou, et femme de Henri, vivoit pleine de ressources et de courage. Cette héroïne avoit déjà deux fois, par sa conduite et par ses victoires, délivré son mari tombé entre les mains de ses ennemis. Elle paroissoit enfin ne pouvoir plus former de projet, lorsqu'Édouard, aliénant les grands mêmes qui l'avoient servi, fit naître de nouveaux troubles dont elle sut profiter. Elle rétablit Henri en 1470.

Édouard, forcé de s'enfuir, avoit cherché

un asyle en Hollande, d'où il revint l'année suivante avec les secours qu'il obtint de Charles, duc de Bourgogne, son beau-frère. Il remonta sur le trône. Henri, enfermé une seconde fois dans la tour, y perdit bientôt la vie; et Marguerite, faite prisonnière, ne recouvra sa liberté qu'en 1475, que Louis XI, roi de France, donna cinquante mille écus pour sa rançon.

Il ne restoit plus de la maison de Lancastre que Marguerite de Sommerset et son fils le comte de Richemond, qu'elle avoit eu de son mariage avec Edmond Tudor. Mais les Sommersets n'étoient qu'une branche bâtarde de Lancastre; et, quoiqu'ils eussent été légitimés, on ne leur avoit jamais reconnu aucun droit à la couronne. Edouard n'ayant donc plus de concurrent, les guerres civiles cessèrent; et, après sa mort, arrivée en 1483, son fils Edouard V, monta sur le trône.

Fin de la domination des Plantagenets.

La même année le nouveau roi, qui n'avoit que douze à treize ans, perdit la couronne avec la vie; et son frère fut, ainsi que lui, sacrifié à l'ambition du duc de Glocester, leur oncle. L'usurpateur, qui avoit pris ses mesures pendant le règne de son frère, Edouard IV, se fit couronner sous le nom de Richard III. Il ne jouit pas long-temps de son crime. Persuadé qu'il ne pouvoit s'affermir qu'en répandant le sang de tous ceux qu'il craignoit, il souleva la noblesse; et le comte de Richemond, qui s'étoit retiré en France, parut à la tête des mécontens et fut proclamé roi sous le nom de Henri VII, après une victoire où Richard perdit la vie. Ainsi finit, en 1485, la domination des Angevins ou Plantagenets, dont Henri II, avoit été le chef, et qui régnoient depuis plus de trois cents ans. Il ne restoit d'enfant mâle de la postérité d'Edouard III, qu'un jeune prince que Henri VII fit périr quelques années après.

L'extinction des maisons de Lancastre et d'Yorck termina les guerres civiles, qui duroient depuis plus de trente ans, et pendant lesquelles les deux partis, sous les devises de rose-rouge et de rose-blanche, se livrèrent treize batailles, et firent périr quatre-vingts princes du sang, et plus de onze cent mille hommes.

Puissance de Charles VII, a- C'est en 1453 que Charles VII, roi de

France, avoit entièrement chassé les Anglais. Toujours divisés depuis, ils n'étoient plus à craindre; et le roi, qui avoit réuni tant de provinces à la couronne, étoit d'autant plus puissant, que l'esprit de faction s'étoit peu-à-peu éteint pendant la longue guerre qui avoit réuni tous les Français contre l'ennemi commun. D'ailleurs les vassaux avoient oublié les droits qu'ils avoient perdus sous d'autres règnes. Si auparavant ils n'avoient pas su les défendre, il leur étoit désormais impossible de les recouvrer; et le gouvernement féodal étoit presque entièrement ruiné. En effet, il ne restoit plus que deux grands fiefs, le duché de Bourgogne et celui de Bretagne; et on pouvoit espérer de les réunir un jour à la couronne. *près l'expulsion des Anglais.*

Louis XI, fils et successeur de Charles VII, eut donc, au commencement de son règne, plus de puissance que n'en avoit eu aucun de ses prédécesseurs. Pour affermir son autorité ou pour l'accroître même, il ne falloit que l'étayer sur l'amour et le respect, en montrant de la justice et de la fermeté. Mais plus Louis crut qu'il pou- *Caractère de Louis XI.*

voit tout, plus il ambitionna d'être absolu. C'est par la terreur qu'il voulut dominer; et, comme il avoit été rebelle envers son père, il fut cruel avec ses sujets, et perfide avec ses voisins. Il eut les vices d'une ame tout-à-la-fois timide et féroce; imprudent, fourbe, sanguinaire, superstitieux, il montra quelque esprit et peu de vertus.

<small>Il est incapable de bien placer sa confiance.</small>

Son premier soin fut de disgracier ceux que Charles avoit employés, et dont tout le crime étoit d'avoir été fidelles à leur roi. Il les remplaça par des hommes qu'il croyoit à lui, parce qu'ils lui avoient été attachés lorsqu'il étoit rebelle; et, comme si la trahison eût été un titre à sa faveur, il rendit la liberté au duc d'Alençon, que Charles avoit fait enfermer pour avoir conspiré contre l'état. Il craignoit le mérite et la naissance : il aimoit à employer des hommes sans considération, qu'il pouvoit sacrifier impunément; et, communiquant sa méfiance à ses courtisans et à ses ministres, il les mettoit dans l'impuissance de le servir, et les invitoit à prévenir leurs disgraces par des trahisons.

<small>Guerre du bien public.</small>

Il ne faut pas s'étonner si son règne

qui auroit pu être paisible et florissant, fut d'abord troublé par une guerre civile, où il fut sur le point de perdre la couronne et la vie. Il falloit que son gouvernement fût bien odieux au peuple, puisque les rebelles osèrent se soulever contre lui, sous le prétexte du bien public. Louis ne termina cette guerre, qu'en accordant aux chefs des ligués tout ce qu'ils exigèrent de lui; mais, au lieu de tenir ses engagemens, il les trompa les uns après les autres, et reprit ce qu'il avoit cédé.

Il fut cependant pris lui-même dans le piége qu'il tendoit; et il se crut fort heureux d'en sortir avec des humiliations. Croyant tromper plus sûrement Charles, duc de Bourgogne, il feignit de vouloir négocier en personne avec lui, et lui demanda un sauf-conduit pour l'aller joindre à Péronne. A peine y fut-il arrivé, que Charles apprit que les Liégeois, ses sujets, s'étoient révoltés à la sollicitation du roi. Ce prince se fût peut-être cruellement vengé d'une trahison aussi hardie, s'il n'eût pas été retenu par des personnes à qui il donnoit sa confiance, et que l'argent de Louis avoit

Louis XI, traître envers Charles, duc de Bourgogne, en est puni.

gagnées. Il balança plusieurs jours sur le parti qu'il avoit à prendre, pendant que le roi, enfermé dans le château, étoit dans les plus vives inquiétudes. Il lui rendit enfin la liberté ; mais ce fut après lui avoir fait signer un traité tel qu'il le lui présenta ; et, pour achever de l'humilier, il le força de marcher avec lui contre les Liégeois, que Louis avoit lui-même promis de soutenir dans leur révolte.

Sa conduite avec le duc de Berri son frère.

Le duc de Berri, un des chefs de la ligue du bien public, avoit forcé le roi, son frère, à lui donner le duché de Normandie en apanage ; et Louis, qui le lui avoit enlevé bientôt après, venoit de lui assurer la Champagne et la Brie, par le traité fait avec le duc de Bourgogne. C'étoit rapprocher deux princes déjà trop unis. Aussi négocia-t-il auprès de son frère, pour lui faire accepter la Guienne en échange des provinces cédées.

Il réussit dans cette négociation : mais il craignoit encore que son frère n'épousât Marie, héritière de Bourgogne. Il tentoit tout pour empêcher ce mariage, lorsque le duc de Guienne mourut de poison, et Louis fut vivement soupçonné d'être l'auteur de ce crime. Ici finit l'usage qui renouveloit continuellement le gouvernement féodal : car le duc de Guienne est le dernier prince du sang qui ait joui des droits de souverain dans ses apanages.

Sans m'arrêter sur les autres détails de ce règne, je remarquerai seulement comment Louis XI accrut la puissance des rois.

<small>Il pouvoit être absolu sans être cruel.</small>

Lorsqu'après une longue suite de guerres, les familles qui entretenoient l'esprit de faction, sont éteintes ou domptées, il faut nécessairement que le peuple qui commence à goûter le repos, craigne de voir renaître les troubles. Les Français devoient donc se croire trop heureux de n'avoir enfin qu'un maître, quel qu'il fût. Telle étoit à-peu-près la situation de la France, lorsque Louis XI parvint au trône. Il ne falloit plus qu'intimider pour asservir. Il intimida : quatre mille sujets, dit-on, furent exécutés en public ou en secret : il imagina de nouveaux supplices ; et sa puissance absolue fut plus l'ouvrage de sa cruauté que de sa politique. S'il eut des guerres à soutenir, il n'eut point d'ennemis redoutables. Ce n'étoit que des restes de factieux, sans talens, sans concert, et qu'on intimidoit comme le peuple. Charles, duc de Bourgogne, n'étoit lui-même qu'un esprit inquiet, emporté, présomptueux, haï de ses sujets et de ses courtisans.

<small>Domaines qu'il réunit à la couronne.</small>

Louis se saisit de la Bourgogne après la mort de Charles. Héritier de la maison d'Anjou, il réunit quelque temps après à la couronne, le Maine, l'Anjou, la Provence, et il eut des droits sur le royaume de Naples. Il acquit encore plusieurs villes en Picardie, presque tout l'Artois, le comté de Boulogne, le Roussillon, la Cerdagne et d'autres domaines. C'est ainsi que pendant ce règne, l'agrandissement de la monarchie concourut, avec la soumission des peuples, à l'agrandissement de l'autorité royale. On peut encore remarquer que Louis XI porta à quatre millions sept cent mille livres les tailles, qui, lorsque sous Charles VII, elles furent imposées pour la première fois, n'avoient produit que dix-huit cent mille francs. Le marc d'argent valoit alors dix livres. Ainsi les tailles rapportoient plus de vingt-trois millions de notre monnoie.

Je ne dois pas oublier une chose qui contribuoit sans doute à l'affermissement de l'autorité royale : c'est que quelque injuste que fût Louis XI, il vouloit qu'on rendît la justice, il y veilloit. Il se proposoit même, lorsqu'il mourut, d'abréger la longueur des procédures, et d'établir dans tout le royaume les mêmes mesures, les mêmes poids et les mêmes coutumes. Enfin il fut assez éclairé pour ne pas hausser et baisser les monnoies à l'exemple de ses prédécesseurs. Il a pu se repentir de n'avoir pas su ménager le mariage de Marie de Bourgogne avec le dauphin. Cette faute enleva les Pays-Bas à la France, et fut le principe de l'agrandissement de la maison d'Autriche.

Il fait rendre la justice.

Charles VIII avoit quatorze ans lorsque le roi son père mourut. Il n'étoit point mineur par la loi de Charles V, dit M. de Voltaire, mais il l'étoit par celle de la nature. Le défaut d'éducation le rendit encore incapable de gouverner : car Louis n'avoit cru s'assurer de l'obéissance de son fils, qu'en le tenant dans la plus grande igno-

1483. Il laisse la couronne à Charles VIII, et le gouvernement du royaume à Anne de Beaujeu.

rance : et ceux à qui il l'avoit confié avoient parfaitement rempli ses intentions. Pour suppléer à l'incapacité du jeune roi, il laissa par son testament le gouvernement du royaume à sa fille aînée, Anne, femme de Pierre de Bourbon, seigneur de Beaujeu.

1484. Guerre civile, qui finit par la défaite du duc d'Orléans.

Cette princesse étoit digne de ce choix, et il fut approuvé par les états généraux, tenus à Tours l'année suivante. Cependant le duc d'Orléans, comme premier prince du sang, prétendit avoir seul droit au gouvernement de l'état : les autres princes appuyèrent ses prétentions ; et il fit avec eux une ligue, dans laquelle entrèrent Maximilien et le duc de Bretagne. Ce règne commença donc par une guerre civile.

Anne de Beaujeu rompit plusieurs fois les mesures des conjurés. Elle sut même en attirer quelques-uns dans son parti ; et la paix fut rétablie en 1488, par la défaite du duc d'Orléans, qui fut fait prisonnier.

1488.

Charles épouse l'héritière de Bretagne.

La même année, François II, duc de Bretagne, étant mort, le roi de France arma, pour enlever cette province à la fille aînée et héritière de François : mais la guerre que lui faisoit Maximilien, et celle dont le roi de Castille le menaçoit, lui firent bientôt préférer d'acquérir la Bretagne, en épousant la princesse.

La chose n'étoit pas sans difficultés: car il avoit déjà fiancé Marguerite, fille de Maximilien; cette princesse étoit à la cour de France depuis plusieurs années, et pendant qu'il faisoit de vains efforts pour conquérir la Bretagne, Maximilien lui-même venoit d'en épouser l'héritière par procureur. La duchesse, d'ailleurs, qui avoit de l'éloignement pour le roi, se refusoit à ce mariage, et donnoit pour raison, qu'elle ne pouvoit en conscience rompre son premier engagement. Une armée, qui approcha à la vue de Rennes, leva ses scrupules, et la força de se rendre aux empressemens de Charles. Maximilien, doublement offensé, prit les armes par vengeance, et les quitta, par impuissance de continuer la guerre.

1491.

Le roi avoit rendu la liberté au duc d'Orléans, lorsque, honteux de se conduire par les sages conseils d'Anne de Beaujeu, il se livra à des favoris qui lui en donnèrent de mauvais, et crut gouverner par lui-

Il se propose la conquête du royaume de Naples.

même. Il céda la Franche-Comté et l'Artois à Maximilien; il rendit la Cerdagne et le Roussillon à Ferdinand le Catholique; et lorsqu'il abandonnoit ces provinces, qu'il pouvoit difficilement perdre, il demandoit seulement qu'on ne le troubleroit pas dans la conquête du royaume de Naples, qu'il ne devoit pas conserver.

La France, ayant cessé d'être déchirée par les guerres civiles, étoit alors l'état le plus puissant. Elle pouvoit déployer ses forces, et se rendre redoutable, si elle avoit un roi qui sût les employer. Il est aisé de prévoir quel sera le succès d'une entreprise formée par un prince sans expérience, qui certainement n'avoit rien prévu. Voyons quel étoit l'état de l'Italie.

Plusieurs prétendans au duché de Milan.

Philippe-Marie Visconti, ne laissant point d'enfant mâle, avoit disposé, en 1447, du Duché de Milan en faveur d'Alphonse, roi de Naples, concurrent et vainqueur de René d'Anjou. L'amitié qu'il avoit conçue pour ce prince, l'alliance qui étoit entre eux, car sa fille avoit épousé le petit-fils du roi de Naples, et la crainte que les Vénitiens ne se rendissent maîtres du Milanès, furent les motifs qui le déterminèrent à ce choix.

Cependant François Sforze, fils bâtard de ce Sforze, soldat de fortune, que nous avons vu à Naples, formoit des prétentions sur le duché de Milan, parce qu'il avoit épousé la fille naturelle de Philippe-Marie. Charles, duc d'Orléans, en formoit encore, et il se fondoit sur les droits de Valentine sa mère, qui étoit sœur de Philippe, et à qui la succession avoit été promise par contrat de mariage; mais il fut hors d'état de les faire valoir.

Il y eut alors trois partis dans Milan, un pour Alphonse, un autre pour Sforze, et un dernier qui vouloit établir le gouvernement républicain. Celui-ci, qui étoit le plus fort, soutint que le duché devoit retourner à l'empire; ne voulant donner Milan qu'à un prince qui ne le pourroit pas garder, et se proposant d'acheter de Frédéric III le droit de s'ériger en république. C'eût été un argent bien mal employé : car ce prince étoit aussi foible pour protecteur que pour maître. Quoi qu'il en soit, les

Cette ville veut se gouverner elle-même.

Milanais essayèrent de se gouverner eux-mêmes.

Ainsi que Pavie et Parme.

Pavie et Parme, qui jusqu'alors en dépendoient, imaginèrent aussi de faire le même essai. Les villes de Lodi et Plaisance ne portèrent pas leurs vues si haut; et, contentes de se soustraire à la domination de la république de Milan, elles se donnèrent aux Vénitiens.

Les Milanais se livrent imprudemment à FrançoisSforze.

Dans cette position, le parti le plus sage pour les Milanais, étoit d'abord de laisser faire ces villes, et de songer seulement aux moyens d'établir une bonne forme de gouvernement parmi eux. Ils voulurent conquérir avant d'avoir assuré leur liberté, et ce fut leur perte, d'autant plus qu'ils eurent encore l'imprudence de donner à Sforze le commandement de leurs troupes. Ce général se présenta devant Pavie, qui se soumit à lui, à condition qu'il ne la céderoit pas aux Milanais. Il rendit ensuite inutiles les efforts du duc d'Orléans, qui avoit passé les Alpes. Enfin, ayant eu des avantages sur les Vénitiens, il sut se servir d'eux pour usurper la souveraineté de Milan.

Ludovic Sforze usurpe l'auto-

Galéas-Marie, son fils, qui lui succéda,

cruel et sans mœurs, fut haï et assassiné après un règne de dix ans. Il laissa un fils mineur, Jean-Galéas-Marie, qui régna d'abord sous la tutelle de sa mère, et du chancelier Simonetta. Bientôt Ludovic Sforze, dit le Maure, oncle de ce jeune prince, chassa de Milan la duchesse, fit couper la tête au chancelier, et se saisit de la régence ou plutôt de la souveraineté; car il ne laissa que le nom de duc à son neveu.

rité sur Jean Ga-léas-Marie, son neveu.

Les Napolitains avoient été plus heureux sous Alphonse, qui prit le premier le titre de roi des Deux-Siciles. Il préféra ce royaume aux autres qu'il possédoit, le rendit plus florissant qu'il n'avoit jamais été, le laissa par sa mort, en 1458, à Ferdinand duc de Calabre, son fils naturel, et disposa des royaumes d'Arragon et de Valence en faveur de Jean, roi de Navarre, son frère.

Le royaume de Naples avoit été florissant sous Alphonse, concurrent de René d'Anjou.

Alors tout changea. Les premiers troubles furent causés par Calixte III, qui déclara que Ferdinand étoit un enfant supposé, et que la couronne des Deux-Siciles étoit dévolue au saint siége. Ils finirent bientôt par la mort de ce pape, et il en survint de plus grands; car Jean d'Anjou, appelé par des

Troubles sous Ferdinand son fils.

seigneurs qui s'étoient révoltés, fut au moment de se rendre maître du royaume. Ferdinand dut son salut à un corps de troupes que lui envoya François Sforze duc de Milan, à l'adresse de Robert Saint-Séverin, qui sut ramener les principaux rebelles, et à un héros qu'il n'attendoit pas : c'étoit Scanderberg, qui n'avoit pas oublié les secours qu'Alphonse lui avoit envoyés, lorsqu'il avoit été attaqué par les Turcs.

La prospérité dévoila des vices, qu'on entrevoyoit déjà dans Ferdinand. Malheureusement on les découvrit encore dans son fils Alphonse. Avares et cruels l'un et l'autre, ils se rendirent odieux, et soulevèrent encore les peuples. Cependant les dernières années de ce règne furent tranquilles.

Laurent Médici s'occupe des moyens d'assurer la paix de l'Italie.

Pendant que Ferdinand régnoit à Naples, et que Ludovic étoit plutôt souverain de Milan que tuteur de son neveu, Laurent Médici gouvernoit Florence. Ce sage citoyen, l'ame de sa république, tenoit dans la balance les différens princes d'Italie, et maintenoit toutes les puissances en équilibre. Il importoit au salut de sa patrie qu'aucune ne s'agrandît ; c'étoit même l'intérêt bien entendu de toutes ensemble : mais, divisées de tout temps, toujours occupées à s'observer avec défiance, et ne cessant jamais de former des prétentions, étoit-il possible qu'elles connussent leurs vrais intérêts.

Le roi des Deux-Siciles avoit des droits sur Milan, et d'ailleurs Alphonse souffroit impatiemment que Jean Galéas, à qui il avoit donné sa fille, et qui étoit âgé de plus de vingt ans; n'eût que le nom de duc, pendant que Ludovic usurpoit toute l'autorité. Il sollicitoit donc Ferdinand son père, à prendre les armes contre cet usurpateur. Pour écarter cet orage, Ludovic inquiet et ambitieux, devoit naturellement chercher à susciter des troubles dans le royaume de Naples; et il le pouvoit facilement, en se prêtant aux vues des papes, toujours prêts à favoriser la maison d'Anjou, tant qu'elle n'auroit que des prétentions. Les Vénitiens, dont toute l'ambition étoit de s'étendre dans la Lombardie, voyoient avec plaisir toutes ces semences de divisions, disposés à prendre les armes pour l'un ou pour l'autre parti, suivant les circonstances, et à profiter de la foiblesse des deux. Les Florentins, forcés

Tandis que toutes les puissances formoient des projets de guerre.

par leur situation à prendre part à toutes les guerres qui s'élevoient en Italie, étoient dans le cas d'en éprouver tous les maux, sans en retirer aucun avantage. Ils étoient donc placés pour mieux voir les intérêts de tous, et ils avoient pour leur bonheur les yeux de Médici.

Il étoit de l'intérêt de Ferdinand et de Ludovic, d'entrer dans les vue de Laurent.

Ferdinand, quoiqu'il eût des vices, avoit des lumières. Il étoit digne du trône à bien des égards : ses malheurs l'avoient éclairé, et Laurent acheva de lui ouvrir les yeux : il reconnut qu'il ne seroit puissant dans son royaume, qu'autant qu'il n'auroit point d'ennemis étrangers.

Ludovic, dans une position encore plus critique, craignoit tout-à-la-fois les partisans de son neveu, l'ambition des Vénitiens et les prétentions du roi de Naples; il avoit donc tout à craindre au-dedans et au-dehors.

Tous trois ligués ensemble, ils assurent la paix, malgré le pape et malgré les Vénitiens.

Il est vraisemblable que Ludovic et Ferdinand ne se seroient jamais rapprochés d'eux-mêmes. Laurent, qui jugeoit de leurs intérêts mieux qu'eux, se fit leur médiateur, et leur persuada de former avec Florence, une ligue pour établir et maintenir la paix en Italie. Après divers accidens qui retardèrent ou rompirent d'abord cette confédération, elle se renouvela pour vingt-cinq ans, et elle força tous les princes à entrer dans ses vues. Il est vrai qu'Innocent VIII, élevé sur la chaire de S. Pierre en 1484, voulut encore exciter des troubles dans le royaume de Naples : trop foible néanmoins lui seul contre les puissances liguées, il fut contraint de se soumettre; et il ne se conduisit plus que par les conseils de Laurent. Ce fut le bonheur des papes, si c'est un bonheur pour eux d'être souverains : leur autorité s'affermit dans le calme, et le peuple se fit peu-à-peu une habitude de voir un maître dans un pontife, dont Laurent et Ferdinand faisoient respecter la puissance, jusqu'alors au moins contestée.

Venise, plus forte qu'aucune de ces puissances prises séparément, ne pouvoit rien entreprendre, tant qu'elles seroient unies; et Laurent se servoit de la crainte qu'on avoit de cette république, comme d'un frein pour contenir ses alliés. Mais la considération qu'il avoit acquise, cimentoit seule cette union : car les jalousies invétérées continuoient toujours de subsister.

L'Italie étoit heureuse. Une population

abondante remplissoit les villes de citoyens industrieux, et les campagnes de laboureurs qui cultivoient jusqu'aux lieux les plus stériles. Les arts étoient florissans, les talens se multiplioient, l'abondance se répandoit par-tout; en un mot, tout prospéroit sous des princes qui connoissoient leurs intérêts; et le génie de Médici veilloit sur les peuples et sur les princes. Voilà le pays dont Charles VIII sera bientôt le fléau.

Ces temps heureux paroissoient devoir durer, puisque Médici n'avoit pas encore trente-six ans; par où vous voyez combien il étoit jeune, lorsqu'en 1466 il fut à la tête de sa république. Mais il mourut en 1492, dans la quarante-quatrième année de son âge; perte funeste pour Florence, pour l'Italie entière, et à laquelle toute l'Europe prit part. Cette mort fut suivie de celle d'Innocent VIII, dont la vie, inutile d'ailleurs au bien public, étoit du moins utile en une chose : c'est qu'il avoit sacrifié son ambition aux plaisirs du repos.

Son successeur, Rodrigue Borgia, Espagnol, acheta publiquement le pontificat avec de l'argent et avec des promesses. Ferdinand, dit Guichardin, qui n'avoit pas coutume de pleurer, versa des larmes, lorsqu'il apprit l'élévation d'Alexandre VI, c'est le nom que prit Borgia, et il prédit que ce pape seroit funeste à l'Italie et à toute la chrétienté. En effet, ce pontife déshonora bientôt le saint siége par son ambition, par son avarice, par ses cruautés, et par ses débauches.

Pierre II succéda sans opposition à Laurent son père. Il n'en eut ni les talens ni les vertus. D'autant plus jaloux de l'autorité, qu'il la méritoit moins, il dédaigna, contre l'usage, de consulter le conseil dans les affaires importantes; et cependant il se livra tout-à-fait à Virgile des Ursins, homme dévoué à la cour de Naples. Les liaisons qu'il prit avec Ferdinand, donnèrent bientôt de l'inquiétude à Ludovic Sforze.

Pierre II succède à Laurent.

Les princes chrétiens étoient dans l'usage d'envoyer des ambassadeurs à chaque nouveau pape, pour adorer dans le pontife le vicaire de Jesus-Christ. Ludovic, qui se piquoit de prudence, et qui aimoit à se distinguer par des idées singulières, pensa que tous les ambassadeurs des confédérés

Projet de Ludovic, pour montrer au pape combien les confédérés étoient unis.

devroient arriver à Rome le même jour, aller ensemble à l'audience, et un deux haranguer au nom de tous. Son dessein étoit de faire voir que la confédération formoit, de tant de princes, un seul état.

Ce projet n'est pas exécuté.

Ferdinand approuva volontiers ce projet, et Pierre n'osa le combattre dans le conseil de Florence, où il fut également approuvé. Il y étoit cependant contraire, parce qu'ayant fait ses préparatifs pour paroître à Rome avec pompe, il craignoit d'être confondu avec les autres ambassadeurs. C'étoit une puérilité sans doute : mais tel étoit son esprit ; et il fallut que Ferdinand, pour lui plaire, fit abandonner ce projet à Ludovic.

Ludovic en prend de l'ombrage contre Ferdinand et contre Pierre.

Cette condescendance du roi des Deux-Siciles, confirma les soupçons de Ludovic : il la regarda comme une preuve de la trop grande intelligence, qu'il supposoit entre Pierre et Ferdinand ; et de ce jour il crut devoir prendre des mesures, dans la crainte qu'ils n'armassent ensemble pour rétablir Jean Galéas dans ses droits. Ferdinand en prenoit aussi conjointement avec Pierre contre le nouveau pape, et dans cette vue il venoit de faire acheter à Virgile des Ursins plusieurs petits châteaux qui étoient auprès de Rome. Cependant comme c'étoient des fiefs qui relevoient du saint siége, Alexandre se plaignoit qu'on en eût disposé sans son agrément.

Ludovic alluma la colère du pape; il lui fit sentir combien il importoit pour lui que son autorité ne fût pas méprisée dès le commencement de son pontificat: il l'enhardit par des secours d'argent et de troupes. En même temps il exhorta le roi de Naples à satisfaire Alexandre; et il invita Pierre à suivre l'exemple de Laurent, qui, au lieu de former des partis, étoit, par sa médiation, le pacificateur de l'Italie.

Il fomente des divisions qui commençoient entre eux et Alexandre VI.

Nicolas III, de la maison des Ursins, qui monta sur la chaire de S. Pierre en 1277, est le pape qui forma le premier les projets les plus ambitieux pour élever sa famille: car, sous prétexte de donner des défenseurs à l'église de Rome, il vouloit établir deux de ses parens, l'un roi de Lombardie, et l'autre roi de Toscane. Depuis ce temps, le népotisme est devenu comme un droit aux plus grands honneurs, et l'histoire est pleine de neveux, que les papes ont faits princes.

Ce pape étoit prêt à tout, pourvu qu'il obtînt des principautés pour ses neveux.

Quelques-uns même ont eu cette ambition pour des fils qu'ils ne devoient pas avouer, et que pour cette raison ils appeloient neveux. Or Alexandre VI en avoit plusieurs, qu'il appeloit sans mystère du nom de fils; et quelque jaloux qu'il parût des droits du saint siége, il étoit prêt à les sacrifier à la fortune de ses enfans. Il en vouloit marier un avec une fille naturelle d'Alphonse, demandant pour dot une principauté dans le royaume de Naples. Ferdinand n'étoit pas éloigné d'y consentir; mais Alphonse n'en vouloit pas entendre parler. Cependant n'osant montrer la répugnance qu'il avoit pour ce mariage, il se contentoit de faire naître des difficultés et de gagner du temps.

Il se ligue avec Ludovic et avec les Vénitiens.

Le pape qui connut enfin qu'on le jouoit, voyoit dans l'état ecclésiastique Virgile des Ursins, les Colonnes et plusieurs autres seigneurs puissans, qui étoient dévoués au roi de Naples, et qui en recevoient des pensions. La crainte se joignant donc au dépit, il fit en 1493 une ligue avec Ludovic et avec les Vénitiens, qui s'engagèrent à la défense de l'état ecclésiastique, et qui lui envoyèrent des troupes. L'objet de cette confédération étoit aussi de maintenir Ludovic dans Milan.

Cependant Ludovic, comptant peu sur ses alliés, imagina d'inviter Charles VIII à la conquête du royaume de Naples, sans considérer que cette démarche pourroit être, par ses suites, pire que les craintes qu'il vouloit écarter. Il fit même adopter ce projet au pape, auquel il le montra comme le plus sûr pour se venger de Ferdinand, et pour procurer des principautés à ses fils.

Ludovic invite Charles VIII à a conquête du royaume de Naples.

Le roi des Deux-Siciles négocia inutilement avec la cour de France, pour faire abandonner à Charles VIII le dessein de passer en Italie. En vain il tenta de corrompre avec de l'argent ceux qui avoient du crédit sur ce prince. Ce moyen, presque toujours infaillible, ne réussit pas, et cependant il auroit été heureux pour la France même qu'il eût réussi.

Ferdinand négocie inutilement pour détourner Charles de cette entreprise.

Ferdinand se réconcilia avec le pape en le satisfaisant sur les châteaux de Virgile des Ursins, et en lui donnant, pour un de ses fils, une fille d'Alphonse avec la principauté de Squilaci. Il lui restoit à ramener Ludovic; il tenta tout à cet effet, jusques-là qu'il offrit

Il se réconcilie avec le pape, mais il ne peut regagner Ludovic.

d'abandonner les intérêts de Jean Galéas : car il ne doutoit pas que la crainte d'être chassé de Milan ne l'eût seule déterminé à prendre un parti aussi extrême. Ces offres étoient appuyées par les sollicitations du pape et de Pierre Médici; et on se flattoit de lui faire abandonner l'alliance des Français, qu'il étoit bien hasardeux pour lui d'attirer en Italie. Mais il aima mieux en courir les hasards, persuadé que lorsqu'on ne craindroit plus Charles VIII, on ne tiendroit pas les promesses qu'on lui faisoit. Il répondit donc vaguement: il parut se rendre quelquefois: en un mot, il amusa les Italiens, et il donna aux Français le temps de faire leurs préparatifs. Sur ces entrefaites, Ferdinand mourut au commencement de 1494: Alphonse reçut du pape l'investiture du royaume de Naples, et fit avec lui une ligue pour leur défense commune.

Charles passe les Alpes.

Charles VIII passe enfin les Alpes. Il ne va pas à une guerre: c'est un voyage qu'il fait en caravane. Il ne lui manque que de l'argent : il est obligé d'engager des pierreries; et, pour peu que les vivres fussent chers, il ne seroit pas sûr d'arriver à Naples : cependant les temps de calamités vont recommencer pour l'Italie, et dureront.

Pierre Médici avoit refusé le passage de la Toscane ; imprudence d'autant plus grande qu'il n'étoit pas en état de le fermer, et il étoit naturellement désapprouvé par ses concitoyens. Il n'eût pas été prudent aux Français de laisser derrière eux une province ennemie, il falloit d'abord la soumettre. Le refus de Médici fut donc une raison de plus pour s'ouvrir un chemin par la Toscane. *Il s'ouvre un chemin par la Toscane.*

L'armée se rendit à Pontremoli, qui appartenoit au duc de Milan. De là elle entra dans la Lunigiana, dont les Malaspina occupent encore une partie ; une autre étoit aux Florentins, et les Génois y avoient quelques châteaux. Finizano assiégé et pris, la garnison passée au fil de l'épée, beaucoup d'habitans égorgés, furent un objet d'épouvante pour les Italiens, qui, depuis longtemps, étoient en quelque sorte moins accoutumés à faire la guerre, qu'à la voir comme un spectacle. *Sac de Finizano.*

La petite ville de Sarzane et Sarzanello, forteresses bâties au-dessus, pouvoient faire *Situation embarrassante des Français.*

plus de résistance, quoique le sac de Finizano y eût déjà répandu la frayeur, et que les Florentins n'y eussent pas mis une garnison assez forte. Cependant l'armée française ne pouvoit subsister long-temps dans un pays stérile, resserré par la mer et la montagne, et où les vivres ne pouvoient venir que de loin et difficilement. Il est vrai qu'elle pouvoit prendre sa route par Lucques, qui offroit d'ouvrir ses portes : mais, en abandonnant la première place qui résistoit, Charles diminuoit de la réputation de ses armes, et encourageoit les autres à résister davantage. La fortune le servit.

Pierre est blâmé de les avoir armés contre sa patrie.

Depuis le sac de Finizano, on blâmoit plus hautement que jamais l'imprudence de Médici, qui, sans aucune connoissance de la guerre, et sans avoir suffisamment pourvu à la défense de sa patrie, avoit armé les Français contre la république. Déjà odieux par ses hauteurs, il le devenoit encore par sa témérité; et moins il étoit digne de gouverner, plus il enhardissoit contre lui les citoyens, jaloux de voir toute la puissance dans une seule famille.

En 1479, Florence étant en guerre avec le pape Sixte IV et avec le roi des Deux Siciles, Laurent prit sur lui d'aller à Naples pour négocier avec Ferdinand. Cette démarche étoit d'autant plus délicate, que les ennemis déclaroient n'avoir armé que pour délivrer les Florentins de la domination des Médici. Elle eut cependant tout le succès qu'on pouvoit desirer ; et Laurent revint avec la paix, couvert de gloire, chéri et respecté de ses concitoyens.

Pour réparer cette faute, il en fait une plus grande.

Si ceux qui manquent de lumière font des fautes lorsqu'ils veulent se conduire d'après eux, ils sont condamnés encore à en faire de plus grandes, lorsqu'ils osent se conduire d'après l'exemple d'un grand homme. C'est qu'ils jugent mal de la différence des circonstances ; et que, quand elles seroient les mêmes, ils n'ont pas les mêmes talens. Vous prévoyez que Pierre se rendra au camp du roi de France.

Il y vint donc. Il mit au pouvoir de Charles, Sarzane, Sarzanello, Pierra-Santa ; il lui promit Pise, Livourne, deux cent mille ducats ; et, après avoir ouvert aux Français le chemin de Florence, il y revint, en fut chassé, et Charles y entra.

La fermeté d'un Florentin intimide les Français, qui se croyoient maîtres de Florence.

Charles y entra, dis-je, armé de toutes pièces, monté sur un cheval bardé, la lance en arrêt. Il conclut de-là que Florence étoit à lui par droit de conquête. Après plusieurs négociations inutiles, et qui aigrissoient les esprits, il faisoit lire aux députés de la république, les conditions qu'il imposoit en vainqueur, lorsqu'un d'eux, Pierre Capponi, impatient de cette lecture, prit le papier, le déchira, et dit : « Puisque vous osez faire de pareilles propositions, sonnez vos trompettes, nous sonnerons nos cloches : voilà ma réponse ». A cette fermeté, les Français ne virent plus que le danger que couroit le roi avec une armée de plus de vingt mille hommes, dans une ville peuplée d'artisans ; et au lieu de traiter les Florentins en sujets on se contenta de les avoir pour alliés et pour amis.

A l'approche de Charles, le pape s'enferme dans le château S. Ange.

Le roi marcha, sans trouver de résistance jusqu'à Rome : il se rendit maître de tous les environs, et ne voulut entendre parler d'aucun accommodement, qu'après que le pape lui auroit ouvert les portes de la ville. Alexandre éprouvoit les plus vives inquiétudes. Il se reprochoit d'avoir appelé les Français : il se repentoit d'avoir épousé les intérêts du roi de Naples : il sentoit qu'il n'avoit fait que des fautes jusqu'alors : il voyoit, quelque parti qu'il prît, qu'il en alloit faire encore. Il n'ignoroit pas qu'on parloit de le déposer et d'élire un autre pape. Il étoit donc dangereux de céder, et cependant il étoit impossible de résister. La nécessité lui tint lieu de conseil. Il se retira dans le château S. Ange, et Charles entra dans Rome aux flambeaux avec son cheval, son armure et sa lance en arrêt.

Offensé de la méfiance que montroit Alexandre, le roi, qui vouloit sincèrement se réconcilier avec lui, fit tourner deux fois son canon contre le château S. Ange, afin d'engager le pape à devenir son allié et son ami. Ces instances ayant produit leur effet, il fit un traité avec Alexandre, lui baisa les pieds, le servit à la messe et continua son voyage. *Charles se réconcilie avec le pape.*

Une partie de ses troupes avoit pris les devans. On se soulevoit dans le royaume *Le royaume de Naples le reçoit.*

de Naples; et Alphonse II, odieux à ses sujets, abandonnoit la couronne à son fils Ferdinand, pour aller prendre un froc en Sicile. Ferdinand II étoit aimé. Peut-être eût-il été en état de défendre son royaume, si son père eût embrassé plutôt la vie monastique: mais il n'étoit plus temps. Plusieurs villes s'étoient déjà rendues: les autres se laissoient entraîner par l'exemple; et le nouveau roi fut contraint de se retirer dans l'île d'Ischia, qui est à trente milles de Naples.

Entrée de Charles dans la ville de Naples.
1495.

Charles plus heureux que César, vainquit avant d'avoir vu. Il arriva à Naples le 21 février; et, un mois après, il fit une entrée publique, monté sur un cheval richement enharnaché, une couronne d'or sur la tête, une pomme d'or à la main droite, un sceptre à gauche, et revêtu d'un manteau d'écarlate fourré d'hermine. C'étoient-là les attributs de la dignité impériale; et on prétend que cette entrée donna de l'inquiétude à Maximilien; mais c'est de Constantinople que Charles se croyoit empereur. Il publioit qu'il en alloit faire la conquête; et il avoit déjà acquis tous les droits des Paléologues. André, neveu de Constantin, détrôné par Mahomet II, les lui avoit cédés à Rome.

La diète de l'empire, où se sont faits la plupart des réglemens dont j'ai parlé plus haut, se tenoit alors à Worms; et Maximilien y demandoit des secours contre Charles VIII, qu'il accusoit d'enlever les provinces de l'empire. Il n'en obtint pas, parce qu'il importoit peu aux princes Allemands que l'empereur redevînt encore suzerain de l'Italie; et Maximilien, sans argent et sans soldats, paroissoit dans l'impossibilité de rien entreprendre, lorsqu'il se forma une ligue qui entra dans ses vues. *Maximilien tente inutilement d'armer l'Allemagne contre Charles.*

Ludovic, alors duc de Milan, car son neveu étoit mort, et les Vénitiens, frappés des progrès rapides de Charles, voyoient avec inquiétude que ce prince conservoit des places dans la Toscane et dans l'état ecclésiastique. Craignant donc qu'il ne bornât pas son ambition à la conquête des Deux-Siciles, ils prirent des mesures pour mettre un terme à ses succès. Ferdinand le Catholique et Isabelle, qui régnoient en Espagne, n'étoient pas moins intéressés à *L'Italie et l'Espagne se liguent avec lui.*

s'opposer à l'agrandissement des rois de France. Il est vrai qu'ils s'étoient engagés à ne pas troubler la conquête du royaume de Naples ; mais la défense du saint siége leur paroissoit un prétexte pour prendre les armes. Ils avoient déjà envoyé une flotte sur les côtes de Sicile, et ils faisoient espérer de plus grands secours au roi détrôné.

Toutes ces puissances formèrent, avec Maximilien, une ligue dans laquelle le pape entra. Les Vénitiens, qui devoient conduire par mer des troupes dans les provinces maritimes de Naples, et le duc de Milan, qui se chargeoit de s'opposer aux nouveaux secours qui pourroient arriver, promirent de donner à l'empereur et à Ferdinand le Catholique, l'argent nécessaire pour les mettre en état de porter la guerre en France.

Cependant les Napolitains, déjà dégoûtés des Français, songeoient à les renvoyer. Mais pendant que la puissance des Français effrayoit l'Allemagne, l'Espagne et la Lombardie, elle commençoit à diminuer dans le royaume de Naples. A l'ombre de leurs lauriers, occupés de fêtes et de jeux, ils ne s'arrachoient aux plaisirs que pour travailler insolemment à leur fortune. Le roi, à la vérité, étoit humain et généreux :

mais incapable de soins, il abandonnoit tout à des ministres qui, par avarice ou par incapacité, faisoient haïr son gouvernement. Le peuple étoit vexé, la noblesse napolitaine se voyoit sans considération ; on ne ménageoit ni les ennemis de la maison d'Arragon, ni les partisans de la maison d'Anjou ; on vendoit les graces au lieu de les accorder aux services : on donnoit à l'un sans raison, ce qu'on ôtoit à l'autre sans raison encore ; et, comme la fortune avoit présidé à la conquête, le hasard seul paroissoit gouverner. On regrettoit donc déjà Ferdinand II, et même Alphonse, son père.

Telle étoit la situation du royaume de Naples, et il restoit même quelques places dont les Français n'étoient pas encore maîtres, lorsque Charles apprit la ligue qui se formoit contre lui ; cette nouvelle hâta son retour, qu'il avoit déjà projeté par inquiétude. Mais il ne lui étoit pas facile de conserver sa conquête et de s'ouvrir un passage à travers des provinces ennemies. Des forces divisées ne suffisoient pas à ce double objet, et cependant il fallut les diviser.

Et Charles se retire, lorsque Ferdinand II commençoit à recouvrer son royaume.

Charles partit vers le milieu du mois de mai avec environ neuf mille hommes, lorsque Ferdinand II commençoit à recouvrer la Calabre, et que la flotte des Vénitiens paroissoit à la vue de la Pouille. Les progrès de l'ennemi ne diminuèrent point l'impatience que le roi avoit de revenir en France. Il croyoit que tout dépendoit d'obtenir l'investiture ; il l'avoit négociée jusqu'alors inutilement, et il se flattoit qu'aussitôt qu'il seroit à Rome, le pape la lui accorderoit ; Alexandre ne l'y attendit pas.

Charles approche de Fornovo.

L'armée des confédérés se rassembloit dans le Parmesan ; et c'étoit avec tant de lenteur que, si Charles n'avoit pas séjourné à Sienne, à Pise et ailleurs, il auroit pu passer sans obstacles. Elle étoit campée à Giarola, à trois milles de Fornovo, où l'avant-garde des Français parut le trois de juillet. Le reste de l'armée n'arriva que le cinq : la difficulté de traîner le canon par les Appenins l'avoit retardée.

1495.

Incertitude des ennemis qui s'effrayent.

Les confédérés, qui n'avoient pas su profiter de cet intervalle, commencèrent à s'effrayer. Comme ils étoient trois contre un, ils avoient mis jusques-là leur confiance dans le nombre ; et ils s'étoient imaginé que Charles n'oseroit jamais se présenter devant eux, parce qu'il n'avoit que neuf mille hommes, en comptant deux mille valets qu'on avoit armés. Quand ils virent qu'au lieu de s'en retourner par mer comme ils l'avoient présumé, le roi avoit l'audace de prendre son chemin par la Lombardie, ils s'effrayèrent, parce que leur ennemi ne s'effrayoit pas. Ils délibérèrent s'ils le laisseroient passer librement, ou s'ils l'attaqueroient au passage. Ils dépêchèrent un courrier au duc de Milan pour avoir son avis ; et ce prince en dépêcha un autre à Venise pour avoir celui du sénat.

Bataille de Fornovo. Pendant des délibérations, aussi inutiles que longues, les Français marchèrent, ayant le Taro à leur droite. Le maréchal de Gié et Trivulce commandoient l'avant-garde ; le roi étoit au corps de bataille avec la Trémouille, et l'arrière-garde suivoit, sous les ordres du comte de Foix. Les bagages étoient sur la gauche de l'armée, avec une très-foible escorte.

Ils marchèrent dans cet ordre pendant une lieue. Alors les ennemis, dont ils n'étoient plus séparés que par le Taro, passèrent ce torrent, et attaquèrent en même-temps l'avant et l'arrière-gardes. Si nous avons blâmé Charles de former inconsidérément des projets de conquête, il faut lui rendre justice, il étoit capable, dans un jour d'action, de soutenir avec courage les entreprises les plus hasardeuses. Le péril l'appeloit aux premiers rangs : il se montroit par-tout où ses troupes étoient prêtes à céder : et le soldat, ranimé à la vue de son roi en danger d'être frappé ou fait prisonnier, combattoit plus pour le sauver que pour remporter la victoire. L'action duroit depuis une heure, lorsque des troupes légères des ennemis, ayant tourné l'armée française, se jetèrent sur les bagages, et les pillèrent sans résistance. Cet appât en attira d'autres, le désordre se mit parmi eux: et les Français saisissant le moment, les mirent en déroute. Cette bataille sanglante, et par cette raison mémorable pour les Italiens, ne coûta pas deux cents hommes au roi de France, et les confédérés en perdirent trois mille.

Mort de Charles. Charles, à peine de retour en France, apprit qu'il avoit perdu le royaume de Naples. Il tourna ses armes contre Ferdinand le Catholique, qui faisoit des courses dans le Languedoc. Ses troupes, commandées par Saint-André, eurent des succès ; et il mourut lorsqu'il méditoit de nouvelles expéditions. Comines a dit de ce prince, *qu'il n'étoit pas possible de voir meilleure créature.* En effet, il pouvoit être cela dans son domestique : mais pour qu'un roi soit une bonne *créature* par rapport à son peuples, il faut bien des qualités.

1498.

Charles VIII étant mort sans enfans, Louis, duc d'Orléans, premier prince du sang et descendant de Charles V, monta sur le trône. Après avoir été rebelle lorsqu'il étoit sujet, il acquit étant roi, le titre glorieux de *Père du peuple.* Sans haine contre les sujets fidèles, qui l'avoient combattu dans le temps de sa révolte, il dit à l'occasion de la Trémouille, qui l'avoit fait prisonnier : *le roi de France ne venge pas les injures faites au duc d'Orléans.* A ce trait, qui caractérise sa bienfaisance et son équité, ajoutons qu'il diminua les impôts, qu'il réforma des abus, et qu'il fit plusieurs réglemens qui annonçoient un

Louis XII a, comme Charles VIII, l'ambition de faire des conquêtes en Italie.

règne heureux. Mais les temps étoient arrivés où les rois, absolus au-dedans, devoient former des entreprises au-dehors, et abuser de leur puissance. Louis XII, qui, dit-on, aimoit ses sujets comme ses enfans, eût encore mieux mérité le titre de père du peuple, s'il n'eût pas sacrifié le royaume à son ambition.

Il devoit prévoir qu'il ne les conserveroit pas.

Sans doute il pouvoit se flatter de conquérir le duché de Milan et le royaume de Naples, auxquels il avoit des droits. Mais pour peu qu'il réfléchît sur l'état de l'Italie et sur les puissances de l'Europe, intéressées à s'opposer à son agrandissement, il devoit prévoir qu'il susciteroit des ennemis à la France, et qu'il ne conserveroit pas ses conquêtes.

Circonstances qui les rendoient faciles à faire.

Tout offroit d'abord des succès faciles. Le roi pouvoit compter sur la mésintelligence qui divisoit les confédérés, depuis que Charles avoit repassé les Alpes. Le duc de Milan qui croyoit avoir disposé à son gré du sort de l'Italie, s'enivroit dans sa prospérité, et ne conservoit plus d'alliés. Les Vénitiens, qui ne demandoient que des troubles, étoient prêts d'entrer dans les vues du roi de France, s'ils partageoient avec lui les dépouilles de Ludovic. Les Florentins devoient encore le favoriser, s'il s'engageoit à faire rentrer sous leur domination, la ville de Pise, à laquelle Charles avoit rendu la liberté. D'autres princes moins puissans, tels que le marquis de Mantoue et le duc de Ferrare, n'étoient pas difficiles à gagner ; et pour obtenir du pape l'investiture, il ne falloit qu'offrir quelque chose à son ambition. Louis négocia avec toutes ces puissances, et donna le duché de Valentinois à César Borgia, fils du pape.

Dès qu'il eut assuré ses frontières par des traités avec les rois d'Angleterre et d'Espagne et avec le fils de Maximilien, l'archiduc Philippe, seigneur des Pays-Bas, son armée marcha, soumit le Milanès en vingt jours, et il arriva peu après pour faire son entrée à Milan. Il en revint presque aussitôt, laissant à Jacques Trivulce le gouvernement de cette province.

Il fait celle du Milanès.

1499.

Alors Ludovic, qui s'étoit retiré en Allemagne, reparut avec une armée, et par une révolution aussi subite que la première, il avoit recouvré presque tous ses états,

Ludovic est conduit en France.

lorsque de nouveaux secours arrivèrent de France. Autre révolution : les Suisses, qui faisoient la principale force de Ludovic, demandèrent leur congé, déclarant qu'ils ne vouloient pas combattre contre leurs compatriotes, qui étoient dans l'armée de France. Ainsi ce prince abandonné, et forcé à se déguiser pour s'enfuir, fut trahi, livré au roi, conduit en France, et enfermé dans le château de Loches, où il mourut quelques années après. Il restoit à faire la conquête du royaume de Naples, où Frédéric III régnoit, car Ferdinand, son neveu, venoit de mourir.

Louis partage le royaume de Naples avec Ferdinand le Catholique qui le garde tout entier.

Louis, craignant de trouver des obstacles de la part de Ferdinand le Catholique, imagina de l'associer à son entreprise et de partager avec lui ce royaume. Ils le conquirent en 1501, ils le partagèrent, et en 1505 il resta tout entier à Ferdinand. Frédéric n'eut de ressource que dans la générosité du roi de France, qui lui donna le duché d'Anjou avec trente mille ducats de rente. Les droits de ce prince à la couronne de Naples, ont passé depuis par les filles dans la maison de la Trémouille.

Maximilien, à qui l'empire avoit refusé des secours, n'avoit pu s'opposer au succès de Louis : cependant il ne désespéroit pas de le chasser de l'Italie. Il vit le moment où la diète de Constance, sollicitée par le pape Jules II et par les Vénitiens, entroit dans ses vues. Tout l'empire alloit armer, si Louis par sa prudence et par son argent, n'eût écarté cet orage. L'empereur obtint seulement douze mille hommes pour aller à Rome recevoir la couronne impériale, et on ne promit de les entretenir que pendant six mois.

Ses négociations détournent l'empire du dessein d'armer contre lui.

En 1508, il fit demander aux Vénitiens le passage par leurs terres : la république ne le lui accorda qu'à condition qu'il ne conduiroit point de troupes; et le voyage de Rome fut rompu. Cependant il vouloit prendre le titre d'empereur, et s'il le prenoit sans avoir été couronné, il craignoit d'offenser le saint siége. Dans cette position, il imagina un parti moyen; et se contentant du titre *d'empereur élu des Romains*, il ordonna que désormais on le lui donnât dans tous les actes. Jules II n'étant point curieux de couronner un roi des Romains,

Maximilien, qui ne peut pas être couronné, prend le titre d'empereur élu.

qui ne viendroit à Rome qu'avec une armée, se hâta de donner une bulle pour confirmer ce titre à Maximilien, titre que les rois d'Allemagne ont depuis toujours porté: auparavant ils se contentoient d'ordinaire, jusqu'à leur couronnement, de celui de roi des Romains.

<small>Les Vénitiens, par une imprudence, réunissent contre eux Maximilien et Louis XII.</small>

Maximilien déclara la guerre aux Vénitiens dont il vouloit se venger. Elle ne fut pas heureuse : mais ces républicains offensèrent le roi de France, qui leur avoit donné des secours; car Louis ayant demandé d'être compris dans la trêve qu'ils négocièrent, ils firent leur traité sans l'y comprendre. Cependant l'empereur plus irrité par les pertes qu'il avoit faites, n'attendoit que l'occasion de recommencer la guerre. Ainsi la trêve faisoit perdre un allié à la république, et l'exposoit par conséquent à de plus grands dangers. En effet cette imprudence des Vénitiens réunit l'empereur et le roi de France, qui jusqu'alors avoient été ennemis, et attira sur l'Italie des calamités pires que les précédentes.

<small>Ligue de Cambrai.</small>

Maximilien avoit perdu Philippe son fils, et l'archiduc Charles, son petit-fils, étant trop jeune pour gouverner par lui-même, il avoit donné la régence des Pays-Bas à sa fille Marguerite, cette princesse que Charles VIII avoit renvoyée. Or la guerre que Marguerite avoit avec le duc de Gueldre, parut à l'empereur une occasion favorable pour former secrètement une ligue contre les Vénitiens. Sous prétexte de négocier la paix des Pays-Bas, les ambassadeurs des puissances ennemies de Venise pouvoient se rassembler sans se rendre suspects à cette république, et traiter des moyens de l'humilier. Ceux de Louis, du roi d'Espagne et de Jules. Ils se rendirent donc à Cambrai; Marguerite y reçut les pleins pouvoirs de son père; et on y forma une ligue, célèbre par les maux qu'elle causa.

On publia seulement que ces puissances avoient fait une confédération, pour assurer entre elles une paix perpétuelle. Mais l'article secret étoit la guerre contre les Vénitiens, et chacune d'elles vouloit faire valoir des droits sur quelques parties des domaines de cette république. Le pape redemandoit Faenza, Rimini, Ravenne, et Cervia : Ma-

Prétentions ces puissances l guées.

ximilien, Padoue, Vicence et Vérone, comme étant des fiefs usurpés sur l'empire; et Trévise avec le Frioul, comme appartenant à la maison d'Autriche. Le roi de France réclamoit Crémone, Brescia, Cresme et Bergame, qui avoient été pris sur le Milanès. Enfin le roi d'Espagne, comme roi de Naples, vouloit rentrer en possession de Brindes, de Trani, et d'Otrante, que Ferdinand avoit engagés aux Vénitiens.

<small>Article dont on étoit convenu.</small> Le roi de France étoit tenu par le traité à commencer la guerre en personne, le premier d'avril de l'année suivante 1509. Les troupes du pape et celles du roi Catholique devoient aussi entrer en campagne dans le même temps, et l'empereur, quarante jours après les premières hostilités. Afin que ce prince eût une raison pour rompre la trève qu'il avoit faite avec les Vénitiens, on étoit convenu que Jules l'appelleroit comme avoué de l'église au secours du saint siége. Je ne dois pas oublier que les confédérés, voulant couvrir leur entreprise d'un zèle de piété, déclaroient qu'ils ne vouloient faire la guerre à la république de Venise, que par le desir qu'ils avoient

de porter ensuite leurs armes contre les Turcs, ennemis du nom chrétien.

Ce traité n'étoit que l'ouvrage de Maximilien et de Louis, ou plutôt de Maximilien seul, qui ne faisoit commencer la guerre à ses alliés, qu'afin de moins hasarder lui-même, et de se conduire d'après l'événement. Le pape et Ferdinand n'avoient point donné de pouvoir à leurs ambassadeurs pour accéder à une pareille confédération : mais l'empereur et le roi de France pensoient qu'ils ne s'y refuseroient pas, soit parce qu'ils ne l'oseroient, soit parce qu'ils y trouveroient leur avantage. En effet le roi d'Espagne ratifia ce traité, quoique dans le fond il n'approuvât pas une ligue qui tendoit à l'accroissement de la monarchie française, et qu'il ne jugeât pas devoir risquer le royaume de Naples, pour reprendre quelques places sur les Vénitiens.

Ce traité étoit l'ouvrage de Maximilien seul.

Outre les domaines que le pape revendiquoit, il avoit encore à se plaindre de la république de Venise, où son autorité étoit peu respectée. Cependant il ne voyoit pas sans inquiétude le roi de France étendre sa domination en Italie, et le passé lui fai-

Offres du pape aux Vénitiens.

soit assez comprendre combien il importoit au saint siége d'en exclure tout-à-fait les empereurs. Il tenta donc de négocier avec les Vénitiens : il leur apprit la ligue qui avoit été faite en son nom, mais à laquelle il n'avoit pas consenti, et il leur offrit de s'y opposer par toutes sortes de moyens, s'ils vouloient lui restituer Faenza et Rimini, les assurant qu'il ne négligeroit rien de son côté, pour empêcher en Italie l'accroissement de la puissance des barbares. C'est ainsi qu'on nommoit les Allemands, les Espagnols et les Français. Il eût été bien à souhaiter pour ces barbares même, comme pour les Italiens, que les papes ne les eussent jamais appelés en Italie.

<small>Si ces républicains les eussent acceptées, la ligue eût été sans effet.</small>

Si le sénat de Vénise eût accepté les offres de ce pontife, le roi catholique auroit trouvé, dans le respect dû au saint siége, un prétexte pour se séparer des ligués auxquels il s'étoit joint malgré lui. Louis, qui ne pouvoit guère compter sur l'empereur, auroit vraisemblablement suspendu ses démarches; et il y a tout lieu de présumer que la ligue auroit été sans effet. Il falloit peu de chose pour rompre des liens, qui faisoient violence à des puissances naturellement ennemies. Peut-être les Vénitiens prévoyoient-ils que cette confédération ne pouvoit pas subsister, et ils avoient raison : mais pour peu qu'elle durât, ils étoient écrasés.

Alors dans un état florissant, les Vénitiens croyoient devoir à eux-mêmes des succès qu'ils n'avoient dus qu'à la foiblesse de leurs voisins. Ils méprisèrent donc les puissances liguées, et ils furent battus par Louis XII près d'Agnadel. Abattus par ce revers, ils s'humilièrent devant l'empereur et devant le pape ; ils abandonnèrent tout ce qu'ils possédoient en terre ferme ; et Trévise fut la seule place qui leur resta, non parce qu'ils la conservèrent, mais parce qu'elle voulut être fidelle, et que l'empereur, dans le partage duquel elle tomboit, n'y envoya point de troupes.

<small>Ils perdent presque tout ce qu'ils possédoient en terre ferme.</small>

Maximilien, Jules, Ferdinand et plusieurs princes d'Italie recueillirent, ainsi que Louis, les fruits de la victoire. Le roi ne se saisit que des places qui lui étoient accordées par le traité : il remplit seul ses engagemens, et l'empereur n'ayant point paru, il revint en France.

{Ils en recouvrent une partie.}

L'exemple de Trévise et la lenteur de Maximilien, qui n'avoit ni soldats ni argent, fit voir aux Vénitiens que, comme ils avoient d'abord eu trop de confiance, ils avoient ensuite trop tôt désespéré. Ils sortirent donc de leurs lagunes, et ils avoient déjà recouvré quelques places lorsque l'empereur parut, mais avec une armée si foible, qu'il perdoit un jour ce qu'il avoit pris l'autre. Les actions se succédoient: aucune n'étoit décisive : il sembloit que de part et d'autre on ne voulût que désoler le pays.

{Jules II quitte le parti des ligués.}

L'empereur, hors d'état de faire de grandes entreprises, proposoit aux confédérés le siége de Venise. Louis ne s'en éloignoit pas : mais Jules et Ferdinand n'approuvoient pas un projet donc le succès ne seroit pas pour eux. Le pape, qui desiroit au contraire de chasser d'Italie les barbares, se rapprocha des Vénitiens; et ayant obtenu du sénat tout ce qu'il vouloit, il leur accorda l'absolution des censures qu'il avoit fulminées contre la république. Le roi d'Espagne à qui les places de la Pouille avoient été restituées, et qui n'avoit plus rien à demander pour lui, promettoit peu de secours à ses alliés, et en donnoit encore moins. On n'étoit qu'au commencement de la seconde année de la guerre, et déjà éclatoit la désunion, qui avoit commencé sourdement dès la première.

Malgré l'absolution accordée, Louis s'imaginoit que le pape ne l'abandonneroit pas pour les Vénitiens. Il étoit assez simple pour faire des traités avec lui, et pour compter sur des traités, tant il étoit loin de soupçonner les dispositions de Jules ; et cependant il n'étoit pas difficile de les connoître. Étant la puissance la plus redoutable au saint siége, comment pouvoit-il penser que ce pontife contribueroit à l'affermir en Italie ? Il eut bientôt occasion d'ouvrir les yeux ; car Jules et Ferdinand travaillèrent à réconcilier l'empereur avec les Vénitiens; et ils y auroient réussi si ces républicains, dont la confiance revenoit avec les succès, n'avoient pas fait des propositions qui ne pouvoient s'accepter.

Cependant Louis XII veut encore compter sur ce pape.

Mais Jules s'allie des Vénitiens, et prend les armes.

Cette tentative ayant échoué, l'empereur et le roi de France, plus unis qu'auparavant, firent un nouveau traité, par lequel ils se proposoient la conquête et le partage de l'Italie. Sans doute qu'il eût été de ce partage comme de celui de Naples. Ces grands projets avortèrent : car Maximilien ne donnant que de foibles secours, Louis, ennuyé de fournir seul aux frais de la guerre, rappela ses troupes dans le Milanès, après avoir enlevé quelques places. Les Vénitiens les reprirent bientôt, et le pape, devenu leur allié, marcha contre le duc de Ferrare, qui étoit entré dans l'alliance du roi de France et de l'empereur. On étoit à la fin de décembre, le froid étoit violent, et cependant Jules fit le siége de la Mirandole en personne. Il alloit aux tranchées, il visitoit les batteries, il couroit à cheval pour animer les soldats : et la ville ayant capitulé, il entra par la brèche en vainqueur.

Il fait une ligue contre la France.

Les affaires de l'Europe se brouillent plus que jamais. On convoque un concile à Pise, où Louis et Maximilien citent le pape, qui a formé une ligue contre la

France ; et Jules défendant, sous peine d'excommunication, de se rendre à ce concile, en convoque un autre à Latran : il a dans son alliance les Vénitiens, Ferdinand, le roi d'Angleterre et les Suisses, qui, depuis Louis XI, étoient au service de la France, et que Louis avoit mécontentés en refusant d'augmenter leurs pensions.

Sur ces entrefaites, Jules tombe dangereusement malade, et Maximilien songe à se faire pape lui-même ; mais le rétablissement de la santé du souverain pontife fait évanouir ce projet singulier ; et les choses, qui auroient pu changer par sa mort, subsistent dans le même état de crise.

Il tombe malade, et Maximilien songe à se faire pape.

Le roi de France avoit trop d'ennemis. A la vérité, ses généraux gagnent des batailles, qui donnent de la frayeur au pape : et il se flatte de ramener Jules à la paix, en lui rendant toutes les conquêtes faites sur l'état de l'église : ou plutôt, partageant les troubles qui déchirent l'ame timorée de la reine, il fait cette restitution plus par remords que par politique. Il désavoue ainsi le succès de ses armes : il perd bientôt

Maximilien Sforze est rétabli dans le duché de Milan.

plus qu'il ne vouloit rendre, et les Suisses lui enlèvent le Milanès. Il n'y conservoit en 1521 que les châteaux de Milan, de Novare, de Crémone et quelques autres places. Alors l'empereur l'abandonne, il fait une trêve avec les Vénitiens à la sollicitation du pape, et il rétablit dans le duché de Milan, Maximilien Sforze, fils de Ludovic.

Jean d'Albret et perd la Navarre. Jean d'Albret, roi de Navarre, étoit le seul allié qui restât au roi de France. Le pape l'excommunia par cette raison, et en conséquence, Ferdinand envahit la Navarre, qui depuis n'a plus été qu'une province du royaume d'Espagne.

Louis reprend et reperd le Milanès. Les ennemis de Louis ne restent pas long-temps unis : les Vénitiens, mécontens du pape et de l'empereur, font avec lui une ligue offensive et défensive : il fait une

1513. trêve d'un an avec le roi d'Espagne : son armée repasse les Alpes, reprend le Milanès, est défaite par les Suisses, revient en France, et ses conquêtes lui échappent avec la même rapidité qu'il les avoit faites. Les Vénitiens eurent seuls à supporter tout le poids de la guerre.

Jules II étoit mort dans le même temps que le roi de France formoit cette dernière entreprise sur le duché de Milan ; et Jean Médici, frère de Pierre, qui prit le nom de Léon X, avoit été élevé sur le saint siége. C'étoit une conjoncture assez embarrassante pour un nouveau pape, que celle où les Français, les Allemands et les Espagnols se disputoient l'Italie. Il eût été de son intérêt de n'y souffrir ni les uns ni les autres : ne pouvant les chasser tous, il se déclara contre la France, qui lui parut plus redoutable. Louis eut donc pour ennemi le pape, Maximilien, Ferdinand et les Suisses. Il négocia et fit la paix avec tous, dans le cours de 1514. L'année suivante il formoit encore de nouveaux projets sur le Milanès, et faisoit même déjà des préparatifs ; mais la France le perdit. Je dis le perdit, parce que ce fut en effet une perte. Brave, équitable, appliqué, humain, il fit rendre la justice, il mit la discipline dans ses troupes, il aima véritablement ses sujets et il en fut aimé. Quelque dispendieuses qu'aient été ses guerres, il ne s'est jamais permis d'augmenter les impôts, qu'il avoit

1513.
Il fait la paix avec tous ses ennemis, et meurt.

diminués considérablement au commencement de son règne. Il soutint ses entreprises en mettant de l'ordre dans ses finances, et en se retranchant le superflu, si nécessaire au commun des grands. Il est vrai qu'il a mal connu les intérêts des puissances qui l'environnoient; mais l'Europe étoit dans une situation bien nouvelle, et cela peut l'excuser. S'il fut la dupe de Maximilien, de Jules et de Ferdinand le Catholique, qui étoit fourbe, et qui faisoit gloire de l'être, ce fut moins l'effet d'un défaut de lumières, que de la droiture de son ame. Enfin, s'il n'a pas eu toutes les qualités d'un grand prince, il a du moins montré pour son peuple toutes celles d'un bon père; et on auroit également retrouvé en lui les unes et les autres, s'il n'eût pas porté ses armes en Italie. Il a réuni la Bretagne à la couronne.

<small>François I veut encore conquérir le duché de Milan.</small> Louis n'ayant point laissé d'enfant mâle, François, comte d'Angoulême, d'une autre branche de la maison d'Orléans, lui succéda. Ce nouveau roi, dans la vingt-unième année de son âge, plein de courage et de feu; avec une belle ame, un cœur géné-

reux, de l'esprit; beau, bien fait, rempli de graces (car tout cela donne de la confiance); flatté parce qu'il étoit sur le trône; et digne en effet de louanges, parce qu'aucun prince n'avoit donné de plus grandes espérances (vous voyez qu'il va faire quelque faute); ce roi, dis-je, trouvoit des préparatifs déjà tout faits pour une conquête; il avoit la paix avec tous ses voisins; les Vénitiens, ses alliés, l'appeloient : des courtisans, jeunes comme lui, lui prodiguoient d'avance les titres de duc de Milan, de roi d'Italie; que ne pouvoit-il pas conquérir? Tout l'invitoit donc, et nous n'avons plus qu'à le suivre. Il marcha, dès la première année de son règne, après avoir renouvelé les traités de paix avec l'archiduc Charles, et avec les rois d'Angleterre et d'Espagne. Pourquoi faut-il que les princes s'aveuglent au point d'aller tous échouer contre le même écueil ?

<small>1515.</small>

Pour passer les Alpes, il n'y avoit en apparence que deux chemins praticables : l'un par le Mont-Cenis, l'autre par le Mont-Genèvre; mais les Suisses s'en étoient saisis. Fiers de leurs dernières victoires, <small>Il passe les Alpes.</small>

ils se regardoient comme les arbitres de l'Europe; et il n'avoit pas été possible de les ramener dans l'alliance de la France. Entreprendre de forcer ces passages, c'eût été exposer l'armée à être retardée, et, par conséquent, à manquer de vivres; car il eût été impossible d'en conduire pour long-temps. Il fallut donc prendre un chemin que les Suisses ne gardoient pas, parce qu'on le croyoit assez défendu par les lieux qu'on jugeoit inaccessibles. Il fallut rompre des rochers, jeter des ponts, élever avec des machines l'artillerie, la descendre de même, et recommencer ces travaux à chaque montagne qui s'élevoit encore. Cependant l'avant-garde arriva en cinq jours dans une plaine à deux lieues de Coni.

Bataille de Marignan.

L'arrivée subite des Français jeta l'épouvante parmi les troupes espagnoles et papales. Elles refusèrent d'aller joindre les Suisses, et ceux-ci se plaignoient déjà de ne point voir l'argent que les confédérés leur avoient promis. On négocia bientôt; on conclut même des traités, et le roi de France paroissoit n'avoir plus qu'à prendre possession du duché de Milan. Mais le cardinal de Sion, qui se signaloit par sa haine contre la France, engagea les Suisses à surprendre les Français, qui marchoient sur la foi des traités, et qu'il supposoit n'être pas sur leurs gardes. S'il se trompa, les Suisses étoient trop braves pour n'oser pas combattre, parce qu'ils n'avoient pas surpris l'ennemi. L'action commença le treize de septembre, deux heures avant le coucher du soleil; elle continua pendant plusieurs heures de nuit, et elle fut suspendue pour recommencer à la pointe du jour.

Le combat avoit été interrompu; cependant on ne s'étoit en quelque sorte pas séparé. Chacun prit du repos où il se trouvoit. Le roi passa lui-même la nuit sur l'affut d'un canon, et à son réveil, il vit qu'il avoit dormi à cinquante pas d'un bataillon Suisse.

Les ennemis revinrent à la charge. Le combat, aussi vif que la veille, dura plusieurs heures avec un avantage égal. Enfin les Suisses commencèrent à plier, ils cédèrent; mais ils ne furent pas mis en déroute, et ils se retirèrent en bon ordre à

Milan. Ils perdirent dix mille ou quinze mille hommes; et les Français deux mille ou six mille. Les historiens ne s'accordent pas sur la perte des deux partis : il est seulement certain qu'il périt beaucoup de monde. Trivulce, qui s'étoit trouvé à dix-huit batailles, dit que ce n'étoit que des jeux d'enfans au prix de celle-là. Le roi, plusieurs fois en danger de la vie, reçut plusieurs coups dans ses armes, et se battit en héros. Cette action se passa près de Marignan.

1515.

Conquête du Milanès.

La conquête du Milanès fut le fruit de cette victoire. Maximilien Sforze vint à Paris manger une pension de soixante mille ducats, que François lui donna. Les Vénitiens recouvrèrent tout ce qu'ils avoient avant la ligue de Cambrai; et le roi fit avec le pape un traité dont je parlerai bientôt.

1516. Charles V, maître des pays-Bas, de l'Espagne, du royaume de Naples, et empereur.

Le roi catholique étant mort l'année suivante, l'archiduc Charles, petit-fils de Maximilien, et fils de Jeanne, héritière de Ferdinand, se trouva maître à quinze ans des Pays-Bas, de l'Espagne, du royaume de Naples; et après la mort de Maximilien, arrivée en 1519, il fut élu empereur dans la diète de Francfort. Jamais prince en Europe n'auroit eu d'aussi vastes états, s'il eût fallu les conquérir; mais on acquéroit des royaumes par des alliances; et les peuples étoient devenus des espèces d'immeubles, dont les propriétaires, qu'on nommoit souverains, disposoient à leur gré. L'usage faisoit leur droit.

CHAPITRE II.

Des papes dans le quinzième siècle, et de l'origine du Luthéranisme dans le seizième.

<small>La puissance de la cour de Rome empêchoit la réforme de l'église.</small>

LA nécessité de réformer l'église dans son chef et dans ses membres, a été reconnue dans le quinzième siècle, et c'est tout le fruit qu'on a retiré des conciles de Constance et de Bâle. Pouvoit-on travailler efficacement à la réforme, tant que les papes étoient assez puissans pour éluder les décrets des conciles œcuméniques? Il falloit d'abord abattre leur puissance : c'est à quoi ils ont contribué eux-mêmes.

<small>Mais cette puissance s'affoiblissoit elle-même en voulant trop s'accroître.</small>

Plus la cour de Rome étoit ambitieuse et téméraire, plus elle étoit éloignée de prévoir les circonstances, de les préparer et de les tourner à son avantage. Sa politique devoit donc échouer parce qu'elle avoit réussi; car n'ayant d'abord dû ses grands succès qu'à certaines conjonctures, elle n'en devoit plus avoir de pareils, dès que les conjonctures n'étoient plus les mêmes. Déjà on lui résistoit; et résister c'étoit commencer de vaincre, puisque les papes, foibles par eux-mêmes, n'étoient puissans que par l'opinion.

Avant Charles VIII, les puissances de l'Europe se formoient séparément; elles s'observoient peu, parce que ne pouvant encore tenter d'entreprises considérables au dehors, aucune n'étoit capable de donner de l'ombrage à toutes les autres. On ne connoissoit point ces confédérations, qui tendent à faire de l'Europe un corps politique, dont toutes les parties se balancent. Les papes seuls pouvoient quelquefois remuer tous les peuples, comme dans le temps des croisades. A l'abri d'une autorité, dont on respectoit jusqu'aux abus, ils se faisoient une monarchie universelle, contre laquelle on ne se liguoit pas, soit parce qu'on n'osoit la combattre, soit parce qu'il se trouvoit toujours des princes intéressés à la reconnoître. Dans ces circonstances favorables à leur ambition, ils étoient le centre où se dirigeoient toutes les forces, et d'où elles

Elle avoit long-temps remué l'Europe.

s'échappoient avec effort pour exciter des commotions de côté et d'autre. Ils remuoient, à la vérité, l'Europe, pour y causer des désordres : mais eux seuls pouvoient en remuer ensemble toutes les parties.

Elle devoit enfin la soulever.

On ouvrit enfin les yeux sur l'abus qu'ils faisoient de leur puissance. Cependant tous les princes se seroient ligués, qu'ils auroient été trop foibles. Puisque la superstition armoit les peuples pour les papes, il falloit que le clergé, forcé à se défendre, étudiât et répandît des lumières : il falloit que la nécessité de se soustraire aux vexations de la cour de Rome, lui fît un intérêt de combattre une soumission aveugle qu'il avoit prêchée lui-même : il falloit qu'un long schisme apprît à juger des censures, et que des pontifes ennemis fussent dans la nécessité de mendier la protection des souverains : il falloit, en un mot, que l'église assemblée avouât ses désordres, et entreprît de se réformer.

Elle s'affoiblit lorsqu'elle paroître porter le plus grand avantage.

La foiblesse même des empereurs porta coup à la puissance du saint siége. Leur impuissance ayant fait cesser les querelles entre le sacerdoce et l'empire, le pape cessa d'être l'objet de l'attention de toute l'Europe. En perdant un ennemi redoutable, il parut moins redoutable lui-même; il ne conserva plus toute la considération qu'il avoit usurpée; et on retrancha de celle qui lui étoit due.

Depuis le milieu du quinzième siècle, ces pontifes, qui auparavant étoient en quelque sorte par-tout, paroissoient se retirer peu-à-peu pour se renfermer dans l'Italie: les mouvemens qu'excite leur ambition inquiète, ne s'étendent guère plus audelà; et leur influence sur le reste de l'Europe diminue tous les jours. De petites guerres entre de petits princes et de petites républiques, deviennent plus que suffisantes pour les occuper, et encore parmi ces petites guerres, ils se trouvent petits euxmêmes. S'ils osent former de grands projets, comme de faire marcher tous les princes chrétiens contre les Turcs, on ne les écoute pas. Il est vrai que leur ambition étant plus bornée, elle eut aussi plus de succès : car c'est principalement pendant cet intervalle qu'ils achevèrent d'affermir leur autorité dans Rome. Mais vous voyez

Elle s'affermit dans Rome à mesure qu'elle s'affoiblit ailleurs.

le rôle subalterne qu'ils jouent, lorsque, placés entre le roi de Naples, les Florentins, le duc de Milan et les Vénitiens, ils sont forcés de passer continuellement d'une alliance dans une autre. Leur foiblesse se montre encore davantage, quand les Français, les Allemands et les Espagnols paroissent en Italie. N'oublions pas que quelques-uns ont contribué à diminuer leur puissance temporelle, lorsqu'ils ont sacrifié les intérêts du saint siége à l'ambition d'élever leur famille.

<small>Les papes étoient encore assez puissans pour entretenir les abus qui enrichissoient la chambre apostolique.</small>
Cependant quelque foibles que fussent les papes, ils étoient encore assez puissans pour empêcher l'exécution des décrets des conciles de Constance et de Bâle, et ils entretenoient tous les abus qui enrichissoient la chambre apostolique ; c'est-à-dire, l'appel de toutes les affaires au saint siége, la collation de tous les bénéfices, les réserves, les graces expectatives, les annates, les indulgences, les dispenses, les décimes et les dépouilles des bénéficiers qui mouroient. Car les papes s'étoient établis héritiers de tous les bénéficiers ; et, non-seulement, on se saisissoit des fruits restans du bénéfice,

mais encore des ornements des églises ou même des biens qu'un bénéficier tenoit de sa famille : si les parens vouloient y mettre quelque opposition, on les excommunioit.

Giannone (1) remarque, que ces abus régnoient sur-tout en Italie, et qu'il y en avoit même eu de plus grands à Naples sous les rois de la maison d'Anjou : car ces princes, forcés de ménager la cour de Rome, n'avoient jamais osé s'opposer à aucune de ses entreprises. Il n'en fut pas tout-à-fait de même sous les rois de la maison d'Arragon : ils remédièrent à quelques-uns, autant du moins qu'ils le purent sans employer des moyens violens. Alphonse I, par exemple, ne permit point à la chambre apostolique de s'approprier les dépouilles des bénéficiers qui mouroient. *Ces abus trouvoient peu d'obstacles en Italie.*

On résistoit davantage en Allemagne à toutes ces exactions, ou plutôt on s'en plaignoit plus haut. Depuis 1450 les diètes ont *En Allemagne on s'en plaignoit hautement.*

---

(1) Dans son histoire de Naples, ouvrage qui m'a été fort utile. Aucun écrivain n'a mieux connu les abus qui se sont introduits dans la discipline de l'église.

toujours été occupées des moyens de les empêcher; mais Frédéric III étoit trop indolent pour y porter remède, et Maximilien avoit trop de ménagemens à garder avec les papes.

Ils paroissent détruits en France depuis la pragmatique de Charles VII.

C'est en France seulement que la résistance produisit tout l'effet qu'on pouvoit desirer : car la pragmatique-sanction, rédigée par le clergé d'après les décrets du concile de Bâle, fut approuvée par Charles VII, en 1438, et publiée pour être observée dans toute l'étendue du royaume. Tant que ce prince vécut, elle eut force de loi : ni les négociations des papes, ni les censures dont ils menaçoient le roi, ne purent la faire révoquer.

Louis XI trompé, révoque cette loi.

Charles étant mort en 1461, le pape Pie II promit le chapeau de cardinal à Jouffroi, évêque d'Arras, s'il réussissoit à faire abolir la pragmatique. Louis XI y consentit, parce qu'on lui fit espérer, que le pape favoriseroit les droits de René d'Anjou sur le royaume de Naples, et qu'il auroit en France un légat qui nommeroit aux bénéfices, afin d'empêcher l'argent de sortir du royaume. L'évêque d'Arras, chargé de porter cette nouvelle à Pie II, apprit en chemin que le pape, satisfait de ses services, l'avoit nommé cardinal. Alors, pénétré de reconnoissance, il n'eut rien de plus pressé que de lui communiquer l'abrogation de la pragmatique, et il oublia tout-à-fait l'article du légat et celui du royaume de Naples. Mais Louis, voyant qu'il avoit été trompé, ne se mit pas en peine de faire publier et enregistrer l'édit de révocation, de sorte que les choses restèrent à-peu-près dans l'état où elles étoient auparavant.

Paul II, successeur de Pie, reprit cette affaire, et promit encore le chapeau à Ballue, évêque d'Evreux, qui avoit beaucoup de part à la confiance de Louis XI. Les rois sont presque toujours mal servis, lorsque leurs ministres attendent des graces d'une cour étrangère : la pragmatique fut donc révoquée pour la seconde fois; mais le parlement refusa d'en enregistrer l'édit : l'université en appela au futur concile.

Il la révoque une seconde fois.

Cette conduite du roi ne fit que causer des troubles dans l'église de France. D'un côté, Pie et Paul prétendirent, en conséquence de la révocation, disposer des béné-

Il n'y a plus rien de déterminé à ce sujet.

fices, des graces expectatives, etc., comme avant la pragmatique; et de l'autre, le parlement, l'université et le clergé ne cessèrent de crier contre les abus, qui se renouveloient. En 1478, Louis XI, mécontent de la cour de Rome, parut vouloir rétablir la pragmatique; cependant rien ne fut décidé. Charles VIII laissa les choses dans l'état où il les avoit trouvées. En 1499, Louis XII ordonna que la pragmatique seroit inviolablement observée; quelque temps après l'empire présenta aussi un mémoire à Maximilien sur les vexations de la cour de Rome, et proposa d'adopter en Allemagne la pragmatique de Charles VII. Enfin ce fut sous prétexte de réformer l'église, que l'empereur et le roi de France firent convoquer le concile de Pise, auquel ils citèrent Jules II: mais les guerres d'Italie pendant lesquelles les intérêts varioient continuellement, ne permettoient pas de suivre les projets qu'on avoit formés; et on ne terminoit jamais rien.

Concordat de Léon X et de François I. La victoire de Marignan avoit forcé le pape à s'allier avec la France; il avoit même été obligé d'abandonner Parme et Plaisance que le saint siége avoit acquis pendant les guerres de Louis XII. Cette circonstance parut donc favorable à François I, pour régler tous les différens qu'il avoit avec la cour de Rome; et il eut à cet effet une entrevue à Bologne avec Léon. La conclusion des conférences fut un concordat, qui est conforme à la pragmatique dans quelques articles, qui en abroge plusieurs, qui en modifie d'autres, et qui en omet à dessein. On n'a garde, par exemple, d'y parler des annates ni de l'autorité des conciles. C'est que sur ces deux points on vouloit laisser aller les prétentions de la cour de Rome, sans paroître ni les combattre ni les autoriser.

La collation des bénéfices est ce que le concordat a de plus particulier : car sans aucun égard pour les élections, qui étoient de droit par la pragmatique, il y est déclaré que les sujets seront nommés par le roi, e pourvus par le pape.

Par cet accord le roi crut acquérir du pape la nomination, dont le pape n'avoit pas droit de disposer : le saint siége conserva les annates, parce que, quoiqu'on n'en parlât point, l'intention n'étoit pas de donner les bulles pour rien; et les chapitres perdirent le droit d'élire. Ce qu'il y a de plus singulier, c'est que le roi ait eu besoin de la cour de Rome pour s'arroger la disposition des bénéfices, et ce qui l'est plus encore, c'est qu'on croie en France que le roi n'en puisse aujourd'hui disposer qu'en vertu de ce concordat.

<small>On a tort en France de regarder ce concordat comme une loi.</small>

Ce concordat eut de la peine à passer en France. Le parlement refusa d'abord de l'enregistrer; il l'enregistra ensuite, en protestant; et lorsqu'il y eut des procès entre un élu et un nommé, il jugea toujours en faveur du premier.

<small>François I le fait exécuter.</small>

Le concordat n'étant pas exécuté, devenoit donc inutile : le roi, pour lui donner force de loi, ôta la connoissance des causes bénéficiales à son parlement et la donna au grand conseil. Depuis ce temps les rois de France ont joui, sans contestation, du droit de nommer; droit que le royaume paye au saint siége, à chaque bénéfice qui vaque; et cependant le saint siége n'en pouvoit pas disposer, puisqu'il appartenoit au roi seul, dès que le peuple ne le conservoit pas. Mais enfin le concordat a fait un bien, parce qu'au moins on sait ce qu'on doit payer ; au lieu que quand il n'y avoit rien de réglé, les prétentions illimitées de la cour de Rome pouvoient toujours causer des troubles. L'Allemagne en est la preuve.

Léon étoit magnifique, généreux et même dissipateur. Les revenus du saint siége, quels qu'ils fussent, ne pouvoient suffire à ses dépenses : il avoit épuisé ses trésors et ses ressources. La guerre contre les Turcs, qu'on projettoit toujours et qu'on ne faisoit pas, étoit un prétexte si usé, que les Espagnols, quoique dévoués à la cour de Rome, ne se laissoient plus prendre à ce piége. Ils venoient de se refuser à une bulle qui ordonnoit aux ecclésiastiques de payer le dixième de leurs revenus ; et le pape s'étoit vu dans la nécessité de désavouer son légat. Les Italiens avoient été plus dociles, car cet impôt fut levé à la rigueur, sur-tout dans l'état ecclésiastique. Enfin, Léon avoit partagé avec les rois d'Angleterre et de France les décimes qu'il leur avoit accordés sur le clergé, et que ces princes étoient dans l'habitude de do-

Les dispositions de Léon X épuisent les ressources du saint siége.

mander au pape, comme au souverain qui pouvoit seul en disposer. Tout cela étoit d'un foible secours pour ce pontife. Cependant il vouloit achever l'église de S. Pierre, que Jules II avoit commencée, et qui devoit coûter des sommes immenses : cette église étoit donc un prétexte pour de nouvelles exactions, dont une partie devoit être employée à toute autre chose.

Il fait publier des indulgences dans toute la chrétienté.

Il ne douta pas que toute la chrétienté ne dût et ne voulût contribuer à cet édifice; et il pensa que s'il est des cas où l'on peut donner des indulgences pour de l'argent, c'est sans contredit, celui où l'on se propose de bâtir un temple au prince des apôtres. Il en fit donc publier dans toute l'Europe en 1517, et il les offrit à des conditions si aisées à ceux qui voudroient contribuer de quelque somme, qu'on ne pouvoit s'y refuser.

Pendant qu'en Allemagne les diètes se plaignent de cet abus, les Augustins sont offensés de n'en être pas l'instrument.

Jusqu'alors les peuples d'Allemagne avoient recherché les indulgences avec plus de passion que les autres : il y a un terme à tout, et les diètes se plaignoient que ce commerce devenoit ruineux pour l'état. Ces plaintes n'auroient peut-être produit aucun effet, si les Augustins, auparavant en possession de prêcher les indulgences, n'avoient vu avec jalousie qu'on donnoit cette commission aux Dominicains. Ce fut la principale cause des troubles qui s'élevèrent.

Les nouveaux prédicateurs donnèrent des armes contre eux. Soit pour se rendre dignes de la préférence, soit pour augmenter leurs profits, ils exagérèrent ridiculement le prix des indulgences, et ils avancèrent des maximes toutes nouvelles. Leur conduite ajouta encore au scandale de leur doctrine; car on les voyoit tenir leurs bureaux dans des cabarets, et consumer en débauches ce que le peuple superstitieux refusoit à ses besoins. *Les Dominicains les prêchent avec scandale.*

Ces désordres se commettoient en Saxe, où le vicaire général des Augustins avoit beaucoup de crédit, parce qu'il étoit allié et ami de l'électeur. Il fit donc à ce sujet des représentations à ce prince, un des plus puissans de l'Allemagne; et il n'eut pas de peine à l'indisposer contre les indulgences et contre les Dominicains. Ce fut alors que les Augustins, assurés de la protection de l'électeur, saisirent l'occasion de se *L'électeur de Saxe protège les Augustins, et Martin Luther écrit.*

venger. Martin Luther, qui avoit parmi eux le plus de réputation, arma le premier. Il ne contesta pas à l'église le droit d'accorder des indulgences; il montra même du respect pour le saint siége et pour la personne du pape, et il n'attaqua d'abord que les abus.

<small>Léon X demande aux diètes que Luther soit puni.</small>

Il est vraisemblable que Léon auroit prévenu les maux dont on étoit menacé, si dans ces commencemens, se conduisant avec quelque modération, il eût seulement paru vouloir remédier aux abus dont tout le monde se plaignoit. Mais pendant que les Dominicains défendoient jusqu'aux abus des indulgences, et que les Augustins, dans la chaleur de la dispute, étoient tentés d'attaquer les indulgences mêmes, le pape citoit Luther, publioit des bulles contre lui, et sollicitoit les puissances d'Allemagne à le punir.

<small>Elles répondent par des plaintes contre les exactions de la cour de Rome.</small>

Les diètes auxquelles Léon portoit ses plaintes, étoient bien éloignées d'entrer dans ses vues. Elles ne voyoient encore rien à reprendre dans la doctrine de Luther, puisqu'il s'élevoit contre des abus qu'elles condamnoient depuis long-temps;

où, s'il enseignoit des erreurs, elles déclaroient qu'elles n'en pouvoient être juges. Elles demandoient donc une réforme, un concile général ; et en attendant, elles représentoient les griefs de l'Allemagne contre les entreprises du saint siége. Celle de Nuremberg, entre autres, fit quelque temps après à ce sujet un mémoire, qui renfermoit cent articles.

Luther, se voyant soutenu par les puissances, ne garda plus de mesures contre le pape qui le poursuivoit. Toujours plus hardi et plus violent, il défendoit une thèse qu'on lui contestoit, en avançant une thèse encore plus téméraire. Il demanda raison de l'autorité que les papes s'arrogeoient : il vit des abus dans les usages les plus anciens et les plus généralement reçus ; et agitant d'autant plus de questions, qu'on le contredisoit davantage, il prétendit trouver des erreurs jusques dans les dogmes. *Luther ne garde plus de mesures.*

Cependant le nombre de ses partisans augmentoit tous les jours, parce que plus les esprits s'échauffoient, moins on étoit capable de remarquer et de blâmer les excès auxquels il s'abandonnoit. Déjà son *Les peuples le croient destiné à éclairer l'église.*

nom retentissoit dans toute l'Europe; les peuples sembloient lui demander ce qu'ils devoient croire, et il paroissoit destiné à les éclairer.

Ils attendent de lui une réforme générale.
Ainsi devenu plus opiniâtre, autant par les contradictions que par les applaudissemens, il se vit engagé plus avant qu'il n'avoit pu prévoir. Il ne vouloit que relever quelques abus, et cependant on attend de lui qu'il entreprenne une réforme générale. Il est étonné lui-même du personnage qu'il joue dans le monde : mais ce personnage flatte sa vanité ; et il n'a plus d'autre ambition que de le soutenir.

Il fait une révolution qu'on n'avoit pas prévue, et qu'il n'avoit pas projetée.
La révolution que fit ce novateur fut si subite, que les meilleurs esprits eurent à peine le temps de la pressentir : c'est ce qu'on voit par la manière dont en parle Érasme, qui vivoit alors, et qui étoit l'homme le plus éclairé de son siècle. « Luther, dit-il, s'étoit acquis dans les commencemens une grande considération, parce qu'il avoit attaqué avec intrépidité les mœurs du siècle. Il n'épargnoit ni les cardinaux, ni la majesté même du souverain pontife. Cette hardiesse tenoit les esprits en suspens : on s'i-

maginoit que l'amour de la vertu, de la vérité, et le desir d'être utile au genre humain, le faisoient agir. Il conservoit encore de la modestie dans ses mœurs : il paroissoit fort éloigné de vouloir défendre avec opiniâtreté ses sentimens ; il ne l'étoit pas moins des paradoxes monstrueux qu'il a depuis hasardés ; il se soumettoit au jugement des gens de bien et à la décision de l'église catholique. Je l'avouerai, cet homme m'en avoit presqu'imposé : je me persuadois voir en lui un homme zélé qui pouvoit être dans l'erreur, mais qui n'avoit point envie de tromper ; et qui reprenoit seulement avec trop de violence des mœurs d'ailleurs très-répréhensibles ».

Si Luther en imposa à Érasme, il en imposa à bien d'autres ; et j'ajoute qu'il s'en imposa à lui-même, car il n'avoit probablement pas formé le projet qu'il exécuta. On ne connut donc le mal que quand il avoit fait ses progrès ; et comme il étoit trop tard pour y remédier, ceux qui s'étoient engagés dans l'erreur, se trouvèrent trop avancés pour reculer. Les disciples de Luther se multiplièrent : ils défendirent à l'envi la doctrine de leur maître : ils l'enhardirent par leur fanatisme. Chacun d'eux, animé du même esprit, ambitionna d'avoir part à la réforme : chacun se crut fait pour régler la croyance des peuples, et s'ils se divisèrent, cette division même entretenoit une sorte de fermentation qui contribuoit à répandre l'erreur, et qui, brouillant tout, ne permettoit presque plus à la multitude de connoître la vérité. On compte jusqu'à trente-neuf sectes sorties du Luthéranisme, toutes ennemies, mais toutes réunies contre l'église.

Causes de la rapidité de la révolution. Dans cette confusion, les peuples ne voyoient que les abus contre lesquels les Luthériens s'élevoient, et auxquels on desiroit un remède : c'est aussi sous cet abri que les novateurs répandoient le venin de leur doctrine. Ils paroissoient apporter la réforme, et ils corrompoient la foi : cependant ils intéressoient les princes à les protéger, parce qu'ils leur montroient les richesses des églises, comme des biens qui avoient été usurpés sur eux, et qu'ils étoient en droit de prendre. Ils entraînoient, même dans leur parti, un grand nombre d'ecclésiastiques et de moines ; parce qu'en condamnant le célibat et les vœux monastiques, ils ouvroient les portes des couvens à tous ceux qui se dégoûtoient du cloître et de la chasteté. Ils offroient donc des appâts à tout le monde : à la multitude, la réforme des abus ; au clergé, la licence ; et aux souverains, les trésors de l'église : telles sont les principales causes de la rapidité étonnante du luthéranisme. En 1522, que Léon mourut, il y avoit cinq ans que cette hérésie avoit commencé, et cependant la prétendue réforme étoit déjà établie à Zurich : elle étoit protégée en Saxe : elle avoit des sectateurs dans presque toute l'Allemagne : enfin plusieurs princes de l'empire, et les diètes mêmes, paroissoient disposées à la recevoir. Ces erreurs s'étendront encore davantage, et ce sera une source de calamités.

CHAPITRE III.

De l'Angleterre sous Henri VII et sous Henri VIII, jusqu'à la mort de Maximilien.

<small>Les calamités avoient préparé les Anglais à la plus grande soumission.</small> LE peuple le plus jaloux de sa liberté se soumet enfin à un gouvernement, même tyrannique, lorsqu'épuisé par une suite de guerres, il ne lui reste plus que le souvenir de ses longues calamités, et la crainte d'en éprouver encore de pareilles. Alors l'autorité du prince peut s'étendre d'autant plus, que les familles où l'amour de l'indépendance se perpétuoit, sont précisément celles qui se sont éteintes, parce que ce sont celles qui ont été le plus exposées. Tel est l'effet que les guerres entre les maisons d'Yorck et de Lancastre avoient produit, quoiqu'on n'eût pas combattu pour la liberté de la nation; et c'est dans ces circonstances que Henri VII monta sur le trône.

Vous avez observé la même chose à Rome après le second triumvirat, et vous avez vu avec quelle promptitude le sénat devint bas et rampant sous les empereurs. Cependant, comme Auguste avoit eu la sagesse de mettre des bornes à sa puissance, Tibère, quoique jaloux de son autorité, fut forcé à garder des ménagemens. Il n'osa gouverner par lui-même en maître absolu : et voulant toujours paroître agir par le sénat, il imagina d'en faire l'instrument de sa tyrannie. Caligula ne crut pas avoir besoin de tant de précaution, et il mit ses caprices à la place des lois. Enfin, depuis ce tyran, la puissance des empereurs n'eut des bornes que lorsqu'ils furent assez sages pour s'en prescrire eux-mêmes.

On a remarqué la même chose des Romains.

Or les troubles continuels de l'Angleterre n'avoient jamais permis de déterminer exactement les droits respectifs du souverain et de la nation. Les chartes jurées, éludées, violées, n'établissoient que des prétentions ; et de part et d'autre on avoit franchi tour-à-tour les limites tracées trop confusément.

Les Anglais n'avoient jamais déterminé les droits respectifs du souverain et de la nation.

Personne en Angleterre ne savoit donc

Henri VII é-

précisément, quels étoient les droits de la royauté. Quand on l'auroit su, le peuple paroissoit devoir aimer mieux souffrir des injustices, que de prendre les armes. Henri pouvoit donc étendre à son gré ses prérogatives : il pouvoit être un tyran ou un roi juste ; c'étoit à son choix : mais il n'est donné qu'à un grand homme, de bien choisir en pareil cas.

étoit donc le maître d'étendre ses prérogatives.

La nation avoit toujours été portée pour la maison d'Yorck : les droits de celle de Lancastre étoient équivoques ; ceux de Henri VII l'étoient encore plus, puisqu'il n'appartenoit à la dernière que par une branche bâtarde. Son seul titre étant donc de se trouver en possession de la couronne par une victoire, titre odieux ; et par conséquent peu sûr : il pouvoit en acquérir un meilleur en épousant Elizabeth, héritière de la maison d'Yorck. C'étoit son dessein ; mais si la reine venoit à mourir avant lui, il n'étoit plus rien ; et il pouvoit devenir le sujet d'un fils qu'il en auroit eu. Il voulut donc d'abord s'assurer le trône à lui-même. Il falloit le demander à la nation : dans l'embarras de motiver sa demande,

Il est reconnu par la nation, quoiqu'il n'eût que des titres équivoques.

il ne la motiva point, et un parlement le reconnut.

Inquiet, il s'adressa l'année suivante à la cour de Rome, et Innocent VIII lui donna, par une bulle, tous les droits qu'il pouvoit desirer. Il seroit difficile de décider, dit M. Hume, si le roi pouvoit retirer autant d'avantages de cette bulle, qu'il pouvoit en prévoir d'inconvéniens, en decélant ainsi lui-même l'invalidité de ses droits, et en invitant le pape à prendre un ascendant aussi dangereux sur les souverains.

Il demande des titres au pape.

Après avoir épousé Elizabeth, il auroit dû confondre ses droits avec ceux de la reine, et saisir cette occasion pour achever d'éteindre les haines qui divisoient encore les deux partis. Il ne falloit que les favoriser également ; mais, peu maître de ses passions, il ne sut pas seulement voiler l'antipathie qu'il sentoit contre les partisans de la maison d'Yorck. Il les persécuta : il affecta, pour les humilier, d'élever leurs ennemis. Ainsi il devint sur le trône chef de faction, et il força ses sujets à former un parti contre lui : cette conduite, toujours imprudente, l'étoit sur-tout

Il rallume l'esprit de faction qui s'éteignoit.

pour Henri, qui n'ignoroit pas combien la maison d'Yorck étoit chère au peuple. Il en vit les effets dès la seconde année de son règne.

Simnel, ou le faux Warvick.

Il avoit fait enfermer dans la tour de Londres Warvick, prince de la maison d'Yorck, mais dont la jeunesse et les droits éloignés ne devoient pas donner d'inquiétude. Un bruit sourd s'étant répandu que Warvick s'étoit échappé de sa prison; le public reçut cette nouvelle avec empressement, et la crut vraie, parce qu'il desiroit qu'elle le fût. Aussitôt des ennemis du gouvernement profitent de ces dispositions; ils produisent un faux Warvick: Lambert Simnel, fils d'un boulanger, ose jouer ce personnage, et il est couronné en Irlande.

Pour désabuser les Anglais, Henri n'eut qu'à montrer au peuple le Warvick véritable: il n'en fut pas de même des Irlandais, ils persistèrent dans leur révolte, accusant le roi d'avoir produit un imposteur. Ils reçurent ensuite des secours, que leur envoya Marguerite de la maison d'Yorck, veuve de Charles, duc de Bourgogne; et ils osèrent entreprendre la conquête de l'Angleterre : la bataille de Stoke, où ils perdirent leurs chefs et quinze mille hommes, ruina tout-à-fait leur parti. Simnel, alors trop méprisable pour donner de l'inquiétude, passa du trône dans la cuisine du roi, où on l'employa aux plus bas services.

La facilité avec laquelle l'imposture de Simnel avoit d'abord réussi, fait voir combien on étoit mécontent du gouvernement : mais la nécessité, où l'on avoit été de recourir à un moyen extraordinaire, montre aussi combien il étoit difficile de porter le peuple à la révolte. Cependant on n'en imaginoit pas alors de meilleur, et on tenta de l'employer une seconde fois.

Dans le dessein de faire revivre le duc d'Yorck, que Richard III avoit fait périr, on jeta les yeux sur Perkin Warbec, qu'on jugea propre à jouer ce personnage. Ce jeune homme, qui étoit fils d'un juif converti, avoit été tenu sur les fonts par Edouard IV. Depuis, errant de contrée en contrée, d'aventure en aventure, de métier en métier, il s'étoit formé à toute sorte de

Perkin ou le faux duc d'Yorck.

rôles ; il avoit de l'esprit, des manières nobles et une figure intéressante.

Marguerite, duchesse douairière de Bourgogne, qui tramoit toute cette intrigue, engagea Charles VIII, alors en guerre avec Henri, à donner asyle au prétendu duc d'Yorck. La conduite de Perkin en France, et l'accueil que la cour lui fit, accréditèrent le mensonge. Tout retentit bientôt du mérite du jeune prince : on se racontoit ses malheurs : on se nourrissoit de l'espérance de le voir rétabli sur le trône de ses ancêtres : tout le monde s'intéressoit à sa fortune ; et la renommée ayant porté cette nouvelle en Angleterre avec des exagérations, comme elle fait toujours, on y fut encore plus crédule qu'en France, parce qu'on avoit plus d'intérêt à l'être : quantité de gentilshommes Anglais vinrent offrir leurs services au duc d'Yorck supposé.

Cependant Perkin, forcé de sortir de France, lorsque Charles fit sa paix avec Henri, se réfugia en Flandre auprès de Marguerite. Cette princesse affecta de ne pouvoir ajouter foi au roman de ce jeune homme. Elle ne vouloit plus croire légèrement, disoit-elle, depuis qu'elle avoit été trompée par Simnel. Elle parut chercher des preuves, elle voulut faire cet examen en présence de sa cour : elle entra scrupuleusement dans le détail des plus petites circonstances : étonnée enfin de la vérité qui la frappoit, elle reconnut, dans Perkin, son neveu, le fils d'Édouard IV, le seul héritier des Plantagenets.

Cette scène, adroitement jouée, ne laissa plus de soupçons. L'Angleterre reçut avec avidité l'histoire de la délivrance du duc d'Yorck. Le peuple crut, parce qu'il aime le merveilleux; la noblesse, parce qu'elle étoit mécontente; et la conspiration se formoit déjà.

Henri commença par constater la mort du véritable duc d'Yorck; il répandit ensuite des espions qui, feignant de s'attacher à Perkin, entrèrent dans toute sa confidence. Par ce moyen les conjurés furent découverts, arrêtés, convaincus, punis, et l'Angleterre fut détrompée. L'imposteur osa cependant faire ensuite de nouvelles tentatives; mais elles le conduisirent à la potence.

Deux conspirations dissipées, assuroient le trône à Henri.

Deux conspirations dissipées affermirent Henri sur le trône. On se fit la plus grande idée de la politique avec laquelle il avoit dévoilé des impostures où toute l'Europe avoit été trompée : et on n'osa plus remuer contre un prince vigilant, ferme et sévère.

Mais son caractère soupçonneux lui faisoit toujours des sujets de crainte.

Plus craint, il en fut plus absolu. Cependant naturellement soupçonneux, il le devint encore par les efforts mêmes qu'il fit pour se rassurer : car, n'ignorant pas qu'on le regardoit comme un usurpateur, et qu'il avoit aliéné une partie de ses sujets, il imagina d'écarter ses craintes en se faisant craindre tous les jours davantage : il ne sentit pas qu'on se met dans la nécessité de craindre soi-même, lorsqu'on ne règne que par la terreur; et que, quand même tout trembleroit, on se figureroit encore des sujets de crainte. Aussi son inquiétude croissoit avec son fils, parce que cet enfant avoit plus de droits que lui à la couronne. Il faut gagner la confiance et l'affection de ses peuples; c'est le vrai secret de se rendre absolu.

Son avarice et son despotisme.

On eût dit que, se regardant sur le trône comme en passant, Henri amassoit des richesses pour un temps où il ne régneroit plus. Il étoit d'une avarice insatiable : il accumuloit pour accumuler. Non content des subsides que ses parlemens ne lui refusoient jamais, il vendit plusieurs fois la paix à la France, quoiqu'il eût été payé de ses sujets pour faire la guerre. Il mit des impositions arbitraires sous le nom de don gratuit. Après avoir fait servir les formalités de la justice à l'oppression des riches, il en abandonna bientôt jusqu'à l'apparence; autorisant ses ministres à faire arrêter les citoyens qu'ils jugeoient à propos, et à leur vendre ensuite la liberté comme une grace. En un mot, ce règne fut celui des vexations. Le despostisme prit la place des lois ; et le souverain ne parut occupé que des moyens de s'enrichir en dépouillant son peuple. Henri mourut en 1509, laissant à ses successeurs une puissance dont ils abuseront, et qui leur sera tôt ou tard funeste. C'est en quoi son règne est une époque.

On apprit avec une joie indécente la mort de ce prince, et on se promit des temps plus heureux sous le règne de son

On espéroit mieux de Henri VIII, mais sans fondement.

fils. Cependant la beauté du jeune roi, sa vivacité, son adresse et ses graces en étoient les seuls garans; mais le peuple se laisse facilement séduire aux qualités extérieures et superficielles.

La flatterie applaudit à ses dissipations.

Henri VIII, âgé de dix-huit ans, n'avoit aucune connoissance des affaires publiques, parce que son père soupçonneux avoit eu soin de l'en tenir toujours éloigné. Néanmoins il n'étoit pas ignorant. Les progrès qu'il avoit faits dans les belles-lettres, faisoient présumer qu'il réussiroit dans toute autre étude. On ne pouvoit pas prévoir qu'il se livreroit à des controverses bien étranges pour un roi, et qu'il ne seroit bientôt qu'un mauvais théologien. Dans un siècle où des moines osoient entreprendre de réformer l'église, il étoit bien à craindre qu'un roi absolu prît sur lui cette réforme. Si cet esprit trop ardent, qu'on se flattoit devoir être tempéré par l'âge, s'échauffoit au contraire par les contradictions, il ne pouvoit manquer de dégénérer en fanatisme; et le fanatisme dans un prince dont le pouvoir est illimité, pouvoit-il ne pas produire la tyrannie? Réunissant en lui les titres des maisons d'Yorck et de Lancastre, il éteignoit enfin deux vieilles factions; il en devoit faire naître de nouvelles et de bien plus dangereuses.

La comtesse de Richemond, sa grand-mère, vivoit encore. Cette femme prudente, à laquelle il eut la sagesse de déférer, lui fit composer son conseil des hommes qui, ayant acquis la connoissance des affaires sous le dernier règne, avoient le moins mérité la haine du peuple. Fox, évêque de Winchester, secrétaire du petit sceau, et le comte de Surrey, trésorier, eurent le plus de part à l'autorité. Tous deux avoient flatté l'économie du feu roi, le premier par caractère, le second par politique: Fox s'opposa donc aux dépenses dans lesquelles le jeune Henri étoit entraîné par ses passions; et Surrey au contraire, ne cessoit d'applaudir aux dissipations de ce prince.

C'est un axiome généralement reçu dans les cours, que le grand art d'un ministre est de ne trouver rien d'impossible, quand il s'agit d'amuser le souverain. Mais, Monseigneur, ces ministres habiles aux yeux des courtisans, sont des fléaux aux yeux du peuple. Ils ourdissent la honte et les malheurs d'un roi qu'ils forment à la tyrannie. Henri aura bientôt dissipé tous les trésors de son père : il faudra mettre de nouveaux impôts, pour donner de nouvelles fêtes; et ses sujets gémiront, tandis qu'il ne sera dans ses plaisirs que le jouet d'un ministre, qui le gouvernera pour l'immoler à son ambition.

Il s'engage inconsidérément dans la ligue qui se forme contre Louis XII.

Ce prince monta sur le trône dans le commencement des guerres que la ligue de Cambrai avoit allumées. Cette conjoncture étoit des plus favorables. Riche, absolu dans un royaume tranquille, il pouvoit être acteur ou simple spectateur, faire pencher la balance à son choix par son alliance, recherchée des deux partis, et ne prendre les armes que pour en retirer des avantages. Mais inconsidéré par caractère, autant que par défaut d'expérience, jaloux de mériter le titre de roi très-chrétien, que Jules lui offroit, impatient de prendre la défense du saint siége contre des ennemis qu'il appeloit impies, et s'enivrant déjà de ses prétentions sur la France, il entra témérairement dans la sainte ligue;

c'est ainsi qu'on nommoit la ligue formée contre Louis XII.

Il concerta le plan de cette guerre avec Ferdinand, qui n'eut pas de peine à le tromper. Ses troupes, débarquées à Fontarabie, devoient être jointes par celles d'Espagne, et le rendre maître de la Guienne : elles servirent seulement à faciliter au roi Catholique la conquête du royaume de Navarre.

Avec ses troupes, Ferdinand le Catholique envahit la Navarre.

Lorsque les intrigues de Léon eurent détaché Maximilien de l'alliance de Louis, Henri entra avec la même confiance dans la nouvelle ligue qui se forma. Au commencement de juin 1513, il descendit a Calais, comptant sur ses armes et sur ses alliés. Vingt-cinq mille Suisses se préparoient à faire une diversion en Bourgogne, excités par l'argent qu'il leur avoit envoyé, et par la haine qu'ils avoient alors contre la France : Maximilien, à qui il avoit aussi donné de l'argent, promettoit des secours considérables : en un mot, il sembloit que Louis ne pourroit jamais résister à tant d'ennemis. Mais les Suisses remplirent seuls leurs engagemens ; et l'empereur continuoit toujours de n'entrer dans les confé-

Il entre dans une nouvelle ligue, et compte encore sur des alliés qui le jouent.

dérations, que pour profiter de l'argent et des forces de ses alliés. Il n'en pouvoit pas trouver de plus propre à ses vues. Aussi ne donna-t-il que fort peu de soldats: et, bien assuré qu'en flattant la vanité de Henri, il seroit réputé avoir fait au-delà de ses promesses, il joignit lui-même l'armée, et il voulut n'être qu'un des soldats de ce prince. Ce soldat, à cent écus de paie, fut respecté par son général, et dirigea toutes les opérations de la campagne.

Victoire de Guinegate. La journée des éperons, ou la bataille de Guinegate, dans laquelle les Français, mis en déroute, firent usage de leurs éperons plus que de leurs armes, fut un commencement aussi brillant pour le roi d'Angleterre, qu'effrayant pour Louis; mais ce ne fut que cela. Henri, vainqueur à la tête de cinquante mille hommes, porta la désolation jusqu'aux portes de Paris: cependant lorsqu'il pouvoit profiter de ce moment de terreur pour achever la ruine de l'armée française, il revint au siége de Térouane, place peu importante, et laissa à ses ennemis le temps de se reconnoître.

Henri n'en sait pas profiter. Ce n'étoit pas l'intérêt de Maximilien que Henri conquît la France : il lui importoit seulement que ce roi, dont le voisinage étoit moins à redouter, eût sur les frontières quelques places qui couvrissent la Flandre contre les entreprises des Français. Il lui conseilla donc le siége de Tournai. Un prince ne doit compter sur ses alliés, qu'autant qu'ils ont les mêmes intérêts que lui; c'est ce dont Henri ne se doutoit pas. Il vit une conquête dans l'acquisition de Tournai, et il ne remarqua pas qu'il en laissoit échapper de plus grandes. La prise de cette place finit une campagne plus dispendieuse que glorieuse; mais les succès n'en furent que plus exagérés par les courtisans, qui vouloient flatter le roi d'Angleterre.

Les Suisses ne firent rien en Bourgogne. Louis de la Trémouille, hors d'état de défendre cette province, leur fit des propositions; et ils furent assez simples pour les écouter, sans examiner seulement s'il avoit pouvoir de traiter avec eux. La Trémouille leur promit tout ce qu'ils exigèrent, trop heureux de s'en débarrasser, et bien assuré d'ailleurs qu'il seroit désavoué.

Les suisses ne font pas la diversion qu'ils avoient promise.

Louis fait la paix avec Maximilien et avec Ferdinand le Catholique.

Le roi de France, à qui les dangers de la dernière campagne faisoient sentir le besoin de la paix, saisit habilement le moment de négocier, et de réparer ses fautes. Léon n'y étoit pas contraire. Depuis que Louis avoit perdu le Milanès, il étoit de son intérêt de rétablir l'équilibre, et de rompre par conséquent une ligue, qui tendoit à rendre Maximilien trop redoutable. Le roi d'Espagne, vieux et infirme, n'avoit plus la même ambition, et se trouvoit trop heureux de pouvoir jouir, dans le repos, des provinces qu'il avoit acquises. Enfin Maximilien, toujours avec des projets et toujours sans ressources, étoit d'un caractère à écouter toute proposition où il verroit quelque avantage. Louis offroit donc à ces deux princes de marier sa fille Renée avec Charles ou avec Ferdinand, leurs petits-fils, promettant de céder, pour dot, ses droits sur le Milanès. La négociation eut tout le succès qu'il avoit espéré.

Les articles de cette pacification donnent de l'inquiétude à Léon X.

Léon avoit desiré la paix. Il l'avoit faite lui-même avec le roi de France : mais, s'il souhaitoit que Louis ne fût pas en état de faire valoir ses droits sur le Milanès, il eût encore voulu qu'il ne les eût pas cédés à des princes dont il prévoyoit la puissance. Cette cession lui donnoit de l'inquiétude.

Henri ne put pas contenir son indignation, lorsqu'il apprit le traité que ses alliés avoient fait avec la France. Voyant évanouir tous les succès qu'il se promettoit, et dont ses flatteurs étoient les garans, il cria à la trahison, il jura de se venger. Le duc de Longueville, alors prisonnier en Angleterre, l'entretint dans ses dispositions; il lui rappela la mauvaise foi de Ferdinand, il lui montra l'inconstance de Maximilien, et il lui fit entrevoir une alliance plus avantageuse et plus sûre avec Louis, dont la probité étoit reconnue.

Henri VIII, indigné contre ses alliés, fait la paix avec la France.

Le roi de France, à qui Longueville apprit que Henri ne montroit pas d'éloignement pour la paix, approuva les démarches que le duc avoit faites, et lui donna pouvoir de conclure. Le traité fut bientôt fait; on le scella même du mariage de Louis avec Marie, sœur du roi d'Angleterre.

Après avoir vu la conduite de Henri avec les autres puissances, il est temps de considérer son administration dans l'intérieur du royaume.

<small>Wolsei avoit toute sa confiance.</small> Le fils d'un boucher gouvernoit alors l'Angleterre. Thomas Wolsei, c'est ainsi qu'il se nommoit, devenu sous le dernier règne doyen de Lincoln et aumônier du roi, s'ouvrit sous Henri VIII un chemin à la plus grande fortune. Admis à la familiarité de ce prince, il en flatta les passions, c'est-à-dire, qu'il en gagna la confiance parmi les plaisirs auxquels il l'excitoit. Il saisit tous les momens de lui rendre suspects ceux qui avoient part à l'administration. Il lui fit remarquer les jalousies qui les divisoient; il lui représenta qu'ayant été mis en place par son père, ils ne tenoient rien de lui, qu'ils ne pouvoient lui être attachés, et qu'ils prendroient, peu-à-peu d'autant plus d'ascendant, qu'il paroîtroit avoir besoin d'eux.

De ces réflexions Wolsei concluoit que le parti le plus prudent pour le roi, seroit de donner toute sa confiance à un homme qui lui dût sa fortune; et il desiroit que le ministre choisi aimât les plaisirs, afin qu'il sût faire de l'art de gouverner un amusement sans travail et sans ennui. Henri goûta ces conseils, et choisit pour ministre celui qui les lui donnoit.

Wolsei sut bientôt écarter tous ceux qui étoient dans le ministère. Il leur donna des dégoûts, qui les engagèrent à se retirer; et, réunissant en lui tous les départemens, il resta avec toute l'autorité. On loue son impartialité, son équité, son jugement, sa pénétration et la connoissance qu'il avoit des lois. Mais l'histoire le présente avec une ambition insatiable, avec un faste encore plus grand, et avec une ame toujours prête à sacrifier son maître à ses vues intéressées. Léon, qui connut le crédit et le caractère de ce ministre, se hâta de le faire cardinal.

Il gouvernoit seul. Son caractère.

Pendant que Henri se partageoit nonchalamment entre les plaisirs et les belles-lettres, Wolsei qui entroit dans ses lectures et dans ses amusemens, se chargeoit seul du faix de l'administration : il avoit seulement soin de ménager l'amour-propre du roi, et de lui cacher, par des soumissions affectées, l'ascendant qu'il prenoit, et qu'il lui avoit fait redouter dans les autres.

Conduite adroite de ce cardinal.

François I régnoit alors en France, et moins politique que Wolsei, il prenoit hautement un ascendant marqué sur tous les princes. La jalousie de Henri se réveilla au bruit des armes du vainqueur de Marignan, car il se croyoit sur-tout fait pour la guerre.

Henri, jaloux du vainqueur de Marignan,

Le cardinal, offensé contre François dont il avoit essuyé un refus, alluma de plus en plus ces sentimens jaloux, et entreprit de faire de son maître l'instrument de sa vengeance.

Qui n'a pas ménagé Wolsei,

Il falloit cependant un prétexte pour prendre les armes. On crut le trouver dans quelques liaisons de la France avec l'Écosse, ennemie naturelle de l'Angleterre. Aussitôt on offre à Maximilien des sommes considérables pour l'engager à faire une entreprise sur la Lombardie. L'empereur ne se refusoit jamais à de pareilles propositions. Il prit l'argent, passa les Alpes, fut repoussé devant Milan, fit la paix avec le roi de France, la vendit aux Vénitiens et revint en Allemagne.

S'allie avec Maximilien, qui le trompe.

Henri avoit donc perdu son argent et un allié, et il n'attendoit de secours d'aucun

Il est forcé à la paix.

prince. Ferdinand le Catholique ne pouvoit plus songer qu'au moment où il auroit à rendre compte d'une longue suite de succès et d'infidélités. L'archiduc Charles, son héritier, n'avoit garde de se brouiller avec la France, qui auroit pu le troubler à la mort du roi d'Espagne. Enfin les Vénitiens étoient alliés de François, dont l'ascendant contenoit jusqu'au pape même. Henri forcé de renoncer à la guerre, revint donc aux lettres et aux plaisirs.

Sur ces entrefaites Ferdinand mourut. François à qui l'agrandissement de Charles donnoit de l'inquiétude, connut alors combien il lui importoit de renouveler son alliance avec le roi d'Angleterre, ou plutôt avec Wolsei; car c'étoit avec le ministre qu'il falloit traiter. L'amiral Bonnivet fut chargé de cette négociation. Adroit, insinuant, il sut flatter l'orgueil du cardinal: il lui témoigna combien le roi regrettoit de n'avoir pas cultivé l'amitié d'un homme dont il faisoit autant de cas; il rejeta les torts qu'on avoit eus avec son éminence, sur des mal-entendus qui pouvoient se réparer, et il mania si bien cet esprit plein de

A la mort de Ferdinand le Catholique, François I met Wolsei dans ses intérêts.

vanité, qu'il lui persuada de se déclarer ouvertement pour une alliance avec la France.

Il obtint la restitution de Tournai.

Alors François établit une correspondance particulière avec Wolsei, lui confiant ses affaires les plus secrètes, et le consultant comme un oracle en politique. Le cardinal, flatté de l'amitié d'un prince le plus grand de l'Europe à tous égards, ne put se refuser au desir qu'avoit le roi de France de recouvrer Tournai, et la restitution en fut faite en 1518. Et afin de colorer cette cession aux yeux des Anglais, cette ville fut donnée pour dot à Marie fille de Henri, dont on arrêta le mariage avec le Dauphin.

Et négocioit celle de Calais.

François continuant de caresser le cardinal, l'appela son père, son tuteur, son gouverneur : c'est qu'il vouloit encore obtenir la restitution de Calais. Cette négociation extraordinaire étoit entamée, lorsque Maximilien mourut au commencement de 1519.

Aveuglement de Henri VIII.

Henri n'ignoroit pas le commerce de son ministre avec le roi de France : mais bien loin d'en prendre ombrage, il s'applaudissoit de donner sa confiance à un homme dont on recherchoit les lumières. Il eut encore le plaisir de connoître que son choix étoit agréable à la cour de Rome; car Léon nomma Wolsei son légat en Angleterre. Nous verrons combien Henri étoit aveugle et inconsidéré.

CHAPITRE IV.

Considérations sur l'Europe, au commencement du seizième siècle, et par occasion, sur les effets du commerce.

<small>Nouvelle situation de l'Europe à la fin du quinzième siècle.</small>

DEPUIS que Charles VIII attira sur la France les yeux de toute l'Europe, les principales puissances n'ont pas cessé de s'observer; et pendant que chacune cherchoit à s'agrandir, toutes ensemble paroissoient occupées des moyens d'établir une sorte d'équilibre entre elles.

<small>Inquiétude des puissances qui ne savent comment se conduire.</small>

Dans une situation aussi nouvelle, les princes ne savent quelle conduite tenir, ou plutôt ils ne connoissent pas combien leur situation est nouvelle. Ils ne sentent pas combien elle est délicate : ils agissent témérairement, comme ils auroient fait dans toute autre conjoncture : ils veulent faire des conquêtes, sans avoir examiné si elles compenseront le prix qu'elles doivent coûter, et encore moins s'ils les conserveront. Leurs intérêts, ceux de leurs alliés, ceux de leurs ennemis, tous leur sont inconnus : ils font des alliances, ils s'en repentent : ils en font d'autres, qu'ils rompent encore : ils ne prévoient rien : avec beaucoup de confiance en leurs forces, ils jugent mal de celles qu'on peut leur opposer : ils suscitent par leurs entreprises de nouveaux ennemis contre eux : et bientôt sans ressource, ils échouent au milieu des succès mêmes : en un mot, la paix, la guerre, les traités, tout ce qu'ils font, montre en eux une inquiétude qui les meut au hasard ; en sorte que toujours mécontens de la position où ils se trouvent, ils n'en savent jamais choisir une qui leur convienne.

Ce n'est pas en cela seul que l'Europe offre dans le seizième siècle un spectacle tout nouveau. Les armes à feu, dont l'usage avoit commencé dans le quatorzième, devenues plus communes, changeoient entièrement la manière de faire la guerre. Les arts, qui reparoissoient en Italie, perfectionnoient le goût qui les avoit produits,

Causes qui concouroient à changer la face de l'Europe.

et faisoient prendre aux mœurs un nouveau caractère. L'imprimerie, inventée depuis environ un demi-siècle, répandoit de nouvelles opinions, de nouvelles erreurs et de nouvelles disputes jusques dans le peuple, et paroissoit réserver les vraies connoissances pour un petit nombre d'esprits privilégiés qui se tenoient à l'écart. Tandis que les découvertes des philosophes étoient presque ignorées du public, ou n'étoient connues que pour être combattues par le préjugé ou par la superstition, les questions des moines troubloient l'Europe et l'église, et préparoient les peuples à s'égorger. Cette fermentation, qui portoit les abus à leur comble, produisoit par-là même un bien, parce qu'elle faisoit sentir les vices des anciennes études, et en faisoit desirer de meilleures. On commençoit à penser qu'il ne faut pas juger des choses par l'usage : on découvroit des abus : on voyoit qu'ils régnoient depuis long-temps, et on sentoit le besoin d'étudier l'antiquité. Mais, parce qu'on n'avoit pas assez de critique pour cette étude, on n'en raisonnoit guère mieux : seulement l'érudition tenoit lieu de raison.

On se passionnoit pour ses opinions, on n'interrogeoit pas les anciens pour apprendre d'eux la vérité, mais pour combattre ce qu'on avoit intérêt de blâmer dans les modernes. C'est ainsi que les novateurs changeoient le culte, et leurs innovations changeoient encore, et compliquoient les vues politiques des nations. Cependant l'église, qui perdoit des provinces, se réformoit elle-même; les ecclésiastiques se corrigeoient de leurs désordres : les peuples abandonnoient des pratiques superstitieuses ; et la discipline qui se perfectionnoit, ramenoit par-tout de meilleures mœurs, ou du moins des mœurs moins grossières. Enfin la découverte de l'Amérique par Christophe Colomb, à la fin du quinzième siècle, et un nouveau passage qu'ouvrit Vasquez de Gama aux Indes orientales en doublant le Cap de Bonne-Espérance, faisoient dans toute l'Europe une révolution qui changeoit la fortune et les mœurs des rois, des peuples et des citoyens. Arrêtons-nous un moment sur ce dernier objet.

Le commerce, qui s'étend, verse en Europe les richesses des deux Indes : l'or et

<small>Effet du luxe: il ruine les grands qu'il amollit.</small>

l'argent deviennent plus communs : l'avarice qui s'est assouvie si long-temps par les armes, pourra donc se satisfaire par des moyens moins destructifs; et parce qu'il se fera des fortunes rapides, on sera d'autant plus porté à dissiper, qu'il paroîtra plus facile d'acquérir. Alors les arts se multiplient: le luxe se répand : la mollesse le suit. Les grands seigneurs, par conséquent, plus recherchés dans leurs habits, dans leur table, dans leurs équipages, dans leurs frivolités, perdront insensiblement la passion qu'ils avoient pour le métier des armes; la mollesse, à laquelle ils s'accoutumeront, les y rendra même moins propres. Au lieu de mettre leur faste dans le nombre de leurs soldats, ils le mettront dans la multitude de leurs valets. Toujours plus voluptueux, leur dépense excédera leurs revenus : ils vendront leurs domaines : ils dérangeront, ils ruineront leur fortune : ils auront besoin de secours pour se soutenir dans leur premier éclat : ils en seront plus soumis, les souverains plus absolus, le peuple moins opprimé, ou du moins opprimé par un moindre nombre de tyrans.

De nouvelles familles s'éleveront : des roturiers posséderont les plus belles terres; il n'y aura plus que des riches et des pauvres. Les nobles sans bien, déprimés ou amollis, cesseront d'être à redouter : mais aussi ils ne seront plus si propres à servir l'état. Cependant les riches qui prendront leur place, ne les remplaceront pas : car leur fortune et encore plus la manière dont ils l'ont faite, traîne à sa suite tous les vices du luxe; c'est même elle qui les porte jusqu'aux derniers excès, et elle ne donne pas ce point d'honneur, qui caractérise la noblesse et qui se forme dans le métier des armes. *L'ancienne noblesse s'éteint, et il n'y a plus que des riches et des pauvres.*

Le luxe fera refluer l'or et l'argent des riches sur les citoyens qui cultivent les arts. La soif du gain multipliera donc les artistes et les artisans. Un grand nombre, qui augmentera tous les jours, subsistera des produits du luxe : le laboureur quittera la charrue pour un métier : les villes seront plus peuplées : les campagnes le seront moins. *Il augmente la population dans les villes et la diminue dans les campagnes.*

A mesure que le luxe fera des progrès, le commerce et les arts fleuriront davan- *Qu'il rend misérables.*

tage ; et l'opulence sera plus grande, mais dans les villes seulement ; et on trouvera plus de misère dans la campagne. En effet, si le luxe pouvoit se répandre jusques dans les hameaux l'aisance seroit par-tout, et il n'y auroit proprement de luxe nulle part; puisque cela ne se peut pas, il faut bien que les campagnes soient d'autant plus pauvres, que les villes seront plus riches.

Je ne prétends pas parler des campagnes qui sont aux environs d'une ville opulente, ou qui ont avec elle un commerce ouvert et facile ; car celles-là elles sont de la ville, comme certaines villes de provinces sont de la campagne.

<small>Comment il tend à ruiner de plus en plus l'agriculture et la population.</small> Les campagnes étant plus pauvres, seront moins peuplées : ayant moins de laboureurs, elles seront plus mal cultivées. Elles ne fourniront donc plus assez de matière première pour les arts nécessaires au luxe. Il faudra donc la tirer des pays étrangers. Une nation tend donc par son luxe à ruiner de plus en plus son agriculture, et à faire fleurir celle de ses voisins.

Les campagnes se dépeuplant, il ne sera

plus possible d'y lever le même nombre de soldats. Cependant les valets et les artisans qu'on enrôlera dans les villes, seront peu propres à la guerre. Il est vrai que cet inconvénient seroit moindre, si on levoit de plus petites armées; mais le luxe, qui se portera sur tout pour tout corrompre, voudra qu'on en lève de plus grandes. Les princes, au lieu de compter leurs sujets, chercheront dans leurs finances le nombre de soldats qu'ils peuvent payer; et faisant même de faux calculs, ils leveront des armées, qu'ils ne pourront entretenir qu'en chargeant les peuples d'impôts. La dépopulation augmentera donc encore. Il faudra pourtant que le souverain fournisse aussi à son luxe et à celui de ses courtisans : et parce que le luxe croît d'une année à l'autre par des accroissemens qui doublent, triplent, quadruplent; il faudroit trouver des moyens pour doubler, tripler et quadrupler les revenus du prince, lorsque la misère des peuples double, triple et quadruple elle-même. Toutes les grandes opérations du gouvernement auront pour objet de trouver ces moyens. On ne songera qu'à faire de l'argent, et puis à faire encore de l'argent, jusqu'à ce que l'état soit totalement ruiné.

Proportion des soldats au reste du peuple dans les républiques anciennes.

M. de Montesquieu a remarqué que la proportion des soldats au reste du peuple, pouvoit être aisément d'un à huit dans les anciennes républiques ; c'est-à-dire, dans celles de Rome, de Sparte et d'Athènes. D'Athènes, dis-je, avant Périclès ; car vous avez vu combien elle avoit peu de soldats au temps de Démosthène. Vous concevez encore que Carthage ne peut pas être comprise dans les anciennes républiques, dont parle cet écrivain. Elle étoit trop riche ; et cette observation n'est vraie que pour des républiques pauvres.

Quelle est cette proportion aujourd'hui.

Le même écrivain ajoute qu'aujourd'hui, dans le dix-huitième siècle, la proportion des soldats au reste du peuple est d'un à cent; et que, par conséquent, un prince qui a un million de sujets, ne peut, sans se détruire lui-même, entretenir plus de dix mille hommes de troupes. S'il vouloit donc en avoir vingt mille, il seroit dans le même cas que les anciennes républiques, quand elles armoient la quatrième partie de leurs citoyens ; car elles le pouvoient absolument, toutes les fois qu'il s'agissoit de faire un dernier effort.

Pour comprendre cette différence, qui vous étonne d'abord, vous n'avez qu'à imaginer que les nations de l'Europe sont des peuplades de Carthaginois : en effet, vous voyez alors que du nombre des citoyens en état de porter les armes, il faudra retrancher tous ceux qui sont nécessaires au commerce, à la navigation, aux arts, et encore tous les riches qui, consumant dans l'oisiveté et dans la mollesse les produits du luxe, sont consacrés au faste des grandes villes.

Comment le luxe multiplie les classes de citoyens.

Ce n'est pas tout : les progrès du luxe feront naître encore d'autres classes de citoyens, qu'on nommera financiers, banquiers, agioteurs, et dont la profession sera de faire valoir l'argent, c'est-à-dire, de contribuer, moyennant un certain profit, à le faire circuler pour la commodité des commerçans et des riches. Ces hommes ne mettront dans le commerce que leur crédit. Ils s'enrichiront donc, sans enrichir l'état ; car ceux-là seuls apportent des richesses réelles, qui mettent dans le commerce des choses qui se consomment et qui se reproduisent. Le crédit des hommes à argent est utile au commerce, comme les chemins et les rivières ; il facilite l'échange des marchandises. Mais commerceroit-on avec des chemins et des rivières, si les terres ne produisoient rien ? Ce sont donc les cultivateurs seuls qui mettent des richesses réelles dans l'état.

Il arrivera encore que la consommation croîtra avec le luxe. On consommera, non seulement une plus grande partie des choses dont on connoissoit déjà l'usage, mais on en consommera encore de bien d'autres espèces. Les droits des princes se multiplieront ; leurs revenus en seront plus grands : ils seront assez riches pour tenir toujours des troupes sur pied. C'est un avantage : cependant il faudra sacrifier bien des hommes à la perception des droits et des impôts, et d'autant plus qu'on simplifiera moins la manière de les lever.

Les souverains voudront, avec raison, favoriser les manufactures établies dans leurs états, ainsi que la consommation des denrées qui s'y cultivent. Ils imagineront pour cela d'empêcher la contrebande ; c'est-à-dire, l'entrée des étoffes et des denrées étrangères. En conséquence, ils emploieront des milliers d'hommes à garder les provinces frontières et les portes des villes ; c'est-à-dire, qu'ils les enleveront à l'agriculture et à la défense de l'état, pour ôter la liberté au commerce qu'ils croiront protéger. D'après ces considérations, il est aisé de comprendre comment la proportion des soldats au reste du peuple, sera d'un à cent ou même moindre encore.

Ce ne seroit pas une ressource que d'armer ces commerçans, ces artisans, ces riches, ces financiers, etc. On en feroit des soldats qui périroient par les fatigues, avant d'avoir vu l'ennemi. On bouleverseroit entièrement le système du gouvernement : on ruineroit le commerce ; on tariroit entièrement la source des richesses ; et cependant les temps sont arrivés où l'argent est en effet le nerf de la guerre.

Continuons, et, en nous transportant au commencement du seizième siècle, tâchons de prévoir tous les effets du commerce dans les suivans.

Le crédit favorise le commerce.

Le commerce se fait par le moyen du crédit et par le moyen de l'argent.

Le crédit que se font les commerçans, peut, en quelque sorte, doubler l'argent, le tripler, le quadrupler, etc. La confiance mutuelle qu'ils ont en leur industrie et en leur bonne-foi, en est la raison; car chacun d'eux, comptant d'être payé un jour, donne d'avance plus de marchandises qu'on ne lui en paie.

Le crédit, tenant lieu du double, du triple ou du quadruple de l'argent monnoyé, il en résultera des avantages : les échanges se feront plus facilement et plus promptement; l'industrie en aura plus d'activité; et un plus grand mouvement répandra plus de vie dans les branches du commerce.

Mais il arrivera qu'on sera moins riche en fonds qu'en crédit;

Si le commerce ne se faisoit qu'avec de l'argent, il seroit moins rapide et moins étendu; mais on seroit toujours en état de faire face à ses affaires, parce qu'on ne pourroit entreprendre qu'à proportion de ses fonds. Lorsqu'au contraire il se fait avec du crédit, on est tenté de profiter de la confiance ; on forme entreprises sur entreprises ; on s'endette beaucoup au-delà de ce qu'on a ; et on est bien moins riche en fonds qu'en crédit.

Comme l'avidité du gain jettera les commerçans dans des entreprises, qui excéderont leurs fonds, le luxe portera les hommes les plus opulens à dépenser beaucoup plus qu'ils ne peuvent. Le crédit seul soutiendra donc les grandes fortunes : on aura peu de bien et on devra beaucoup. Ce sera le siècle des riches mal aisés.

Et qu'on aura plus de dettes que de bien.

Mais les choses n'en resteront pas là ; car il en sera des nations comme des citoyens. Elles voudront aussi profiter de leur crédit: elles emprunteront pour soutenir une guerre dispendieuse ; elles ne seront pas acquittées, qu'elles seront obligées d'emprunter encore pour en soutenir une autre: il y en aura enfin qui devront plus qu'elles n'auront, et même plus qu'elles ne voudront.

A cet égard il en sera des nations comme des particuliers.

Une fortune qui n'est qu'en crédit est toute en opinion ; elle ne tient à rien. Elle

Les fortunes nationales seront mal assises.

sera donc renversée à la première inquiétude, qui diminuera la confiance. Alors on verra des banqueroutes, et en considérant la ruine des familles, on pourra présager le sort des nations puissantes seulement par le crédit.

rées, comme les fortunes particulières.

Dans cet état violent où l'Europe se trouvera tôt ou tard, il sera difficile d'assurer sa fortune. On ne saura comment placer son argent, parce que l'abus du crédit aura détruit toute confiance. Les gens sages seront donc obligés de dire avec Horace, *hoc erat in votis: modus agri non ita magnus*. Ainsi, après avoir fait bien des efforts pour s'enrichir, on sera trop heureux d'avoir un champ à cultiver.

On croira s'être enrichi, et on sera trop heureux d'avoir un champ à cultiver.

L'Europe étoit bien misérable lorsqu'elle étoit couverte de tyrans et de serfs. Heureusement toute cette barbarie a disparu; et il n'est pas douteux que ce ne soit en partie le fruit du commerce et des arts de luxe. Car l'activité qu'ils répandent donne une nouvelle vie à tous les citoyens: les fortunes commencent à dépendre moins des titres que de l'industrie; et il s'établit une sorte d'égalité, parce que l'homme de

Le luxe fait dépendre la fortune des talens plutôt que des titres.

rien, qui a des talens, s'élève, tandis que le grand, qui en manque, tombe.

Cette espèce d'égalité, qu'amène le luxe étoit un avantage, tant qu'il y avoit encore des restes du gouvernement féodal ; parce qu'elle devoit achever de le détruire ; mais, depuis, il n'en est pas de même, parce qu'elle ne tend plus qu'à confondre toutes les conditions, et à substituer à la distinction des nobles et des roturiers, celle des riches et des pauvres. Le luxe a donc détruit un mal pour en produire un. *Mais il tend à confondre les conditions, et il n'y a plus que des riches et des pauvres.*

Il rendra les mœurs plus douces et plus polies ; c'est encore un avantage : mais il le fera acheter en rendant les corps plus mous et plus foibles. En un mot, le luxe fera à-peu-près sur tous les peuples, que vous avez vus si féroces, ce que fait une saignée sur un malade qui a le transport : elle l'affoiblit et le calme. *Il n'adoucit les mœurs que parce qu'il énerve les corps.*

Jusqu'ici, j'ai parlé pour et contre le commerce, parce que j'en vois naître du bien et du mal. Essayons maintenant de nous faire des idées plus précises.

Il faut distinguer le commerce intérieur, qui se fait entre les différentes provinces *Commerce intérieur et commerce extérieur.*

d'un état; et le commerce extérieur qui se fait avec l'étranger.

<small>Les puissances de l'Europe ont mis des entraves au commerce intérieur.</small>

Les monarchies de l'Europe sont formées chacune des domaines de plusieurs seigneurs, qui, pour se faire des revenus, avoient établi des droits d'entrée et de sortie sur toutes les marchandises. Les souverains, en acquérant ces domaines, ont cru trouver un gain à conserver ces mêmes droits, et ils ont mis des entraves au commerce intérieur. Or, qu'importe d'attirer chez vous de richesses étrangères, si vous ne savez pas jouir de celles que vous avez? Si, faute de circulation, elles restent enfouies partout où elles se trouvent? Et d'ailleurs, comment attirer les richesses étrangères, si les richesses de votre sol ne peuvent pas passer chez l'étranger. Commercer, n'est-ce pas échanger? vous donnera-t-on, si vous ne rendez rien? ou vous rendra-t-on plus que vous ne donnerez? vous voulez vous enrichir aux dépens des autres nations: mais croyez-vous qu'elles commerceront long-temps avec vous, si elles n'y trouvent pas leur avantage, comme vous y trouvez le vôtre?

Il me semble donc qu'il faudroit com- <small>Cependant il falloit commencer par le favoriser.</small>
mencer par encourager le commerce inté-
rieur. Je n'imagine pas même qu'il puisse
y avoir d'inconvénient. Il répandroit par-
tout à-peu-près la même activité, la même
industrie, la même aisance : les richesses seroient plus également réparties : il n'y auroit
pas de ces villes opulentes dont le luxe nous
éblouit : mais toutes les provinces seroient
florissantes. La population augmenteroit par-
tout, et l'état seroit d'autant plus puissant,
qu'il se sentiroit dans toutes ses parties des
forces à-peu-près égales. Il faut remarquer
que le commerce intérieur, bien dirigé, se
fait pour l'avantage de toutes les provinces,
de tous les cultivateurs, et sans qu'aucune
puissance jalouse y puisse mettre obstacle :
au lieu que le commerce étranger ne se fait
que pour celui de quelques grandes villes,
ou plutôt pour le luxe de ces villes, et pour
l'avantage seul de quelques marchands.
Cependant il met, pour le conserver, dans
la nécessité d'entreprendre des guerres ruineuses. L'un doit donc fortifier tout le corps
d'une monarchie, tandis que l'autre ne
donne qu'une vie artificielle à quelques

parties, et laisse toutes les autres dans un profond engourdissement.

Mais les Européens ont été chercher dans les Indes les richesses qu'ils auroient trouvées dans leur sol.

Il est étonnant que les Européens aient été obligés d'aller aux Indes pour s'enrichir. Est-ce donc pour en avoir rapporté beaucoup d'or et beaucoup d'argent, qu'ils sont devenus plus riches ? Non sans doute : car plus d'or ne fait pas plus de richesses, puisque le prix des denrées augmente à proportion. En effet, les anciens ont été plus riches que nous, et ils ne connoissoient pas les Indes.

Ils en ont été plus pauvres.

Je conviens que les peuples, qui envahiront les premiers l'or de l'Amérique, seront d'abord les plus riches : mais lorsque cet or se sera répandu dans l'Europe, ils seront au niveau de toutes les nations. Vous verrez même qu'ils deviendront bientôt plus pauvres, parce qu'il n'y aura pas chez eux de commerce intérieur. Ce n'est donc pas dans les Indes qu'il faut aller chercher des richesses.

Combien les souverains du seizième siècle se sont trompés à cet égard.

Mais les souverains du seizième siècle ne connoissoient pas celles qu'ils avoient chez eux. Ils en iront donc chercher bien loin et ils commenceront par où ils auroient dû finir, c'est-à-dire, que ne songeant point à favoriser le commerce intérieur, le gênant même par une avarice mal entendue, ils s'occuperont que du commerce étranger.

Pour comprendre combien ils se sont trompés, il suffit de considérer que deux nations ne peuvent commercer ensemble, qu'autant que l'une échange son superflu contre le superflu de l'autre. Il faut donc que tout le superflu de chacune puisse se transporter sans obstacle jusqu'aux frontières, et passer au-delà. Or cela n'arrivera pas, si, au lieu de faciliter les échanges dans l'intérieur, on met des barrières pour empêcher le superflu de refluer d'une province dans une autre.

Avant de songer au commerce extérieur, il faudroit donc avoir d'abord bien établi le commerce intérieur : encore seroit-il peut-être à desirer de mettre des bornes au premier, car c'est celui qui est la cause des grands désordres.

Mais quelles bornes faut-il lui prescrire ? Je réponds, qu'il ne faut le protéger qu'autant qu'il contribue à mettre plus de vie dans le commerce intérieur : et qu'il y con-

Le commerce extérieur n'est avantageux, qu'autant qu'il fait fleurir le commerce intérieur.

tribue pour l'avantage de toutes les provinces. Car il sera nécessairement la source de bien des maux dans l'état, lorsqu'il se fera seulement pour le luxe de quelques villes et pour l'intérêt de quelques marchands.

Peut-être seroit-il encore plus à propos qu'on ne le protégeât point : car si le gouvernement le protège, il est à craindre qu'il ne le protège trop, et qu'il ne le gêne en croyant l'aider. Il se fera de lui-même, lorsque le commerce intérieur aura répandu l'abondance dans toutes les provinces.

Lorsque j'ai commencé ce chapitre, je ne prévoyois pas que j'allois faire un écart; je comptois seulement jeter d'abord quelques réflexions, pour reprendre bientôt mon sujet. Mais vous pouvez appercevoir à mon désordre, que je me suis laissé entraîner d'une idée à une autre, sans trop savoir où elles pourroient me conduire. Le mal ne sera pas grand, Monseigneur, si cela vous engage à mettre vous-même de l'ordre dans mes idées.

Ce ne sera pas la seule chose que vous aurez à faire. Comme rien n'est plus compliqué, que la matière sur laquelle elles roulent, elles pourroient être pour la plupart bien hasardées. Je vous invite donc à les examiner. Des réflexions toutes faites, bien méditées et bien exactes, entretiendroient votre esprit dans une trop grande paresse : il faut le mettre dans la nécessité de s'exercer quelquefois tout seul ; et des choses à demi-vues, comme je vous en donne dans ce chapitre et dans d'autres, y sont tout-à-fait propres. Je ne serai pas un précepteur mal-adroit, si je vous fais tirer quelque parti de mon ignorance et du désordre de mes idées. Mais je vais reprendre le fil de notre histoire ; et je commencerai brusquement, afin de ne pas m'exposer à quelque nouvel écart.

TABLE DES MATIÈRES.

HISTOIRE MODERNE.
LIVRE HUITIÈME.
Des lettres dans le moyen âge.

CHAPITRE PREMIER.
Comment les Arabes ont cultivé les sciences,
Pag. 2.

IGNORANCE des Arabes vers les temps de Mahomet. Ils cherchent à s'instruire sous les Abassides. Le khalife Mamoun attire les savans, fait des collections de livres et fait traduire les plus estimés. Les Arabes ont des écoles. Ils lisent les anciens dans de mauvaises traductions. Ils adoptent Aristote sans pouvoir l'entendre. Ils croient l'entendre et ils forment soixante-dix sectes différentes. A force de subtilités, ils concilient leur péripatétisme avec l'alcoran. Ils s'appliquent à la dialectique, à la médecine, à la géométrie et à l'astronomie. Ils ont nui aux progrès de l'esprit humain.

CHAPITRE II.

De l'état des lettres chez les Grecs depuis le sixième siècle jusqu'au quinzième, pag. 11.

Progrès de l'ignorance dans les sixième et septième siècles. De toutes les sectes d'Alexandrie, le platonisme conserve seul quelques sectateurs. La dialectique d'Aristote est adoptée par les catholiques. Abus de cette méthode. Ruine des lettres chez les Grecs dans le huitième siècle. Léon l'Isaurien y contribue. Dans le neuvième et dans le dixième siècles, les sciences font quelques progrès parmi les Grecs.

CHAPITRE III.

De l'état des lettres en occident depuis le sixième siècle jusqu'à Charlemagne, pag. 16.

Ruines des écoles en occident. Impuissance où étoient les peuples de cultiver les lettres. On croyoit à l'astrologie judiciaire. Mais parce que les Chrétiens avoient les astrologues en horreur, ils proscrivirent toutes les sciences. Le pape S. Grégoire croyoit les études profanes contraires à la religion. Ruine de la bibliothèque du temple d'Apollon Palatin. L'autorité de S. Grégoire a dû être funeste aux lettres. Il n'y avoit plus que des compilateurs et des copistes ignorans. Les écrivains ecclésiastiques n'étoient pas plus éclairés. L'ignorance est à son comble dans le huitième siècle.

CHAPITRE IV.

De l'état des lettres en occident depuis Charlemagne jusqu'à la fin du onzième siècle, pag. 25.

Les grands hommes se forment tout seuls. Ignorance de Charlemagne. Il apprend à écrire. Alcuin son précepteur. Soin de Charlemagne pour relever les anciennes écoles. Il en fonde de nouvelles. Mais on n'étoit pas capable de remonter aux meilleures sources. On suivoit au hasard de nouveaux guides. Un des meilleurs eût été S. Augustin. Les nouvelles écoles étoient trop mauvaises pour dissiper l'ignorance. On ne s'y faisoit que de idées vagues des choses qu'on croyoit enseigner. Cours d'étude. Point de livres classiques. Il ne sortoit des écoles peu fréquentées que de mauvais chantres et de méchans dialecticiens. Dans le neuvième siècle, les écoles tombent encore. Pourquoi ? La manie de la dialectique y multiplie les disputes et les erreurs. Le platonisme s'y introduit avec toutes ses absurdités. Sur la fin du neuvième siècle, Alfred protége les lettres en Angleterre. Malgré la protection des Othons le dixième siècle est le plus ignorant, comme le plus corrompu, et on proscrit les sciences, parce qu'on pense qu'elles corrompent les mœurs. Dans le onzième, l'abus des indulgences, et les prétentions du sacerdoce entretiennent l'ignorance qui leur est favorable. Cependant les abus qu'on veut défendre font cultiver la dialectique.

CHAPITRE V.

Des lettres en occident pendant le douzième et le treizième siècles, pag. 44.

Les théologiens abusent de la dialectique. Cet abus leur donne de la célébrité, et les conduit aux honneurs. Les uns croient suivre Aristote ; les autres S. Augustin. Il en naît des questions et des disputes sans fin. Les essences de Platon. Les formes d'Aristote. Opinion de Zénon qui rejette ces essences et ces formes. Les Platoniciens vouloient concilier ces trois philosophes. Sectes des réalistes et des nominaux. Quelquefois les questions les plus frivoles excitent les disputes les plus vives. On en subtilise davantage, et il en naît des erreurs. La célébrité que donnent les disputes, suscite des ennemis aux dialecticiens. Caractère d'Abélard. On lui reproche des erreurs. S. Bernard cherche la célébrité à son insu. Son zèle n'est pas assez éclairé. Il devient l'instrument dont on se sert pour perdre Abélard. Pierre Lombard. Son livre des sentences est plein de subtilités. Il est reçu comme principal livre classique. On le commente et il devient plus obscur. On condamne en France les ouvrages d'Aristote, et on les permet par-tout ailleurs. La protection que Frédéric II donne aux lettres met en réputation les commentateurs arabes. Enthousiasme de ces commentateurs pour Aristote. Effet de cet enthousiasme. Albert le Grand passe pour magicien ; ainsi que Roger Bacon. S. Bonaventure surnommé le docteur séraphique. S. Thomas d'Aquin docteur angélique. Il acheva de faire prévaloir le péripatétisme. Jean Duns Scot, surnommé à juste titre le docteur subtil. Les écoles et les docteurs les plus renommés ne faisoient que retarder les progrès de l'esprit.

CHAPITRE VI.

Des lettres en occident dans le quatorzième et quinzième siècles, pag. 67.

Comment les circonstances ont fait oublier aux moines l'esprit de leur première institution. Comment sans projets d'ambition ils deviennent ambitieux. Ils entretiennent l'ignorance, parce qu'ils sont ignorans, et parce qu'il est dangereux pour eux qu'on s'éclaire. D'ailleurs ils devoient leur célébrité aux futilités qu'ils enseignoient. Comment le péripatétisme étoit devenu la secte dominante. Rome ordonne l'étude des livres d'Aristote dont elle avoit défendu la lecture. Chacun le commente et il se forme plusieurs sectes de péripatétisme. Occam, qui avoit écrit pour Philippe le Bel et pour Louis de Bavière, renouvelle la secte des nominaux. Les nominaux sont persécutés. Les meilleurs esprits s'élevoient inutilement contre les écoles. Quelques-uns commencent à faire de meilleures études. On commence à cultiver l'éloquence et la poésie. Il importe de connoître les erreurs et leurs causes. Comment les opinions les plus absurdes se soutiennent pendant des siècles, et gouvernent le monde. C'est une leçon pour les princes.

CHAPITRE VII.

De la scholastique, et, par occasion, de la manière d'enseigner les arts et les sciences, p. 81.

Les changemens, qu'a essuyés la scholastique, font qu'on a de la peine à s'en faire une idée. Le *trivium* et *quadrivium* étoient tombés lorsque le péripatétisme introduisit un nouveau cours d'étude. On commence à écrire en langues vulgaires. Mais sans goût et sans règles. Par conséquent on ne pouvoit parler que fort mal latin. La grammaire, la rhétorique et la poésie gâtoient le jugement. On en étoit plus incapable d'apprendre l'art de raisonner. On ne savoit comment se conduire pour acquérir des connoissances, ni même par où commencer. Ne pouvant donc raisonner sur des idées, on raisonna sur des mots et on fit des syllogismes. La métaphysique tout aussi absurde fut remplie d'abstractions mal faites, qu'on prenoit pour des essences. Cette métaphysique prenoit le nom de physique, et rendoit raison de tout, parce qu'on ne savoit pas raisonner. Les meilleurs esprits obéissoient à ce torrent d'absurdités ou même le faisoient croître. La morale et la politique n'étoient pas mieux traitées. Vraie source des principes de la morale. Les scholastiques la cherchoient dans Aristote qu'ils n'entendoient pas, et multiplioient les questions sans les résoudre. Il n'y eut plus que des probabilités en morale. Abus qui en naîtront. Quel devoit être l'objet de la politique. On étoit incapable de le connoître. Les scholastiques cherchent la politique dans Aristote. Ils subtilisent en défendant mal les meilleurs droits. Ils se faisoient de fausses idées du droit civil et canonique. Où ils puisoient les principes du dernier. Combien ils raisonnoient mal d'après l'écriture. Combien il étoit difficile qu'on fît de meilleures études. Les esprits les mieux intentionnés étoient trop ignorans pour les réformer. La cour de Rome, qui s'étoit arrogé l'inspection sur les universités, ne vouloit point de réforme. Pour bien étudier il auroit fallu commencer par où les scholastiques finissoient. Observer avant de se faire des principes généraux. Étudier d'abord la physique; puis la métaphysique; ensuite l'art de raisonner, enfin l'art de parler. En effet, il faut bien parler et bien raisonner avant d'en apprendre les règles. L'histoire de l'esprit humain prouve qu'il n'y a pas d'ordre plus propre à l'instruction. Les scholastiques divisoient trop les objets de nos connoissances. En Grèce on cultivoit à-la-fois tous les arts et toutes les sciences. Les étudier tout-à-fait séparément c'est nuire aux progrès de l'esprit. Voilà pourquoi nous n'avons que de mauvais livres élémentaires. Il y a donc des études qu'on ne doit pas séparer, quoiqu'elles paroissent avoir des objets différens. Mais on s'est obstiné à diviser sans fin. De sorte qu'on ne trouve nulle part des choses qu'il faut étudier en même tems. Les meilleurs esprits subjugués par les préjugés, ne remontent pas à la source de cet abus.

LIVRE NEUVIÈME.

De l'Italie.

CHAPITRE PREMIER.

Des principales causes des troubles de l'Italie, p. 113.

L'ITALIE plus troublée qu'aucune autre province. L'amour de la liberté y causoit des désordres. L'ambition des papes en causoit de plus grands. Les Lombards abolissent la royauté, et créent trente ducs. Ils rétablissent des rois, qui règnent parmi les troubles. Longin avoit créé des ducs. Première cause des troubles de l'Italie. La puissance des papes commence avec les troubles. Pepin et Charlemagne accroissent cette puissance. Elle s'accroît encore par la foiblesse de leurs successeurs. Après la déposition de Charles le Gros, les troubles sont plus grands que jamais : et les papes sont continuellement entraînés d'un parti dans un autre. Othon I fait respecter sa puissance et la laisse à ses successeurs. Cependant le calme n'étoit jamais que passager. Le clergé élevé par les Othons devient ennemi des empereurs. Dans ces circonstances les empereurs ont de nouveaux ennemis dans les Normands qui s'établissent en Italie. Circonstances favorables à l'ambition de Grégoire VII. L'audace de ce pape fait une révolution dans les esprits. Combien alors il étoit difficile aux deux Frédérics de défendre les droits de l'empire. Les factions Guelfes et Gibelines augmentent les désordres Après Conrad IV, temps d'anarchie favorable aux usurpations. Il se forme des confédérations, et des villes pensent à se gouverner.

CHAPITRE II.

Considérations générales sur ce qui fait la force ou la foiblesse d'une république, pag. 128.

L'égalité est le fondement d'une bonne république. Inégalité odieuse et destructive. Il y a une pauvreté qui contribue à la prospérité des états. L'opulence est ruineuse, lorsqu'elle est le fruit de l'avidité. Elle produit le luxe, qui consiste moins dans l'usage des richesses, que dans un travers de l'imagination. Maux que produit le luxe. C'est en observant les mauvais gouvernemens qu'on en peut imaginer de meilleurs. L'ambition peut être utile ou nuisible à l'état. Ambition utile. Ambition nuisible. L'égalité fait les bonnes mœurs. Les bonnes mœurs font les bonnes républiques.

CHAPITRE III.

Idée générale des républiques d'Italie, pag. 139.

Il ne pouvoit pas se former des républiques dans le royaume de Naples. Il étoit difficile qu'il s'en formât dans la Lombardie. L'état ecclésiastique étoit exposé à tous les désordres que causoit l'ambition peu raisonnée des papes. Il devoit s'y former des principautés. Il s'y forma des républiques pendant la résidence des papes à Avignon. C'est en Toscane qu'il devoit se former des républiques. Mais elles devoient être continuellement agitées. Elles vouloient être libres, sans savoir ce qui constitue la liberté. L'égalité est le fondement du gouvernement républicain. Les Romains n'ont été puissans, que parce qu'ils tendoient à l'égalité. Les Italiens n'ont jamais connu l'égalité. Le gouvernement féodal, et les richesses apportées par le commerce, en avoient effacé toute idée. Il n'en restoit aucune trace dans les provinces où il y avoit beaucoup de gentilshommes. Dans la Toscane où il y en a moins, il se forme des républiques; mais elles sont troublées parce qu'il y reste encore des gentilshommes. Elles sont toutes commerçantes. Elles n'ont que des troupes mercenaires. Combien il leur en coûte pour se défendre. Le commerce suscite entre elles des guerres ruineuses. Elles se ruinent même avec des succès. L'argent est pour elles le nerf de la guerre. Elles ont dès leur établissement tous les vices des républiques corrompues. Pourquoi les républiques de Suisse et d'Allemagne étoient moins mal constituées.

CHAPITRE IV.

De Venise et de Gênes, pag. 154.

Commencement de Venise sous la protection des Padouans. Gouvernement des douze tribuns. Pepin, fils de Charlemagne, protége Venise. La trop grande puissance du doge occasionne des troubles continuels. Nouveau gouvernement qui la limite. La démocratie se change en aristocratie sous le doge Pierre Gradenigo. Conspirations des familles qui ont perdu leur part à la souveraineté. Conseil des dix pour prévenir ces conspirations. Inquisiteurs d'état établis pour la même fin. Combien ces moyens sont absurdes, et cependant nécessaires à la tranquillité publique. Le gouvernement de

Venise s'affermit en bannissant les mœurs. Toujours soupçonneux, il n'a pas de citoyens même parmi les nobles. Il ne s'affermit au dedans qu'en s'affoiblissant au dehors. Les sages. Le sénat. Le grand conseil. La manière dont les magistratures se combinent, met une barrière à l'ambition, et assujettit la république à un plan dont elle ne peut s'écarter. Mais ses opérations en sont plus lentes et il lui est presque impossible de faire les changemens que les circonstances demandent. Erreur de Machiavel sur l'aristocratie de Venise. La noblesse de Venise est bien différente de la noblesse féodale. Gênes est une aristocratie, qui ne pouvoit s'établir sur des principes fixes. Pourquoi ? Puissance de Venise et de Gênes sur mer. Les croisades contribuent à leur puissance. Conquêtes des Vénitiens. Les Vénitiens et les Génois se ruinent mutuellement. Mais les troubles domestiques sont funestes aux Génois. Conquêtes des Vénitiens en Italie. Les succès de ces républicains n'ont rien de surprenant. Ils étoient ruineux pour leur commerce. Ils ne les devoient qu'à la foiblesse des autres peuples de l'Europe.

CHAPITRE V.

Des révolutions de Florence, pag. 177.

L'histoire de Florence est intéressante. Les Florentins sont long-tems avant de prendre part aux querelles du sacerdoce et de l'empire. Commencemens des dissentions. Faction des Buondelmonti et faction des Uberti. Les Uberti sont protégés par Frédéric II. Ils prennent le nom de Gibelins, et les Buondelmonti celui de Guelfes. A la mort de Frédéric ces deux factions se réconcilient pour donner la liberté à Florence. Douze anciens ont le gouvernement de la république. Coutume singulière des Florentins. Leurs progrès dans dix ans de calme et de liberté. Mais le peuple rallume l'esprit de faction en se jetant dans le parti des Guelfes. Conduite de Benoît XII et de Frédéric II pour entretenir cet esprit. Les Gibelins sont chassés de Florence. Ils chassent à leur tour les Guelfes. Ceux-ci appelés à Parme en chassent les Gibelins. Ils sont soutenus par Charles d'Anjou, et les Gibelins rendent l'autorité au peuple de Florence, qu'ils veulent gagner. Les Florentins tentent d'assurer leur liberté. Les Gibelins conspirent, et sont forcés à se retirer. Trois classes de citoyens dans Florence. Création des douze *bons hommes* et de trois conseils. Ce nouveau gouvernement ne peut empêcher les violences des Guelfes. C'est pourquoi les *bons hommes* rappellent les Gibelins. Les papes continuent à nourrir l'esprit de faction. Nouveau gouvernement qui exclut des magistratures toute la noblesse. Mais la seigneurie est trop foible contre les entreprises des gentilshommes. Moyens qu'on emploie pour lui donner plus d'autorité. Troubles qui en naissent. Ils sont appaisés. Progrès des Florentins malgré leurs divisions. Factions blanche et noire. Les noirs sont chassés et quelque-uns des blancs à qui ont permet de revenir. Charles de Valois entretient les dissentions. Les désordres sont plus grands que jamais. Les Florentins se donnent à Robert, roi de Naples, pour cinq ans. Royalistes et anti-royalistes. Différentes révolutions dans Florence. Sage proposition des Florentins aux peuples qui avoient été leurs sujets. Partage de l'autorité entre les nobles et le peuple. Les nobles voulant commander seuls, restent sans autorité. Leurs efforts pour recouvrer l'autorité. Ils ne se relèvent plus.

CHAPITRE VI.

Considérations sur les causes des dissentions de Florence, pag. 203.

Lors de la fondation de Rome, on pensoit que tous les citoyens devoient jouir des mêmes droits. On pensoit bien différemment lorsque Florence tenta de se gouverner en république. Les patriciens ne pouvoient pas imaginer de se fortifier dans des châteaux : ni les plébéiens de prendre les armes contre les patriciens. Ceux-ci cédoient avec espérance de recouvrer ; et les plébéiens ne songeoient pas à les dépouiller de toute autorité. Il y avoit donc toujours des moyens de conciliation pour réunir les deux partis contre l'ennemi. La politique des Romains, pour contenir les peuples conquis, est un effet des circonstances où ils se sont trouvés. A Florence, au contraire, les citadins devoient tout tenter pour dépouiller les nobles. Il ne pouvoit y avoir aucuns moyens de conciliation. Les factions devoient se multiplier, et livrer la patrie à l'étranger. Florence ne pouvoit employer la même politique avec les villes conquises. Elle est au contraire dans la nécessité d'acheter des amis et des alliés. Les commencemens des républiques de Rome et de Florence arrêtoient ce qui devoit arriver à l'une et à l'autre.

CHAPITRE VII.

Continuation des Révolutions de Florence, p. 214.

Jean Visconti fait la guerre aux Florentins. Différens partis qui couroient l'Italie. Les Albizi et les Ricci forment deux factions ennemies. Ce qui donne lieu à l'avertissement. Abus qu'on en fait. On y remédie. Les Abus recommencent avec plus de désordres. Cinquante-six personnes nommées pour réformer le gouvernement. Différentes guerres. Le pape excommunie les Florentins qu'il n'a pu vaincre. Les deux factions méditent leur ruine. Silvestro Medici est fait gonfalonier. Il arme le peuple pour faire passer une loi. Désordres que cause la populace armée. Elle obtient que personne ne sera averti comme Gibelin. Elle se saisit de toute l'autorité. Elle dispose de tout avec caprice. Michel de Lando gonfalonier se fait respecter. La populace est exclue des magistratures ; mais les petits artisans y ont la plus grande part. Autant de factions que de classes de citoyens. Après bien des troubles la première classe prévaut. Guerre des Florentins avec Galéas Visconti. Véri Médici médiateur entre la seigneurie et les petits artisans. Les Florentins ont la guerre avec Philippe, fils de Galéas Visconti, et avec Ladislas. Les impôts qu'il a fallu mettre soulèvent le peuple. Jean Médici n'approuve pas qu'on rende l'autorité aux nobles pour l'enlever aux petits artisans. Sa conduite pour appaiser le peuple qui se soulève contre les impôts mal répartis. Côme son fils est banni. Il est rappelé. A la tête des *uomini di balia* il est maître de la république. Les partisans de Côme, jaloux de son autorité, font cesser la commission. Mais se voyant moins considérés qu'auparavant, ils l'invitent à reprendre l'autorité. La chose souffroit des difficultés que Côme ne se presse pas de lever. La commission est rétablie, et Côme en est le chef. Neroni engage Pierre, fils de Côme, dans des démarches qui aliènent les esprits. Conjuration contre Pierre. Elle est découverte, et l'autorité de Pierre en est plus assurée. Mais il ne peut point apporter de remèdes aux abus. Thomas Sodérini conserve l'autorité aux deux fils de Pierre. Conjuration contre Laurent et Julien. Julien est assassiné. Laurent gouverne avec gloire. Jugement de Machiavel sur la manière dont les Italiens faisoient la guerre.

CHAPITRE VIII.

Comment en réfléchissant sur nous-mêmes, nous pouvons nous rendre raison des temps où les arts et les sciences se sont renouvelés, pag. 245.

Les écoles tombent après Carlemagne. On est ignorant et on ne sent pas le besoin de s'instruire. En occupant notre enfance de frivolités on nous expose à rester enfans toute notre vie. Il faut faire sentir aux enfans le besoin d'exercer les facultés du corps. Il faut leur apprendre à se servir eux-mêmes. Il faut à plus forte raison leur faire un besoin d'exercer les facultés de l'ame. Les instruire comme en jouant: et leur faire un besoin de s'occuper pour écarter l'ennui. C'est déjà savoir beaucoup que savoir s'occuper. Alors on prend du goût pour des études qui sans cela seroient rebutantes.

L'étude de l'histoire doit faire sentir le besoin des vertus et des talens. Plus on sent ce besoin, plus on s'intéresse aux grands hommes. Les connoissances naissent et se développent dans tout un peuple comme dans chaque particulier. L'ordre de nos besoins détermine le choix de nos études. La méthode accélère ou ralentit le progrès de nos connoissances. L'ordre le plus parfait est celui qui développe le mieux les facultés de l'ame. En lisant les poëtes, un enfant apprend à son insu l'art de raisonner. C'est que le goût est de toutes les facultés de l'ame la première qu'il faut développer.

CHAPITRE IX.

De l'état des arts et des sciences en Italie, depuis le dixième siècle jusqu'à la fin du quinzième, pag. 259.

Pourquoi les écoles étoient tombées dans les neuvième et dixième siècles. La réputation des Arabes donne la curiosité de s'instruire. La considération qu'on accorde aux lettres augmente cette curiosité. L'école de Salerne devient la plus célèbre. On s'applique particulièrement à la dialectique et à la scholastique; à la médecine; à la jurisprudence, et aux questions qu'élèvent les querelles du sacerdoce et de l'empire. Mais ni l'objet des études ni la méthode ne permettoient d'acquérir de vraies connoissances. Les Arabes qu'on étudioit, n'ont fait que mettre des entraves au génie. Les lettres ne pouvoient pas naître dans les écoles. Elles devoient naître chez le peuple qui le premier auroit du goût. Les Provençaux, après bien des révolutions, s'enrichissent par le commerce et cultivent la poésie. Ils répandent le goût chez d'autres peuples et principalement parmi les grands. Les lettres sont protégées à Naples. Mais quoique cette ville devienne tous les jours plus florissante, la bonne poésie n'y devoit pas naître. Pendant long-temps les Vénitiens ne cultivent que le commerce. Ils n'ont pour lois que des usages introduits par les circonstances. Ils connoissent l'abus de la multitude des lois et en ont peu. Nulle part la justice n'étoit mieux administrée. Leurs lois cependant n'étoient pas assez simples puisqu'ils avoient besoin de jurisconsultes. Ils étudient la jurisprudence, et n'en sont pas plus instruits. Les Italiens enrichis par le commerce, cultivent les arts. Ils commencent à avoir des historiens. Les lettres dans des circonstances, où elles paroissoient devoir faire des progrès, étoient retardées par la protection accordée aux mauvaises études. La Toscane en devoit être le berceau. A Florence les factions mêmes devoient contribuer à la naissance des arts. Dante. Pétrarque. Bocace. Ceux qui les premiers ont du goût, le communiquent rapidement. Il passe aussitôt d'un genre dans un autre. La prise de Constantinople, bien loin de porter le goût en Italie, a retardé le progrès des lettres.

LIVRE DIXIÈME.

CHAPITRE PREMIER.

Des principaux états de l'Europe depuis Charles VIII, jusqu'à la mort de l'empereur Maximilien I, pag. 284.

Frédéric III est le dernier empereur qui ait été couronné à Rome. Le règne de Maximilien I est l'époque où l'ambition commence à faire mouvoir ensembles le principales puissances de l'Europe. Ce prince avoit épousé Marie, héritière de la maison de Bourgogne. Il divise l'Allemagne en cercles. Il crée la chambre impériale qui devoit prendre connoissance des différends des princes. Ces moyens ne pouvoient assurer la tranquillité. Troubles en Angleterre sous Henri VI qui perd la couronne et la vie. Fin de la domination des Plantagenets. Puissance de Charles VII après l'expulsion des Anglais. Caractère de Louis XI. Il est incapable de bien placer sa confiance. Guerre du bien public. Louis XI traître envers Charles duc de Bourgogne, en est puni. Sa conduite avec le duc de Berry son frère. Il pouvoit être absolu sans être cruel. Domaines qu'il réunit à la couronne. Il fait rendre la justice. Il laisse la couronne à Charles VIII, et le gouvernement du royaume à Anne de Beaujeu. Guerre civile qui finit par la défaite du duc d'Orléans. Charles épouse l'héritière de Bretagne. Il se propose la conquête du royaume de Naples. Plusieurs prétendans au duché de Milan. Cette ville veut se gouverner elle même. Ainsi que

Pavie et Parme. Les Milanais se livrent imprudemment à François Sforze. Ludovic Sforze usurpe l'autorité sur Jean-Galéas-Marie son neveu. Le royaume du Naples avoit été florissant sous Alphonse, concurrent de Réné d'Anjou. Troubles sous Ferdinand son fils. Laurent Medici s'occupoit des moyens d'assurer la paix de l'Italie; tandis que toutes les puissances formoient des projets de guerre. Il étoit de l'intérêt de Ferdinand et de Ludovic d'entrer dans les vues de Laurent. Tous trois ligués ensemble ils assurent la paix, malgré le pape et malgré les Vénitiens. L'Italie heureuse sous Laurent. Il meurt regretté de toute l'Europe. Rodrigue Borgia, Alexandre VI, sur la chaire de S. Pierre. Pierre II succède à Laurent. Projet de Ludovic pour montrer au pape combien les confédérés étoient unis. Ce projet n'est pas exécuté. Ludovic en prend de l'ombrage contre Ferdinand et contre Pierre. Il fomente des divisions qui commençoient entre eux et Alexandre VI. Ce pape étoit prêt à tout, pourvu qu'il obtînt des principautés pour ses neveux. Il se ligue avec Ludovic et avec les Vénitiens. Ludovic invite Charles VIII à la conquête du royaume de Naples. Ferdinand négocie inutilement pour détourner Charles de cette entreprise. Il se réconcilie avec le pape, mais il ne peut regagner Ludovic. Charles passe les Alpes. Il s'ouvre un chemin par la Toscane. Sac de Finizano. Situation embarrassante des Français. Pierre est blâmé de les avoir armés contre sa patrie: pour réparer cette faute, il en fait une plus grande. La fermeté d'un Florentin intimide les Français, qui se croyoient maîtres de Florence. A l'approche

de Charles, le pape s'enferme dans le château
S. Ange. Charles se réconcilie avec le pape. Le
royaume de Naples le reçoit. Entrée de Charles
dans la ville de Naples. Maximilien tente inutilement d'armer l'Allemagne contre Charles. L'I-
talie et l'Espagne se liguent avec lui. Cependant
les Napolitains, déjà dégoûtés des Français, songeoient à les renvoyer : et Charles se retire, lorsque Ferdinand II commençoit à recouvrer son
royaume. Charles approche de Fornovo. Incertitude des ennemis, qui s'effraient. Bataille de Fornovo. Mort de Charles. Louis XII a, comme
Charles VIII, l'ambition de faire des conquêtes
en Italie. Il devoit prévoir qu'il ne les conserveroit
pas. Il fait celle du Milanès. Ludovic est conduit
en France. Louis partage le royaume de Naples
avec Ferdinand le Catholique qui le garde tout
entier. Ses négociations détournent l'empire du
dessein d'armer contre lui. Maximilien qui ne peut
pas être couronné prend le titre d'*empereur élu*.
Les Vénitiens par une imprudence réunissent
contre eux Maximilien et Louis XII. Ligue de Cambrai. Prétentions des puissances liguées. Articles
dont on étoit convenu. Ce traité étoit l'ouvrage de
Maximilien seul. Offres du pape aux Vénitiens. Si
ces républicains les eussent acceptées, la ligue eût
été sans effet. Ils perdent presque tout ce qu'ils
possédoient en terre ferme. Ils en recouvrent une
partie. Jules II quitte le parti des ligués. Cependant Louis XII veut encore compter sur ce pape.
Mais Jules s'allie des Vénitiens et prend les armes.
Il fait une ligue contre la France. Il tombe malade, et Maximilien songe à se faire pape. Ma-

ximilien Sforze est rétabli dans le duché de Milan. Jean d'Albret perd la Navarre. Louis reprend et reperd le Milanès. Il fait la paix avec tous ses ennemis, et meurt. François I veut encore conquérir le duché de Milan. Il passe les Alpes. Bataille de Marignan. Conquête du Milanès. Charles-Quint maître des Pays-Bas, de l'Espagne, du royaume de Naples, et empereur.

CHAPITRE II.

Des papes dans le quinzième siècle, et de l'origine du Luthéranisme dans le seizième, p. 333.

La puissance de la cour de Rome empêchoit la réforme de l'église. Mais cette puissance s'affoiblissoit elle-même en voulant trop s'accroître. Elle avoit long-temps remué l'Europe. Elle devoit enfin la soulever. Elle s'affoiblit lorsqu'elle paroît remporter le plus grand avantage. Elle s'affermit dans Rome à mesure qu'elle s'affoiblit ailleurs. Les papes étoient encore assez puissans pour entretenir les abus qui enrichissoient la chambre apostolique. Ces abus trouvoient peu d'obstacle en Italie. En Allemagne, on s'en plaignoit hautement. Ils paroissent détruits en France depuis la pragmatique de Charles VII. Louis XI trompé révoque cette loi. Il la révoque une seconde fois. Il n'y a plus rien de déterminé à ce sujet. Concordat de Léon X et de François I. On a tort en France de regarder ce concordat comme une loi. François I le fait exécuter. Les dissipations de Léon X épuisent les ressources du saint siége. Il fait publier des indulgences dans toute la chrétienté. Pendant qu'en Allemagne les diètes se plaignent de cet abus, les Augustins sont offensés de n'en être pas l'instrument. Les Dominicains les prêchent avec scandale. L'électeur de Saxe protége les Augustins; et Martin Luther écrit. Léon X demande aux diètes que Luther soit puni. Elles répondent par des plaintes contre les exactions de la cour de Rome. Luther ne garde plus de mesures. Des peuples le croient destiné à éclairer l'église. Ils attendent de lui une réforme générale. Il fait une révolution qu'on n'avoit pas prévue et qu'il n'avoit pas projetée. Causes de la rapidité de cette révolution.

CHAPITRE III.

De l'Angleterre sous Henri VII et sous Henri VIII jusqu'à la mort de Maximilien, pag. 370.

Les calamités avoient préparé les Anglais à la plus grande soumission. On a remarqué la même chose des Romains. Les Anglais n'avoient jamais déterminé les droits respectifs du souverain et de la nation. Henri VII étoit donc le maître d'étendre ses prérogatives. Il est reconnu par la nation, quoiqu'il n'eût que des titres équivoques. Il demande des titres au pape. Il rallume l'esprit de faction qui s'éteignoit. Simnel ou le faux Warvick. Perkin ou le faux duc d'York. Deux conspirations dissipées assuroient le trône à Henri. Mais son caractère soupçonneux lui faisoit toujours des sujets de crainte. Son avarice et son despotisme. On espéroit mieux de Henri VIII, mais sans fondement.

La flatterie applaudit à ses dissipations. Il s'engage inconsidérément dans la ligue qui se forme contre Louis XII. Avec ses troupes, Ferdinand le Catholique envahit la Navarre. Il entre dans une nouvelle ligue et compte encore sur des alliés qui le jouent. Victoire de Guinegate. Henri n'en sait pas profiter. Les Suisses ne font pas la diversion qu'ils avoient promise. Louis fait la paix avec Maximilien et avec Ferdinand le Catholique. Les articles de cette pacification donnent de l'inquiétude à Léon X. Henri VIII indigné contre ses alliés, fait la paix avec la France. Wolsei avoit toute sa confiance. Il gouvernoit seul. Son caractère. Conduite adroite de ce cardinal. Henri jaloux du vainqueur de Marignan, qui n'a pas ménagé Wolsei, s'allie avec Maximilien, qui le trompe. Il est forcé à la paix. A la mort de Ferdinand le Catholique, François I met Wolsei dans son intérêt. Il obtint la restitution de Tournai. Il négocioit celle de Calais. Aveuglement de Henri VIII.

CHAPITRE IV.

Considération sur l'Europe au commencement du seizième siècle, et, par occasion, sur les effets du commerce, pag. 394.

Nouvelle situation de l'Europe à la fin du quinzième siècle. Inquiétude des puissances qui ne savent comment se conduire. Causes qui concouroient à changer la face de l'Europe. Effets du luxe : il ruine les grands qu'il amolit. L'ancienne noblesse s'éteint et il n'y a que des riches et des pauvres. Il augmente la population dans les villes et la diminue dans les campagnes qu'il rend misérables. Comment il tend à ruiner de plus en plus l'agriculture et la population. Proportion des soldats au reste du peuple dans les républiques anciennes. Quelle est cette proportion aujourd'hui. Comment le luxe multiplie les classes de citoyens. Le crédit favorise le commerce. Mais il arrivera qu'on sera moins riche en fonds qu'en crédit, et qu'on aura plus de dettes que de bien. A cet égard il en sera des nations comme des particuliers. Les fortunes nationales seront mal assurées comme les fortunes particulières. On croira s'être enrichi et on sera trop heureux d'avoir un champ à cultiver. Le luxe fait dépendre la fortune des talens plutôt que des titres. Mais il tend à confondre les conditions, et il n'y a plus que des riches et des pauvres. Il n'adoucit les mœurs que parce qu'il énerve les corps. Commerce intérieur, et commerce extérieur. Les puissances de l'Europe ont mis des entraves au commerce intérieur. Cependant il falloit commencer par le favoriser. Mais les Européens ont été chercher dans les Indes les richesses qu'ils auroient trouvées dans leur sol. Ils en ont été plus pauvres. Combien les souverains du seizième siècle se sont trompés à cet égard. Le commerce extérieur n'est avantageux qu'autant qu'il fait fleurir le commerce intérieur.

FIN DE LA TABLE DE CE VOLUME.

www.ingramcontent.com/pod-product-compliance
Lightning Source LLC
Chambersburg PA
CBHW072215240426
43670CB00038B/1490